中华优秀传统文化在现代管理中的创造性转化与创新性发展工程
"中华优秀传统文化与现代管理融合"丛书

民间管理智慧

王建斌 ◎ 著

企业管理出版社
ENTERPRISE MANAGEMENT PUBLISHING HOUSE

图书在版编目（CIP）数据

民间管理智慧 / 王建斌著. -- 北京：企业管理出版社，2025.7. --（"中华优秀传统文化与现代管理融合"丛书）. -- ISBN 978-7-5164-3259-4

Ⅰ．F279.23

中国国家版本馆CIP数据核字第2025F1D646号

书　　名：	民间管理智慧
书　　号：	ISBN 978-7-5164-3259-4
作　　者：	王建斌
责任编辑：	蒋舒娟
特约设计：	李晶晶
出版发行：	企业管理出版社
经　　销：	新华书店
地　　址：	北京市海淀区紫竹院南路17号　邮　　编：100048
网　　址：	http://www.emph.cn　　电子信箱：26814134@qq.com
电　　话：	编辑部（010）68701661　　发行部（010）68417763　68414644
印　　刷：	北京联兴盛业印刷股份有限公司
版　　次：	2025年7月第1版
印　　次：	2025年7月第1次印刷
开　　本：	710mm×1000mm　1/16
印　　张：	18
字　　数：	223千字
定　　价：	98.00元

版权所有　翻印必究·印装有误　负责调换

编 委 会

主　任：朱宏任　中国企业联合会、中国企业家协会党委书记、常务副会长兼秘书长

副主任：刘　鹏　中国企业联合会、中国企业家协会党委委员、副秘书长
　　　　　孙庆生　《企业家》杂志主编

委　员：（按姓氏笔画排序）

丁荣贵　山东大学管理学院院长，国际项目管理协会副主席
马文军　山东女子学院工商管理学院教授
马德卫　山东国程置业有限公司董事长
王　伟　华北电力大学马克思主义学院院长、教授
王　庆　天津商业大学管理学院院长、教授
王文彬　中共团风县委平安办副主任
王心娟　山东理工大学管理学院教授
王仕斌　企业管理出版社副社长
王西胜　广东省蓝态幸福文化公益基金会学术委员会委员，菏泽市第十五届政协委员
王茂兴　寿光市政协原主席、关工委主任
王学秀　南开大学商学院现代管理研究所副所长
王建军　中国企业联合会企业文化工作部主任
王建斌　西安建正置业有限公司总经理
王俊清　大连理工大学财务部长
王新刚　中南财经政法大学工商管理学院教授
毛先华　江西大有科技有限公司创始人
方　军　安徽财经大学文学院院长、教授
邓汉成　万载诚济医院董事长兼院长

冯彦明	中央民族大学经济学院教授
巩见刚	大连理工大学公共管理学院副教授
毕建欣	宁波财经学院金融与信息学院金融工程系主任
吕　力	扬州大学商学院教授，扬州大学新工商文明与中国传统文化研究中心主任
刘文锦	宁夏民生房地产开发有限公司董事长
刘鹏凯	江苏黑松林粘合剂厂有限公司董事长
齐善鸿	南开大学商学院教授
江端预	株洲千金药业股份有限公司原党委书记、董事长
严家明	中国商业文化研究会范蠡文化研究分会执行会长兼秘书长
苏　勇	复旦大学管理学院教授，复旦大学东方管理研究院创始院长
李小虎	佛山市法萨建材有限公司董事长
李文明	江西财经大学工商管理学院教授
李景春	山西天元集团创始人
李曦辉	中央民族大学管理学院教授
吴通福	江西财经大学中国管理思想研究院教授
吴照云	江西财经大学原副校长、教授
吴满辉	广东鑫风风机有限公司董事长
余来明	武汉大学中国传统文化研究中心副主任
辛　杰	山东大学管理学院教授
张　华	广东省蓝态幸福文化公益基金会理事长
张卫东	太原学院管理系主任、教授
张正明	广州市伟正金属构件有限公司董事长
张守刚	江西财经大学工商管理学院市场营销系副主任
陈　中	扬州大学商学院副教授
陈　静	企业管理出版社社长兼总编辑
陈晓霞	孟子研究院党委书记、院长、研究员
范立方	广东省蓝态幸福文化公益基金会秘书长

范希春	中国商业文化研究会中华优秀传统文化传承发展分会专家委员会专家
林　嵩	中央财经大学商学院院长、教授
罗　敏	英德华粤艺术学校校长
周卫中	中央财经大学中国企业研究中心主任、商学院教授
周文生	范蠡文化研究（中国）联会秘书长，苏州干部学院特聘教授
郑俊飞	广州穗华口腔医院总裁
郑济洲	福建省委党校科学社会主义与政治学教研部副主任
赵德存	山东鲁泰建材科技集团有限公司党委书记、董事长
胡国栋	东北财经大学工商管理学院教授，中国管理思想研究院院长
胡海波	江西财经大学工商管理学院院长、教授
战　伟	广州叁谷文化传媒有限公司 CEO
钟　尉	江西财经大学工商管理学院讲师、系支部书记
宫玉振	北京大学国家发展研究院发树讲席教授、BiMBA 商学院副院长兼 EMBA 学术主任
姚咏梅	《企业家》杂志社企业文化研究中心主任
莫林虎	中央财经大学文化与传媒学院学术委员会副主任、教授
贾旭东	兰州大学管理学院教授，"中国管理 50 人"成员
贾利军	华东师范大学经济与管理学院教授
晁　罡	华南理工大学工商管理学院教授、CSR 研究中心主任
倪　春	江苏先锋党建研究院院长
徐立国	西安交通大学管理学院副教授
殷　雄	中国广核集团专职董事
凌　琳	广州德生智能信息技术有限公司总经理
郭　毅	华东理工大学商学院教授
郭国庆	中国人民大学商学院教授，中国人民大学中国市场营销研究中心主任

唐少清	北京联合大学管理学院教授，中国商业文化研究会企业创新文化分会会长
唐旭诚	嘉兴市新儒商企业创新与发展研究院理事长、执行院长
黄金枝	哈尔滨工程大学经济管理学院副教授
黄海啸	山东大学经济学院副教授，山东大学教育强国研究中心主任
曹振杰	温州商学院副教授
雪　漠	甘肃省作家协会副主席
阎继红	山西省老字号协会会长，太原六味斋实业有限公司董事长
梁　刚	北京邮电大学数字媒体与设计艺术学院副教授
程少川	西安交通大学管理学院副教授
谢佩洪	上海对外经贸大学学位评定委员会副主席，南泰品牌发展研究院首任执行院长、教授
谢泽辉	广东铁杆中医健康管理有限公司总裁
谢振芳	太原城市职业技术学院教授
蔡长运	福建林业技术学院教师，高级工程师
黎红雷	中山大学教授，全国新儒商团体联席会议秘书长
颜世富	上海交通大学东方管理研究中心主任

总编辑： 陈　静
副总编： 王仕斌
编　辑：（按姓氏笔画排序）
于湘怡　尤　颖　田　天　耳海燕　刘玉双　李雪松　杨慧芳
宋可力　张　丽　张　羿　张宝珠　陈　戈　赵喜勤　侯春霞
徐金凤　黄　爽　蒋舒娟　韩天放　解智龙

序 一

以中华优秀传统文化为源　启中国式现代管理新篇

中华优秀传统文化形成于中华民族漫长的历史发展过程中，不断被创造和丰富，不断推陈出新、与时俱进，成为滋养中国式现代化的不竭营养。它包含的丰富哲学思想、价值观念、艺术情趣和科学智慧，是中华民族的宝贵精神矿藏。党的十八大以来，以习近平同志为核心的党中央高度重视中华优秀传统文化的创造性转化和创新性发展。习近平总书记指出"中华优秀传统文化是中华民族的精神命脉，是涵养社会主义核心价值观的重要源泉，也是我们在世界文化激荡中站稳脚跟的坚实根基"。

　　管理既是人类的一项基本实践活动，也是一个理论研究领域。随着社会的发展，管理在各个领域变得越来越重要。从个体管理到组织管理，从经济管理到政务管理，从作坊管理到企业管理，管理不断被赋予新的意义和充实新的内容。而在历史进程中，一个国家的文化将不可避免地对管理产生巨大的影响，可以说，每一个重要时期的管理方式无不带有深深的文化印记。随着中国步入新时代，在管理领域实施中华优秀传统文化的创造性转化和创新性发展，已经成为一项应用面广、需求量大、题材丰富、潜力巨大的工作，在一些重要领域可能产生重大的理论突破和丰硕的实践成果。

第一，中华优秀传统文化中蕴含着丰富的管理思想。中华优秀传统文化源远流长、博大精深，在管理方面有着极为丰富的内涵等待提炼和转化。比如，儒家倡导"仁政"思想，强调执政者要以仁爱之心实施管理，尤其要注重道德感化与人文关怀。借助这种理念改善企业管理，将会推进构建和谐的组织人际关系，提升员工的忠诚度，增强其归属感。又如，道家的"无为而治"理念延伸到今天的企业管理之中，就是倡导顺应客观规律，避免过度干预，使组织在一种相对宽松自由的环境中实现自我调节与发展，管理者与员工可各安其位、各司其职，充分发挥个体的创造力。再如，法家的"法治"观念启示企业管理要建立健全规章制度，以严谨的体制机制确保组织运行的有序性与规范性，做到赏罚分明，激励员工积极进取。可以明确，中华优秀传统文化为现代管理提供了多元的探索视角与深厚的理论基石。

第二，现代管理越来越重视文化的功能和作用。现代管理是在人类社会工业化进程中产生并发展的科学工具，对人类经济社会发展起到了至关重要的推进作用。自近代西方工业革命前后，现代管理理念与方法不断创造革新，在推动企业从传统的小作坊模式向大规模、高效率的现代化企业，进而向数字化企业转型的过程中，文化的作用被空前强调，由此衍生的企业使命、愿景、价值观成为企业发展最为强劲的内生动力。以文化引导的科学管理，要求不仅要有合理的组织架构设计、生产流程优化等手段，而且要有周密的人力资源规划、奖惩激励机制等方法，这都极大地增强了员工在企业中的归属感并促进员工发挥能动作用，在创造更多的经济价值的同时体现重要的社会价值。以人为本的现代管理之所以在推动产业升级、促进经济增长、提升国际竞争力等方面须臾不可缺少，是因为其体现出企业的使命不仅是获取利润，更要注重社会责任与可持续发展，在环境保护、社会公平等方面发挥积极影响力，推动人类社会向着更加文明、和谐、包容、可持续的方向迈进。今天，管理又面临数字技术的挑战，更加需要更多元的思想基础和文化资源的支持。

第三，中华优秀传统文化与现代管理结合研究具有极强的必要性。 随着全球经济一体化进程的加速，文化多元化背景下的管理面临着前所未有的挑战与机遇。一方面，现代管理理论多源于西方，在应用于本土企业与组织时，往往会出现"水土不服"的现象，难以充分契合中国员工与生俱来的文化背景与社会心理。中华优秀传统文化所蕴含的价值观、思维方式与行为准则能够为现代管理面对中国员工时提供本土化的解决方案，使其更具适应性与生命力。另一方面，中华优秀传统文化因其指导性、亲和性、教化性而能够在现代企业中找到新的传承与发展路径，其与现代管理的结合能够为经济与社会注入新的活力，从而实现优秀传统文化在企业管理实践中的创造性转化和创新性发展。这种结合不仅有助于提升中国企业与组织的管理水平，增强文化自信，还能够为世界管理理论贡献独特的中国智慧与中国方案，促进不同文化的交流互鉴与共同发展。

近年来，中国企业在钢铁、建材、石化、高铁、电子、航空航天、新能源汽车等领域通过锻长板、补短板、强弱项，大步迈向全球产业链和价值链的中高端，成果显著。中国企业取得的每一个成就、每一项进步，离不开中国特色现代管理思想、理论、知识、方法的应用与创新。中国特色的现代管理既有"洋为中用"的丰富内容，也与中华优秀传统文化的"古为今用"密不可分。

"中华优秀传统文化与现代管理融合"丛书（以下简称"丛书"）正是在这一时代背景下应运而生的，旨在为中华优秀传统文化与现代管理的深度融合探寻路径、总结经验、提供借鉴，为推动中国特色现代管理事业贡献智慧与力量。

"丛书"汇聚了中国传统文化学者和实践专家双方的力量，尝试从现代管理领域常见、常用的知识、概念角度细分开来，在每个现代管理细分领域，回望追溯中华优秀传统文化中的对应领域，重在通过有强大生命力的思想和智慧精华，以"古今融会贯通"的方式，进行深入研究、探索，以期推出对我国现代管理有更强滋养力和更高使用价值的系列成果。

文化学者的治学之道，往往是深入研究经典文献，挖掘其中蕴含的智慧，并对其进行系统性的整理与理论升华。据此形成的中华优秀传统文化为现代管理提供了深厚的文化底蕴与理论支撑。研究者从浩瀚典籍中梳理出优秀传统文化在不同历史时期的管理实践案例，分析其成功经验与失败教训，为现代管理提供了宝贵的历史借鉴。

实践专家则将传统文化理念应用于实际管理工作中，通过在企业或组织内部开展文化建设、管理模式创新等实践活动，检验传统文化在现代管理中的可行性与有效性，并根据实践反馈不断调整与完善应用方法。他们从企业或组织运营的微观层面出发，为传统文化与现代管理的结合提供了丰富的实践经验与现实案例，使传统文化在现代管理中的应用更具操作性与针对性。

"丛书"涵盖了从传统文化与现代管理理论研究到不同行业、不同

序 一

领域应用实践案例分析等多方面内容，形成了一套较为完整的知识体系。"丛书"不仅是研究成果的结晶，更可看作传播中华优秀传统文化与现代管理理念的重要尝试。还可以将"丛书"看作一座丰富的知识宝库，它全方位、多层次地为广大读者提供了中华优秀传统文化在现代管理中应用与发展的工具包。

可以毫不夸张地说，每一本图书都凝聚着作者的智慧与心血，或是对某一传统管理思想在现代管理语境下的创新性解读，或是对某一行业或领域运用优秀传统文化提升管理效能的深度探索，或是对传统文化与现代管理融合实践中成功案例与经验教训的详细总结。"丛书"通过文字的力量，将传统文化的魅力与现代管理的智慧传递给广大读者。

在未来的发展征程中，我们将持续深入推进中华优秀传统文化在现代管理中的创造性转化和创新性发展工作。我们坚信，在全社会的共同努力下，中华优秀传统文化必将在现代管理的广阔舞台上绽放出更加绚丽多彩的光芒。在中华优秀传统文化与现代管理融合发展的道路上砥砺前行，为实现中华民族伟大复兴的中国梦做出更大的贡献！

是为序。

朱宏任

中国企业联合会、中国企业家协会

党委书记、常务副会长兼秘书长

序 二

/

文化传承　任重道远

财政部国资预算项目"中华优秀传统文化在现代管理中的创造性转化与创新性发展工程"系列成果——"中华优秀传统文化与现代管理融合"丛书和读者见面了。

一

这是一组可贵的成果，也是一组不够完美的成果。

说她可贵，因为这是大力弘扬中华优秀传统文化（以下简称优秀文化）、提升文化自信、"振民育德"的工作成果。

说她可贵，因为这套丛书汇集了国内该领域一批优秀专家学者的优秀研究成果和一批真心践行优秀文化的企业和社会机构的卓有成效的经验。

说她可贵，因为这套成果是近年来传统文化与现代管理有效融合的规模最大的成果之一。

说她可贵，还因为这个项目得到了财政部、国务院国资委、中国企业联合会等部门的宝贵指导和支持，得到了许多专家学者、企业家等朋友的无私帮助。

说她不够完美，因为学习践行传承发展优秀文化永无止境、永远在进步完善的路上，正如王阳明所讲"善无尽""未有止"。

说她不够完美，因为优秀文化在现代管理的创造性转化与创新性发展中，还需要更多的研究专家、社会力量投入其中。

说她不够完美，还因为在践行优秀文化过程中，很多单位尚处于摸索阶段，且需要更多真心践行优秀文化的个人和组织。

当然，项目结项时间紧、任务重，也是一个逆向推动的因素。

二

2022年，在征求多位管理专家和管理者意见的基础上，我们根据有关文件精神和要求，成立专门领导小组，认真准备，申报国资预算项目"中华优秀传统文化在现代管理中的创造性转化与创新性发展工程"。经过严格的评审筛选，我们荣幸地获准承担该项目的总运作任务。之后，我们就紧锣密鼓地开始了调研工作，走访研究机构和专家，考察践行优秀文化的企业和社会机构，寻找适合承担子项目的专家学者和实践单位。

最初我们的计划是，该项目分成"管理自己""管理他人""管理事务""实践案例"几部分，共由60多个子项目组成；且主要由专家学者的研究成果专著组成，再加上几个实践案例。但是，在调研的初期，我们发现一些新情况，于是基于客观现实，适时做出了调整。

第一，我们知道做好该项目的工作难度，因为我们预想，在优秀文化和现代管理两个领域都有较深造诣并能融会贯通的专家学者不够多。在调研过程中，我们很快发现，实际上这样的专家学者比我们预想的更少。与此同时，我们在广东等地考察调研过程中，发现有一批真心践行优秀文化的企业和社会机构。经过慎重研究，我们决定适当提高践行案例比重，研究专著占比适当降低，但绝对数不一定减少，必要时可加大自有资金投入，支持更多优秀项目。

第二，对于子项目的具体设置，我们不执着于最初的设想，固定甚至限制在一些话题里，而是根据实际"供给方"和"需求方"情况，实事求是地做必要的调整，旨在吸引更多优秀专家、践行者参与项目，支持更多优秀文化与现代管理融合的优秀成果研发和实践案例创作的出版宣传，以利于文化传承发展。

第三，开始阶段，我们主要以推荐的方式选择承担子项目的专家、企业和社会机构。运作一段时间后，考虑到这个项目的重要性和影响力，我们觉得应该面向全社会吸纳优秀专家和机构参与这个项目。在请示有关方面同意后，我们于2023年9月开始公开征集研究人员、研究成果和实践案例，并得到了广泛响应，许多人主动申请参与承担子项目。

三

这个项目从开始就注重社会效益，我们按照有关文件精神，对子项目研发创作提出了不同于一般研究课题的建议，形成了这个项目自身的特点。

（一）重视情怀与担当

我们很重视参与项目的专家和机构在弘扬优秀文化方面的情怀和担当，比如，要求子项目承担人"发心要正，导人向善""充分体现优秀文化'优秀'二字内涵，对传统文化去粗取精、去伪存真"等。这一点与通常的课题项目有明显不同。

（二）子项目内容覆盖面广

一是众多专家学者从不同角度将优秀文化与现代管理有机融合。二是在确保质量的前提下，充分考虑到子项目的代表性和示范效果，聚合了企业、学校、社区、医院、培训机构及有地方政府背景的机构；其他还有民间传统智慧等内容。

（三）研究范式和叙述方式的创新

我们提倡"选择现代管理的一个领域，把与此密切相关的优秀文化高度融合、打成一片，再以现代人喜闻乐见的形式，与选择的现代管理领域实现融会贯通"，在传统文化方面不局限于某人、某家某派、某经典，以避免顾此失彼、支离散乱。尽管在研究范式创新方面的实际效果还不够理想，有的专家甚至不习惯突破既有的研究范式和纯学术叙述方式，但还是有很多子项目在一定程度上实现了研究范式和叙述方式的创新。另外，在创作形式上，我们尽量发挥创作者的才华智慧，不做形式上的硬性要求，不因形式伤害内容。

（四）强调本体意识

"本体观"是中华优秀传统文化的重要标志，相当于王阳明强调的"宗旨"和"头脑"。两千多年来，特别是近现代以来，很多学者在认知优秀文化方面往往失其本体，多在细枝末节上下功夫；于是，著述虽多，有的却如王阳明讲的"不明其本，而徒事其末"。这次很多子项目内容在优秀文化端本清源和体用一源方面有了宝贵的探索。

（五）实践丰富，案例创新

案例部分加强了践行优秀文化带来的生动事例和感人故事，给人以触动和启示。比如，有的地方践行优秀文化后，离婚率、刑事案件大幅度下降；有家房地产开发商，在企业最困难的时候，仍将大部分现金支付给建筑商，说"他们更难"；有的企业上新项目时，首先问的是"这个项目有没有公害？""符不符合国家发展大势？""能不能切实帮到一批人？"；有家民营职业学校，以前不少学生素质不高，后来他们以优秀文化教化学生，收到良好效果，学生素质明显提高，有的家长流着眼泪跟校长道谢："感谢学校救了我们全家！"；等等。

四

调研考察过程也是我们学习总结反省的过程。通过调研，我们学到了许多书本中学不到的东西，收获了满满的启发和感动。同时，我们发现，在学习阐释践行优秀文化上，有些基本问题还需要进一步厘清和重视。试举几点：

（一）"小学"与"大学"

这里的"小学"指的是传统意义上的文字学、音韵学、训诂学等，而"大学"是指"大学之道在明明德"的大学。现在，不少学者特别是文史哲背景的学者，在"小学"范畴苦苦用功，做出了很多学术成果，还需要在"大学"修身悟本上下功夫。陆九渊说："读书固不可不晓文义，然只以晓文义为是，只是儿童之学，须看意旨所在。"又说"血脉不明，沉溺章句何益？"

（二）王道与霸道

霸道更契合现代竞争理念，所以更为今人所看重。商学领域的很多人都偏爱霸道，认为王道是慢功夫、不现实，霸道更功利、见效快。孟子说："仲尼之徒无道桓、文之事者。"（桓、文指的是齐桓公和晋文公，春秋著名两霸）王阳明更说这是"孔门家法"。对于王道和霸道，王阳明在其"拔本塞源论"中有专门论述："三代之衰，王道熄而霸术焻……霸者之徒，窃取先王之近似者，假之于外，以内济其私己之欲，天下靡然而宗之，圣人之道遂以芜塞。相仿相效，日求所以富强之说，倾诈之谋，攻伐之计……既其久也，斗争劫夺，不胜其祸……而霸术亦有所不能行矣。"

其实，霸道思想在工业化以来的西方思想家和学者论著中体现得很多。虽然工业化确实给人类带来了福祉，但是也带来了许多不良后果。联合国《未来契约》（2024年）中指出"我们面临日益严峻、关乎存亡的灾难性风险"。

（三）小人儒与君子儒

在"小人儒与君子儒"方面，其实还是一个是否明白优秀文化的本体问题。陆九渊说："古之所谓小人儒者，亦不过依据末节细行以自律"，而君子儒简单来说是"修身上达"。现在很多真心践行优秀文化的个人和单位做得很好，但也有些人和机构，日常所做不少都还停留在小人儒层面。这些当然非常重要，因为我们在这方面严重缺课，需要好好补课，但是不能局限于或满足于小人儒，要时刻也不能忘了行"君子儒"。不可把小人儒当作优秀文化的究竟内涵，这样会误己误人。

（四）以财发身与以身发财

《大学》讲："仁者以财发身，不仁者以身发财。"以财发身的目的是修身做人，以身发财的目的是逐利。我们看到有的身家亿万的人活得很辛苦、焦虑不安，这在一定意义上讲就是以身发财。我们在调查过程中也发现有的企业家通过学习践行优秀文化，从办企业"焦虑多""压力大"到办企业"有欢喜心"。王阳明说："常快活便是功夫。""有欢喜心"的企业往往员工满足感、幸福感更强，事业也更顺利，因为他们不再贪婪自私甚至损人利己，而是充满善念和爱心，更符合天理，所谓"得道者多助"。

（五）喻义与喻利

子曰："君子喻于义，小人喻于利。"义利关系在传统文化中是一个很重要的话题，也是优秀文化与现代管理融合绕不开的话题。前面讲到的那家开发商，在企业困难的时候，仍坚持把大部分现金支付给建筑商，他们收获的是"做好事，好事来"。相反，在文化传承中，有的机构打着"文化搭台经济唱戏"的幌子，利用人们学习优秀文化的热情，搞媚俗的文化活动赚钱，歪曲了优秀文化的内涵和价值，影响很坏。我们发现，在义利观方面，一是很多情况下把义和利当作对立的两个方面；二是对义利观的认知似乎每况愈下，特别是在西方近代资本主义精神和人性恶假设背景下，对人性恶的利用和鼓励（所谓"私恶即公利"），出现了太多的重利轻义、危害社会的行为，以致产生了联合国《未来契约》中"可持续发展目标的实现岌岌可危"的情况。人类只有树立正确的义利观，才能共同构建人类命运共同体。

（六）笃行与空谈

党的十八大以来，党中央坚持把文化建设摆在治国理政突出位置，全国上下掀起了弘扬中华优秀传统文化的热潮，文化建设在正本清源、守正创新中取得了历史性成就。在大好形势下，有一些个人和机构在真心学习践行优秀文化方面存在不足，他们往往只停留在口头说教、走过场、做表面文章，缺乏真心真实笃行。他们这么做，是对群众学习传承优秀文化的误导，影响不好。

五

文化关乎国本、国运，是一个国家、一个民族发展中最基本、最深沉、最持久的力量。

中华文明源远流长，中华文化博大精深。弘扬中华优秀传统文化任重道远。

"中华优秀传统文化与现代管理融合"丛书的出版，不仅凝聚了子项目承担者的优秀研究成果和实践经验，同事们也付出了很大努力。我们在项目组织运作和编辑出版工作中，仍会存在这样那样的缺点和不足。成绩是我们进一步做好工作的动力，不足是我们今后努力的潜力。真诚期待广大专家学者、企业家、管理者、读者，对我们的工作提出批评指正，帮助我们改进、成长。

企业管理出版社国资预算项目领导小组

推 荐 序

财富是学出来的

在与众多企业家的交往中，王建斌先生给我留下了深刻的印象。他不仅有着三十多年的创业经历，更难能可贵的是，始终保持着学习的热情和创业的激情。像他这样纯粹且执着的创业者并不多见。

结识王建斌先生是在十多年前，当时我在高校为企业家讲课。他总是坐在第一排，听课非常认真，下课后还会主动找我探讨一些问题。后来我们加了微信，逐渐成为好友。

平时，我常在微信朋友圈看到他分享创业感悟和自家美食城的消息，这让我对他充满好奇。餐饮行业竞争激烈，同行多有困顿，而他的美食城却能逆势而上。这是为什么？2020年11月，我不顾新冠疫情风险，专程前往西安市高新区，参观了他的美食城和其他产业。听完他的介绍，我深感他的成功不仅在于创新的商业模式，更在于他将所学知识转化为实际应用的能力。

参观他的办公室时，我看到书架上整整齐齐地排列着西安交通大学、北京大学、清华大学等高等学府的毕业证书——原来他已在各大高校持续学习了十几年！这让我不由得感叹："财富是学出来的。"

如今，他开始写书创作，一边工作，一边分享自己的创业心得。这让我想到，中国的企业家不应只埋头苦干，如果行有余力，也该提起笔，书写自己的创业史，分享经验和感悟，为国家、为后世留下一些文字和作品。本书就是一个很好的范例。

我是一名经济学者，日常研究的是经济问题，而关于民间智慧如何指导创业实践，我也很好奇。但我相信，本书中会有答案。希望读者朋友带着探索的心态翻开这本书，相信你们在阅读中一定会有所收获。

前　言

　　我出身于一个普通家庭，父亲是木匠，母亲是家庭主妇。14岁那年，我开始学习木匠手艺，18岁高中毕业，19岁进入一家国企，从营业员干起，经历了13年的商业历练。正是在这样的起点上，1989年，我毅然辞去公职，带着仅有的900元积蓄，下海经商，开启了创业之路。时光荏苒，36年过去，如今我的企业仍在稳健发展。据我所知，很多民营企业的平均寿命还不足3年。为什么我能坚持到现在？难道我真是个例外？在新冠疫情中经历了挣扎与痛苦之后，我经常思考这些问题，却始终找不到答案。

　　2023年8月，我拍摄的一条题为"自古宽街无闹市"的短视频意外走红，全网播放量近50万次，还引起了企业管理出版社的关注。正是这次机缘巧合，我有幸受邀参与"中华优秀传统文化与现代管理融合"丛书项目，得以撰写本书。这让我既感荣幸，又深受启发。我想，自己的企业之所以能侥幸存活下来，除了赶上改革开放的时代机遇，凭借自身积累的从商经验以及终身学习的习惯之外，传统文化和民间俗语也一直深深扎根于我的内心，潜移默化地成为我重要的思想武器，也是我和我的企业不可或缺的力量源泉。

　　为了专心撰写本书，我暂时放下手头的事业，近一年的时间全身心投入其中。于公，我为了给广大创业者分享管理经验，启发他们的创业灵感，也为了继承和发扬中华优秀传统文化。于私，我希望以自己积累的经历和经验为见证，为子孙后代留下一些精神财富。

看得见 36 年的创业成果，看不见民间智慧的滋养。

本书的特色之处在于将各类民间俗语与创业和企业管理相结合。我并非民俗专家，也谈不上对民间智慧有深刻的学术见解，但我在父辈的耳濡目染之下，由衷地喜爱这些通俗易懂的民间俗语，甚至把它们当作宝贵的精神财富。走上社会后，从朋友、同事口中听到的俗语，都会被我记录下来，并巧妙地应用于企业管理之中。这些积累，不仅成为本书的写作素材，也生动地验证了那句俗语"机会总是留给有准备的人"。

民间俗语的特点是过耳不忘、易学易用。与专家教授的专业术语相比，它们更加贴近生活，契合我的个人风格和特色。进一步思考，我发现这种偏好其实是由我的成长经历决定的。

听母亲说，我出生时，曾祖母为我检查身体。曾祖母抱着我，仔细端详后说道："前仓粮，后仓桑，耳朵棱上盖瓦房。这孩子的耳仓正长在棱上，长大后定不愁房子。"母亲听后满心欢喜，自那以后便时常念叨此事，也在我的童年记忆中留下了深刻的烙印。耳仓，即耳朵棱附近长的小窝，在有些地方的民间传统观念中，其被视为福气的象征。曾祖母所说的俗语，意思是耳仓长在耳朵棱上的人，长大后能住上大房子，一生衣食无忧。在祖母和母亲的不断复述下，这句俗语如同一颗奋斗的种子，悄然埋进了我的心底，成为我不断勉励自己的力量。我从小盖鸡窝、兔窝、狗窝、移门楼子，长大以后做房地产开发，事实证明，曾祖母的话确实应验了。

前　言

再来说说我的家庭。在我的记忆中，父亲总是早出晚归，辛勤劳作，即使是周末，也要叮叮当当地给人做家具。他始终保持着乐观豁达的心态，工作再忙，也不忘教育子女。他的教育方式别具一格，从不轻易动用父亲的威严，总是以俏皮话和顺口溜来教化我们。当我跟着他学习木匠手艺时，他说："艺多不压身，功到自然成。"当我埋头读书时，他又会念叨"书中自有黄金屋""书到用时方恨少"。这些话我听得津津有味，不知不觉间便牢记于心。我的父亲没什么文化，但他记下的顺口溜和俗语却是一套一套的，这或许正是民间智慧的伟大之处——口口相传，代代相承，语言朴素，道理深刻。

1977年，我接到工作分配通知书，被分配到西安市碑林区一家土产杂品商店当营业员。所谓土产杂品，说白了就是农具。这份卖农具的工作在当时不体面，让我心里也很不是滋味。我手里拿着通知书，站在商店门口，犹豫着要不要进去报到，心里满是失落。徘徊许久，我走进一旁的自行车修理部，想打听一下土产杂品商店的情况。修理部里的曹大爷听到我的问题后，拍了拍我的肩膀，笑着说："小伙子，骑驴找马，往后的日子还长着呢！"这句话如同一盏明灯，瞬间照亮了我的内心，让我豁然开朗。我毫不犹豫地走进商店报到上班了。之后，我又被分配到商店下属单位南关席簿店，真正走上了一条"骑驴找马"的路。

曹大爷的劝告真是话糙理不糙，正是这种"骑驴找马"的意识改变了我的人生轨迹。在这家商业单位（商店是管理单位，最基层是门市部，我的工作调动并没有离开商店系统），我一干就是13年，从最基础的营业员做起，逐渐掌握了经商的基本技能。也正是在这13年的历练中，我逐渐养成主动积极、热情爽朗、灵活应变的行事风格。这种风格一直伴随着我，成为我日后创业和管理企业的宝贵财富。

所以，本书并非一本充满学究气的理论著作，而是一本简单易懂、实用性强的实践指导书。书中的俗语大多是我多年积累并整理而来，案例源自我的亲身经历，观点也是我在自我反思与感悟中总结而成。与学者的专著相比，我的作品或许不够学术和专业，但民间智慧自有其独特的优势——易于记忆、理解和学习。在我36年的创业历程中，正是这些民间俗语在关键时刻提醒我纠正行为。创业之初，我就知道不能"胡子眉毛一把抓"，要统筹兼顾；为公司选址时，我记起"自古宽街无闹市"，选定了合适的地点；企业发展阶段，我相信"马不吃夜草不肥，人无偏财不富"，抓住了发展机遇；引进高学历人才时，我要坚决避免"请来女婿气死儿"局面的出现，保持了团队的和谐；考虑教育问题时，我深信"十年树木，百年树人"，为子孙托举和兜底；对外遇到矛盾纠纷时，我提醒团队"赢官司少打，夜饭少吃"，避免无谓的纠纷……这些俗语简单易懂，渐渐融入我的生活和企业管理，默默帮助我和指导我。或许，这正是我能持续创业36年的根源所在。

同时，这也是一本写给普通读者的书。年轻时，我既无家业也没学历，更没有背景，但在创业过程中无师自通，屡屡成功，从最初的沙发厂、刨花板厂、玻璃钢制品厂，到后来涉足地产开发、餐饮、物业，直至如今进军新媒体产业，我在实践中不断摸索，一步步实现着自己的人生理想。我相信，广大和我一样出身贫寒，但又怀揣梦想的创业者只要善于借助民间智慧的力量，终身学习，终身实践，也一定能实现自己的梦想。

前　言

　　36年的创业成果固然有目共睹，但背后民间智慧的滋养却深深扎根在我的脑海里，如同混凝土柱子中的钢筋，虽平日难以察觉，却是最为强固的根基。我希望这本书能为我的创业史"寻根"，也让更多的人通过学习民间智慧、民间文化受到启发和滋养，从而踏上成功之路。

　　本书是我个人在自学、自省、自悟、自创后总结而成的作品。然而，要在短短9个月的时间内总结个人36年的创业经验和49年的社会经历，仅凭我一人的所见所闻去诠释中华优秀传统文化和民间智慧的魅力，难免显得不够深入，甚至有些浅尝辄止。其中的疏漏与不足在所难免，恳请读者朋友不吝批评的同时多多包涵。

王建斌
2025年2月12日（正月十五）于西安

目 录

战略篇　战略与布局　1
第一节　成在战略，败在细节　3
第二节　先有市场，后建工厂　8
第三节　"套种"战略，让企业生生不息　13
第四节　事不过三　18
第五节　企业家的远景思维与职业经理人的"车辙"思维之间的矛盾　22
第六节　天晴要防下雨——企业家应时刻保持忧患意识　27
第七节　无工不富，无商不活，无农不稳　31
第八节　一年之计在于春　35

管理篇　经营与管理　39
第一节　创业初期要"眉毛胡子一把抓"　41
第二节　打江山容易，守江山难　45
第三节　"上阵父子兵"，企业管理的震荡源　47
第四节　财不入急门　51
第五节　从"一轴两轮子"到"倒三轮"——打造自媒体文化产业的理论与实践　54
第六节　先结婚，后恋爱　57

第七节　年怕中秋月怕半，星期怕过礼拜三　61
第八节　三个臭皮匠，顶个诸葛亮——"臭皮匠"会议减少
　　　　决策失误　64
第九节　赢官司少打，夜饭少吃　67
第十节　重要的事隔夜说　73
第十一节　工欲善其事，必先利其器　76
第十二节　熬成的事业，揉到的面——项目落地五步走：想、说、
　　　　　写、做、改　79

营销篇　营销与客户　89
第一节　巧用"添柴火"　91
第二节　本小利大利不大，本大利小利不小　94
第三节　营销应懂得"留盘菜"　97
第四节　有理不打上门客　99
第五节　赔钱的生意行家做？　103
第六节　熟人圈长精神，生人圈去赚钱　105
第七节　货不停留利自生　108
第八节　机不可失，趁热打铁——凡事要"做过"，不要
　　　　"错过"　111

人才篇　人才与成长　117
第一节　请来女婿气死儿　119
第二节　工作不次于婚姻　121
第三节　"五心"有余，则能力有余　126
第四节　一把尺子，六个刻度——影响职场升迁的六个思维　133

目 录

第五节　女靠娘家，男靠舅家——娘家人为企业服务更长久　139
第六节　三六九往上走，周期制培养人才　142
第七节　整体思维与零担思维　146
第八节　高人指路，贵人相助　150
第九节　三个十年，三种人才标准——我对人才认知的三个阶段　155

资金篇　财务与资金　161
第一节　"解扣松绑"，再次点燃民营企业的引擎　163
第二节　关于贷款的喜和忧——"能让你更富，也能让你更穷"　171
第三节　哪里黑哪里歇着？——资金管理绝不能有商贩思维　176
第四节　网络段子也能启发商业灵感——货币叠加资产化成就4.6亿元项目　181
第五节　马不吃夜草不肥，人无偏财不富　185
第六节　成功方法各异，失败大致相同　189

学习篇　学习与自悟　193
第一节　外行看热闹，内行看门道　195
第二节　自古宽街无闹市　198
第三节　读书破万卷，不如读懂现实一卷——企业家多从实践中学习　202
第四节　人教人百言无用，事教人一遍入心　207
第五节　学他人，悟自己——成人学习与青少年学习的不同之处　211

第六节　艺多不压身，功到自然成　215

人生篇　人生与智慧 223
第一节　死水怕勺舀，舀一勺少一勺　225
第二节　先人一招则优，快人一步则强　226
第三节　听人劝，吃饱饭　229
第四节　隔手的金子不如在手的铜　233
第五节　十年树木，百年树人——爷爷写书，孙女"出书"，
　　　　好家教传好家风　236
第六节　娃娃勤，爱死人——勤奋积极是改变命运的第一步　239
第七节　嘴把式与手把式　244
第八节　我与媒体共同发展的40年——人生中的变与不变　246
第九节　三岁看大，七岁看老——浅谈企业家的共性与潜质　251

战略篇
战略与布局

第一节　成在战略，败在细节

2000年前后，一本名为《细节决定成败》的书广受好评，我阅读后深受启发。十年后，市面上又出现《战略决定成败》，我读后同样受益匪浅。这两本书的作者来自不同的背景：前者是一位有着丰富管理经验的职业经理人，后者则是学术精英。然而，深入思考后，我认为书中理论似乎与普通人的生活有些距离。无论是沃尔玛的案例，还是亚当·斯密的理论，都有些高不可攀。我在三十多年的创业过程中，逐渐认识到：战略与细节，两者相辅相成，缺一不可。它们在成功的道路上扮演着不同的角色，但又相互影响、相互制约。从结果上看，二者同等重要，就像火车的一轴两轮，是一个整体的两个部分。因此，在实际应用中，我们既要重视战略的指导作用，也不能忽视细节的关键落实。这就是我想强调的重点——成在战略，败在细节。

一、成于战略，完美于细节

2014年，我的写字楼项目破土动工后，我开始思考项目落成后的运营与发展。在日常的观察中，我发现了潜在的商机——快消餐饮。于是，一个大胆的想法逐渐形成——进军餐饮业——一个我从未涉足的新领域。

许多人认为餐饮业是一个永恒的朝阳产业，毕竟"民以食为天"，吃饭的需求永远不会消失。但也有人指出，正是因为其具有普遍性，餐饮业的门槛较低，容易入门，尤其是小餐饮领域，竞争异常激烈。这两种观点都有其合理性，但关键在于在战略规划与细节执行之间找到平衡。

在看似充满机会的小餐饮行业中，许多经营者却失败了，关键问题往往在于对细节的忽视。随着时代的进步和互联网的发展，小餐饮行业虽然迎来了更多的机会，但也面临诸多挑战。

首先，小餐饮行业竞争激烈，用工成本不断攀升，行业细分化趋势明显，对精细化管理的要求越来越高。然而，由于客观条件限制，许多小餐饮经营者仍采用"小而全"的模式，老板需要兼顾装修、收银、采购、烹饪、洗消保洁等环节，精力分散，难以面面俱到。

其次，卫生和服务质量是小餐饮行业的重要痛点。许多小餐饮店频繁招聘洗碗工、收银员甚至小时工，这不仅反映了小餐饮行业存在招工难、用工荒的问题，也暗示了其服务质量可能不稳定。

进一步观察消费者的实际需求后，我发现，街头有许多流动摊贩售卖食品，他们推着车子临街叫卖，尽管可能既缺乏卫生保障，也没有合法资质，但仍然吸引了不少顾客。这种现象反映出市场中的高质量餐饮服务的需求尚未得到充分满足。

由此，我设想如果能提供一个干净、卫生、菜品丰富且环境舒适的餐饮经营场所，同时帮助商户解决装修、营销、收银、保洁等繁杂事务，让他们能够专心做好每一顿饭，那么这样的场所必然受到商户和消费者的欢迎。这不仅是基于战略层面的思考，更是细致观察市场情况后得出的结论。因此，我相信即使在竞争激烈的餐饮"红海"中，依然能找到一片"蓝海"。精心打磨和优化每一个细节后，我制定了独特的蓝海战略。

确定方向后，我立即着手进行符合当地实际情况的概念设计。"匠乡禾·穿梭食里"美食城的服务定位非常明确：满足工薪阶层的日常餐饮需求，提供干净、实惠的午餐和晚餐。我们设置了15至18个档口，提供十多种不同品类的餐品，并且引入末位淘汰机制，定期更新菜单，确保顾客不会因口味单一而厌倦。在这里，顾客可以体验到多样化的美食选择，一家餐馆吃出了百家风味。

对于美食城商户而言，开设自己的店铺通常意味着需要招聘厨师、洗碗工、收银员等人员。然而，在我的美食城，商户无须担心这些烦琐事务。我提供统一的洗涤、清洁、收银和装修服务，商户只需带着手艺拎勺开店。

基于这一理念以及平台管理和平台商业相结合的双平模式，我创建了一家融合传统与现代元素的新概念美食城。自2019年6月25日开业以来，即使在新冠疫情期间，每年吸引的客流量仍旧稳定在40万至50万人次。疫情过后，许多餐饮店面临困境，我的美食城的销售额仅是轻微下降，如今生意兴旺。这就是战略精准、细节完美的佐证。

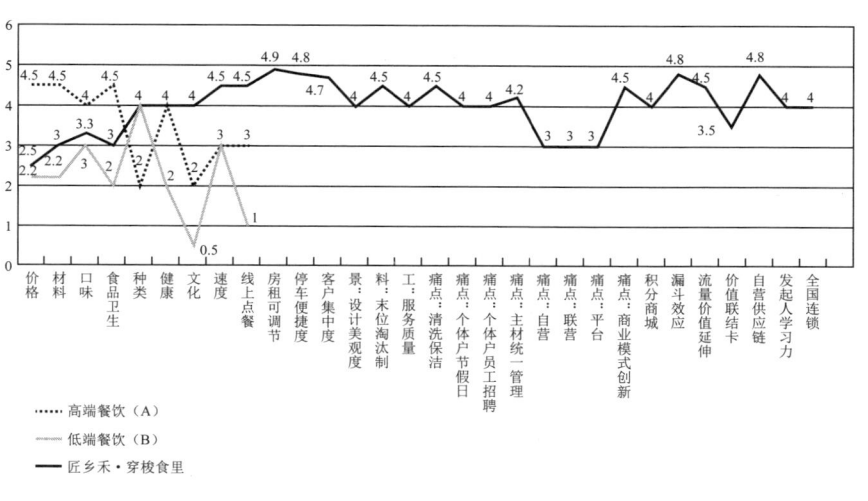

"匠乡禾·穿梭食里"的蓝海战略

"匠乡禾·穿梭食里"美食城堂食实景

二、一个被细节葬送在摇篮里的项目

美食城的成功让我决心在餐饮业继续深耕，但另一个项目"云景树"空中花园餐厅却在细节上栽了跟头。

凭借经验，我认定屋顶餐厅具有巨大的市场潜力。我计划利用自然景观设计，在都市中打造一个让人们感受自然清新的空中花园餐厅。这一概念在西安市场上颇具创新性，有很大的发展空间。我的楼盘名称中的"树"字启发了我，让我想起在温哥华见过的一栋楼房，其楼顶的一棵树成为当地的标志性景观。我希望在自己的八层楼顶也种植一棵树，作为公司文化的象征和空中花园餐厅的精神图腾。

仔细考量了树木的外观、香气和养护需求后，我亲自挑选了一棵金桂花树，将其事先栽种于屋顶，等空中花园餐厅设计完善以后，再全面动工。然而，这棵树栽种后不久，树叶开始变黄。尽管我们请来了专业护理人员，但情况并未改善，桂花树最终枯死，紧接着买来的第二棵树，不久也死了。

这棵树对我的项目至关重要，不仅是灵感的源泉，也是景观设计的核心。当时，项目的建筑和景观设计经过三十多次会议讨论，接近完成，前期投资也已到位，造价五十万元的两部电梯已更换，直通楼顶，大量的人力物力已经投入。树的死亡不仅意味着经济损失，在时间上也是巨大的浪费。我必须深入调查原因。调查结果显示，树的死亡并非由于自然原因，而是由于树坑施工中的一个失误：在树坑底部的下水地漏处，铺设的两层隔网布中的夹胶未能清除，填土后，压力挤压，造成树脂胶将地漏堵塞，施工单位、监理和我方的工程师都未发现，雨水和浇灌水无法正常排出，桂花树最终因长时间积水而死。

原本志在必得的项目，因为一个细节的疏忽，遭遇了挫折。随后，新冠疫情的影响导致项目停滞数年，错过了最佳时机，截至本书定稿时该项目仍未启动。

"云景树"概念设计图

三、看不见的战略，看得见的细节

战略与细节是两个极端，战略是对与错，细节是成和败，二者都十分重要。战略如同海市蜃楼，若隐若现；而细节深藏泥土之中，需要使用显微镜来细察。简而言之，战略依赖于直觉和经验，它抽象而不易捉摸；细节则具体而常见，却容易被忽视。

以美食城的战略为例，它的确立基于"永恒的朝阳产业"和我对日常生活的细致观察及丰富的商业经验。有了解决细节问题的把握，我才果断行动并一举成功。相对地，空中花园餐厅的策略虽周全，却因一个被忽略的小细节而失败。这告诉我们，战略和细节是相互依赖、相互影响的。

战略是宏观的蓝图，它需要细节扎实支撑；细节则是构建蓝图的具体材料，它需要战略指导方向。在实际工作中，我们不能只专注于远大目标而忽略脚下的细节，也不能只沉迷于琐事而忘记长远的方向。细节是当下的问题，战略是未来的问题。因此，制定战略时，我们必须铭记细节的重要性；处理细节时，也要确保有战略的指导。通过这种平衡，我们才能在商业环境的复杂多变中，既不失方向，也不失准头，最终达成我们的目标。

第二节 先有市场，后建工厂

"先有市场，后建工厂"，是我多年来坚守的经营理念。30多年来，市场始终是我创业的风向标、晴雨表和指南针。本节将分享我在这一理念指导下的3次重要的实践经历，希望对广大创业者有所启发。

一、下岗潮引发创业潮，别人卖货我造货

1989年，我辞职后在西安市土门开了一间家具店。刚入行，那时候只能是"拿来主义"，从广州等地采购了折叠椅、组合衣架等钢木家

具，这些都是我在原单位经常采购的几种受市场欢迎的产品。因为我已探明了市场，所以才敢直接运到西安批发零售，赚取差价。那是改革开放初期，商品需求大，技术含量低，竞争压力小，也因此让许多人产生了生意好做的错觉。

随着中国经济从计划体制向市场体制转型，20世纪90年代初，大批国有企业员工下岗。为谋生计，一时间，家具市场涌入大量"二道贩子"，都想通过买卖差价获取利润。

我的批发生意不好做了。一方面，西安的家具商都从广州进货，货源日趋紧张，生产厂家不再垫货；另一方面，西安市场的经销商激增，客户被分流，市场供过于求已是必然趋势，价格战近在眼前。恰在此时，杭州某沙发厂的王科长辞职了，来西安找我，他想做沙发生意。我俩是老相识，也都是行家，一番讨论后，打算联手在西安生产销售沙发，他组织生产，我负责销售，自产自销。但在投产前，还有一项重要的准备工作要做。折叠椅等钢木家具生意我了解，但西安的沙发市场究竟如何还是个未知数，得先试试市场的水。于是，我先从杭州采购了一批沙发在西安竹笆市家具市场销售，沙发迅速售罄。紧接着我又购进了一批货，还是供不应求。看来有市场是铁定的，好货不愁卖。我与王科长及另一位王姓合伙人，我们三个都姓王，就在西安市太阳庙门巷租了个独栋院房，在那里共同创立了"王牌沙发"。我安排好场地后，他们从杭州带着工人、设备和材料，直奔西安，当天把工人住处安排下来，设备安装到位，第二天就投入生产，一周后，"王牌沙发"进入市场。用现在的话讲，我们这是依托成熟的市场招商引资，要么技术超前，要么到落后的地方发展。

"王牌沙发"一亮相便名声大噪。论外观，"王牌沙发"用的是杭州沙发厂的工艺，时髦气派；论价格，工厂直销，更具竞争力。一时间，西安家具市场刮起一场王牌旋风,"王牌沙发"成了最时髦、最抢手的家具产品之一。那个时期,顾客需要提前预订沙发,车间日产20多套沙发,总是当天就被一抢而空。就这样,我的沙发生意连续红火了3年之久。

二、有成熟的产品销售,转头生产原材料

时间来到1992年,西安家具市场经过数年发展,各种档次品类的家具品牌纷纷涌现,北京、广州、上海等地的大牌家具产品也都卖到了西安,竞争非常激烈。北京天坛家具厂的可折叠桌、折叠凳异军突起,因其节省空间的特点成了家家需要的爆款产品,为了满足春节前的供应,商家甚至需要提前数月打款预订。众多西安本土家具作坊纷纷开始仿制,市场上涌现大量相似产品。同质化竞争愈演愈烈,同时,可折叠家具的原材料刨花板用量越来越大。

眼看折叠桌、折叠凳进入千家万户,西安当地的知名沙发品牌也越做越大,而"王牌沙发"的款式日显陈旧,销量持续下滑,该怎么办?不改变、不转型只有死路一条,转型生产可折叠家具?不行,据我所知,西安市长安县(现为长安区)某村都在生产同类产品,他们没有房租、和他们打成本战、价格战,我不是对手。转念一想,这些用刨花板作为基材的产品已是成熟的市场。经过深思熟虑,我另辟蹊径,投身可折叠桌椅的原材料刨花板的生产。时间不等人,已有了市场,直接建工厂,我在西安电视塔新小寨村工业园区租下六亩地大小的一片厂房,凭着从小练就的木匠思维,和请来的技术人员一道对生产设备进行针对性优化,以牺牲产量为代价,将造价动辄数百万元的设备成本降低到十分之一甚至更低,经过大半年的筹备,人造板厂正式开工。

折叠桌、茶几等家具都逐渐淘汰了木质材料,更青睐于使用刨花

板，但刨花板的生产设备昂贵，且有一定的技术难度，导致刨花板行业准入门槛高，大型的刨花板生产投资巨大，从原材料到成品销售都是很大的压力。我优化后的设备虽然产量低，但投资小、成本低，加上同行少、竞争小，所以利润也就大了。我的刨花板厂实行"三班倒"工作制，全天运转，每日平均产出的240多张刨花板迅速售罄。尽管折叠桌椅市场从热潮走向平稳，但是我始终未受波及，靠刨花板生意闷声发了点小财。这就是有了"成熟的市场，再建工厂"并一举成功的第二个案例。

三、机场座椅平民化，没有市场就创造市场

1995年，我在西安机场的候机室发现了一款新型联排座椅，颜色艳丽，结实耐用，用的是不饱和聚酯复合材料，业内俗称"玻璃钢"。这种材质的家具在当时还是新潮产品，在飞机场和体育场馆能见到，在市区公共场合还属罕见。要是我能生产，再把产品推广到全市，一定是独门生意，但难点在于如何让消费者接受它。

我的策略是：营销铺路，先有市场。

20世纪90年代，国营商场作为主要商圈，是民众消费娱乐的核心场所，西安也不例外，钟楼、解放路、韩森寨、玉祥门等重要地段都设有地标性的国营商场。为了推广新产品，我亲自考察了钟楼附近的一家大型国营商场，正巧商场公共休息区的90余个座椅陈旧，不仅影响美观，而且有的座椅螺丝松动，存在安全隐患。我打着"以旧换新"的旗号向商场负责人提议：免费用我的新型玻璃钢座椅替换旧座椅。商场负责人出于保障顾客安全的考虑，很快便答应了。没多久，西安最繁华、最有人气的商场统一换上了西安汇豪牌玻璃钢联排座椅。

那个年代的很多商家还没有广告意识，因此被我抢占了"滩头"。

后来我趁热打铁，迅速扩大产品影响力，参加家具展销会，去高校做推广，在西安永宁门外的环道旁竖起了一个高5米、宽6米的广告牌。新产品从无人知晓到尽人皆知，铺天盖地的广告宣传功不可没，用现在的话讲，就是"抢占用户心智，创造消费需求"，没有市场，创造市场。经过一系列努力，银行、商场、邮局、饭店等公共场所都换上了汇豪牌玻璃钢座椅。

玻璃钢座椅在西安叫响后，邻省的许多单位也主动采购。我趁热打铁，一边加大营销力度，占领市场；一边增设生产线，扩大生产。很快，我又开发了玻璃钢组合水箱、窨井盖、汽车尾翼等新产品，在生产工艺上也不断推陈出新。最终，汇豪牌玻璃钢座椅一路从西北五省卖到东北三省。

西安高新一中　　　　　　　空军电信学院体育场

汇豪家具产品照片

四、结语

"先有市场，后建工厂"，也可以理解为先有市场，再去扩展。从"王牌沙发"到刨花板，再到玻璃钢座椅，我们不难看出，先发现商机，再建立销售渠道，待市场接受，再扩大生产。销售是商道真谛之一。别人都在争当"二道贩子"时，我已经预判市场变化趋势，选择前店后厂的经营模式，最终在价格战中轻松胜出；别人跟风生产同类产品时，我却另辟蹊径，聚焦原材料，借势发展，在"红海"里找到了"蓝海"。发现市场空缺时，我保持冷静，利用广告为市场开路，创造市场需求，从而做成了生意。由此可见，创业者必须有敏锐的目光，精准预测市场动向，巧妙应对行业竞争，只有这样，我们才能知道哪里有市场，何时建工厂。

有些人可能认为，我的成功仅是时代的产物，对今天已无借鉴意义，但是我坚信，"先有市场，后建工厂"的理念仍未过时。以我撰写本书为例，早在动笔两年前，我就利用短视频平台吸引关注，精准定位潜在读者，先有读者，再写书，截至交稿时已积累了10多万粉丝，2025年粉丝人数预计增长至15万到20万。我向来不打无准备的仗，要是没有目标读者，我哪敢写这本书。时隔30年，我认为，"先有市场，后建工厂"仍是一条经得起考验的商业成功之道。

第三节　"套种"战略，让企业生生不息

"套种"一词源自农业，指的是在前季作物生长的后期，在株行间播种或移栽后季作物，高秆作物与矮秆作物套种的种植方式。这种种植方法不仅能够阶段性地充分利用土地和人力资源，更重要的是，它能够延长后季作物的生长期，从而提高复种指数和年总产量。例如，在玉米地里套种花生，在黄瓜地里套种辣椒等。得益于这一启发，我将套种的概念用在了企业管理和发展中。

我第一次接触套种这个概念是在1972年，当时我还是一名初中生。

学校组织我们前往西安三桥试验农场进行"学农"活动。在那次农作物种植实习中，老师向我们介绍了两种不同作物的套种技术，这一概念从那时起便深深根植于我的心中。

套种不仅在农业中有着重要的应用价值，其核心理念——通过多元化和创新来提高效率和产出——同样适用于经济和企业管理。在我创业的历程中，这一理念也不断引导我探索新的经营模式和策略，推动企业在不断变化的市场环境中实现可持续发展。

一、第一次"套种"：沙发厂

20世纪80年代，改革开放处在摸索阶段，大家讨论的还是雇工超过8人算不算剥削。后来人们把创业叫"下海"，意味着放弃铁饭碗，自己凭能力在商海里谋生。

在这种时代背景下，我还是选择了创业的道路，投身家具行业，开办家具店，从广州进货钢木家具到西安批发零售，赚取差价。这种模式靠的是周转快、薄利多销，依赖信息差和地域差来获利，我自知不是长久之计，"事不过三"的原则时刻提醒着我，一定要另有打算。随着家具店经营的日渐稳定，我与朋友合伙开办了沙发厂，也算是初次尝试"套种"，家具店的经营扶持沙发厂的启动，采用前店后厂的经营模式，自产、自销、代销。钢木家具"套种"沙发，扩大了经营范围，消费者买沙发时可以顺便购买折叠桌椅，买桌椅时看好了沙发，产品、商品互补利于客户，也就是要利于双方发育生长、互利共生或有利于一方，但不损害另一方的生长。沙发厂吸收了家具店的养分，又反哺于它，二者新老交替、互惠互利，从而获得了双丰收。批发零售滋养了沙发厂，第一次"套种"成功。

二、第二次"套种"：刨花板厂

1992年，邓小平的"南方谈话"激发了全民经商的热情，创业浪潮兴起。对我而言，这意味着竞争对手的增多和市场竞争的加剧，家具行业即将迎来重大变革，但利润减少也是市场竞争激烈的结果。若继续在沙发行业深耕，技术上干不过大国企，成本上也"卷"不动小作坊，前后夹击，前景不容乐观，升级转型成为必然选择。然而，转型不能急于求成，上山容易下山难，步子迈太快，容易崴着脚。在这个进退两难的关键时刻，我寻思新的"套种"，决定在保持沙发厂稳定的同时，探索新的业务领域，力求平稳过渡。

我注意到钢木家具中的一种折叠桌、折叠椅销量大增，而桌面、凳面的基材是刨花板，大家都开始经商，我必须选择制造。就这样，我选择制造刨花板作为新的业务方向，利用钢木家具的批发零售和沙发厂的利润来"套种"推动刨花板厂的发展。随着时间的推移，当沙发行业竞争日益激烈时，我在刨花板行业已经稳固了地位，成功实现了业务转型。

三、第三次"套种"：玻璃钢座椅

从钢木家具再到沙发，又"套种"出刨花板，我被家具行业日新月异的变化推动着非变不可，当然也不会到此为止，越往后竞争越激烈。1995年，党的十四届五中全会提出国家经济增长方式从粗放型向集约型转变，这一转变意味着经济发展要更加注重质量和效益，依靠科技进步、科学管理及劳动者素质提高等方式来推动经济增长，而非单纯依靠大量的资源投入、规模扩张和低水平重复建设。我意识到必须探索具有科技含量和创新型的家具产品。很快，我在西安飞机场候机室发现了一种玻璃联排座椅，也是体育场馆常用的座椅，在当时还是时髦新品的不饱和聚酯复合材料，俗称"玻璃钢"的新产品。我利用刨花板厂的收入持续给玻璃钢的生产筹备供血，经过近一年的市场培育，"套种"出的玻璃钢座椅生意最终成为我的支柱产业。在刨花板厂转让出售的同时，我的玻璃钢生意走出陕西省，后来行销东北三省和西北五省。

"套种"刨花板，使我抵抗住了同质化竞争带来的灾害，避免减产，稳步发展；而"套种"玻璃钢系列产品，则让工厂产值倍增，我的事业迈上了新台阶。两次较为成功的"套种"经验，为我后续更大规模的"套种"奠定了坚实的基础。

四、后期"套种"：大胆移栽，借势发展

进入21世纪，中国加入世界贸易组织（WTO），国内家具行业与国际市场紧密融合，家具企业迅速发展。居民生活水平显著提升，消费习惯也随之发生深刻变化。在这样的大环境下，我意识到，面对技术革新和市场的巨大变革，传统的家具行业已不再适合我。

一方面，2000年前后，国家开始推动园区工业化，进入以土地为发展基础的新阶段。我虽对土地财政知之甚少，但短短几年内，随着城市化发展，我的工厂经历多次拆迁，每次拆迁房东都获得补偿，而作为租户的我却损失惨重。另一方面，我的企业发展步履维艰，生产型企业说到底挣的是个辛苦钱，在当时已是骑虎难下，不扩大经营，企业难以支撑，扩大经营则可能造成更大的风险，再加上通货膨胀、货币贬值都在吞噬利润，这样下去企业必死无疑。这时，我读到一本金融学图书，书中指出房地产的增值率大于银行的储蓄利率。残酷的现实和书本的知识都启发了我：必须"套种"自己的固定资产。

凭借在玻璃钢座椅行业积累的资本，我决定"套种"重资产，在西安市高新区投资购买了土地，成功融入园区工业化的浪潮。后来，随着

国家推动以土地为核心的城市化发展模式，西安高新区呈现出工业和商业协同发展的态势。以前是在行业内"套种"新产品，我是有经验的，现在借政策红利向商业转型，就相当于把幼苗从自家土地移栽到一片陌生的田地里，收益更大，但风险不可估量。考虑再三，我还是决定顺势而为，从工业"移栽"至商业。我先是"套种"了一栋8层的写字楼，并以此为根基，前楼养后楼继续"套种"，到2013年，又启动了22层100米高的写字楼建设。这两座写字楼最终成为我事业中最成功的两次"套种"，使我的资产翻了数倍。没有前面20多年的"套种"经验，没有玻璃钢的积累，我不可能如此大胆地"移栽"至房地产行业，也不可能如此顺利地"套种"成功，但如果我不去迭代"套种"，不去寻找机会，一片田地始终有肥力耗尽的那一天，再好的产业也有它的生命周期。

我并未满足房地产的成功，还要继续升级迭代。我以写字楼为根基，逐步套种业务到物业管理和餐饮业，前期业务滋养后期业务，形成"一个中心、多个增长点"的多元化业务结构。2023年，我又一次顺应潮流，拓展到自媒体领域，创建自己的账号，打造个人品牌，"套种"自媒体文化产业。

五、产品"套种"获利一时，头脑"套种"受益一生

"套种"这一概念虽源自农业，但其在经济领域的应用远比农业复杂。宏观层面上，改革开放的前30年可以视为一系列谨慎的套种实践。从解放思想到邓小平的"南方谈话"，再到国企改革和土地财政，每一步都显远见卓识，同时推动了多元化发展和全面进步。从微观角度来看，我的个人经历正是这一时代变革的缩影。在改革开放过程中，我不断调整战略，开发新产品，探索新行业，迭代"套种"，确保企业的持续发展，书写了长达30多年跌宕起伏的个人创业史。

面对时代的挑战，随波逐流并非明智之举。我之所以能够成功运用"套种"战略并实现持续发展，关键在于不断学习和自我提升。自 2012 年起，我便在各大高校进修企业管理类课程，系统地充实自己的知识体系。2019 年，著名经济学家钟朋荣教授访问了我的餐饮企业。听完我的汇报后，他深有感触地说："财富是学出来的。"这不仅是对我的肯定，也是对"套种"战略的深刻解读——只有不断学习和创新，才能在"套种"中找到新的增长点，为企业的持续发展提供动力。

战略的运用最终要回归到人，尤其是领导者身上。企业的持续发展需要"套种"，领导者自身的提升同样需要在头脑里"套种"。这不仅是思想的"套种"，更是企业发展的根基。领导者的知识面、技能及思想的深度和广度，直接关系企业能否在复杂多变的市场环境中，准确把握机遇，应对挑战，实现可持续发展。因此，领导者必须不断学习，拓宽视野，提升认知，引领企业走向未来。

第四节 事不过三

在我青年时期，常听父亲讲"事不过三"。字面意思是说同样的事不会连续出现三次，不论正确还是错误，人不能把同一件事重复做三次，"三"代表一种底线或原则。

我常常想为什么是"三"呢？"三"这个数字有什么神奇之处？

一、从数字"三"说起

"三"这个数字在我们日常生活中既平常又特殊。老子在《道德经》中写道："道生一，一生二，二生三，三生万物……"从字面意义上理解，这句话赋予了"三"一种神奇的使命，仿佛世间万物都从"三"开始萌芽（本处仅从字面意思解释，不做学术讨论）。

"三"在我们生活中无处不在：孩子从小背诵的《三字经》，以三个字为一组，朗朗上口，易于记忆；大人给孩子起名字时，也多用三个字，既响亮又顺口；记忆或者书写数字时，如手机号码、银行卡号、身份证号等通常以三个数字为一组。我发现，记词语时，一次性记住三个最为容易，这或许也体现了"三"的独特优势。

在职业技能培养中，"三"同样是一个关键数字。一般学徒工的培养周期为三年：第一年打基础，第二年逐渐熟练，第三年正式出师。无论是铁匠、木匠、泥瓦工，还是理发师、面点师、厨师等，这些行业都需要至少三年的积累才能站稳脚跟。没有这三年的脚踏实地、一点一滴的积累，很难真正出师。学校教育也是如此，许多技师学校和专科学院将专业课程设置为三年制，学生三年后掌握专业技能，凭借所学在社会上立足。

由此可见，"三"这个数字在日常生活中应用广泛。

二、"事不过三"是发展规律

我所理解的"事不过三"中的"三"并非单纯的数字，而是一个时间概念，指的是事物经过三年、三月或三日的发展后，应及时做出相应调整。这一概念与字面意思稍有差异，但其核心思想依然贯穿始终。我发现，"事不过三"不仅适用于日常生活，同样适用于企业管理。在我的 36 年创业生涯中，我一直践行这一原则。正因如此，企业数次成功转型，始终在时代的第一阵营占有一席之地。

事物的发展都有其自然规律，通常会经历成长、成熟和衰落三个阶段。企业发展也是如此。任何项目、任何产品一旦投入市场，也难逃这一规律。没有永不过时的产品，也没有长盛不衰的项目。因此，为防患于未然，也为了企业的长足发展，我总是在一个项目衰落期到来之前，锚定下一个项目，研发新产品，为企业发展持续注入新鲜血液。

许多大型企业都设立了研发部门，专门开发新产品，以保证在三到五年内向市场推出新产品。例如，饮料、服装、家电等快消品行业，基本每三年就会涌现出新产品、新潮流。而耐用消费品，如汽车等，基本上每六到七年也会推出新产品。各类大品牌正是靠着不断更新迭代来保证品牌的生命力，这也从侧面证实了"事不过三"的含义。

在企业管理中，企业制度和组织架构基本跟随战略三年一变。在三年的发展中，因为企业战略调整和人事变动，企业制度、组织框架必须适时做出调整，以适应企业新的发展需求。这种动态调整机制，正是"事不过三"原则在企业管理中的具体体现。

三、企业发展中的"事不过三"

回想我的创业历程，我在制定企业发展战略时，一直遵循"事不过三"的原则。

1989年我辞职创业，最开始在西安土门开设钢木家具店，三年后，竹芭市形成了家具一条街，我在土门的生意举步维艰，"穷途思变"，我将家具店整体搬迁到竹芭市。随着竹芭市家具一条街日益繁华，不到三年，我又在西安市太阳庙街巷开设沙发厂，一时间，沙发厂的销售成了龙头。

三年后，我在大雁塔万国家具市场开设新门店，而竹芭市家具一条街随着城市发展被拆迁。遵循"事不过三"的原则，我将目光投向家具行业的上游——刨花板原材料领域。我在西安市新小寨村工业园租下一个六亩大的厂房院落，开始生产销售刨花板。不久，万国家具市场也被拆迁了。

　　随着刨花板厂的迅速发展，我敏锐地预感到这个行业的衰落期即将到来。按照"事不过三"的原则，我开始寻找下一个项目。机缘巧合之下，我发现了玻璃钢制品这一新领域。经营刨花板厂三年后，我果断开办了玻璃钢制品厂，生产玻璃钢联排座椅。这种座椅在市场上大受欢迎，行销东北三省和西北五省，高峰期也基本持续三年。此时，刨花板厂的业务开始减少，我将刨花板厂整体出售。同时，我又研发生产了玻璃钢水箱、窨井盖等一系列玻璃钢产品。

　　21世纪初，中国加入世界贸易组织，城市发展日新月异。我知道随着城市发展，城乡接合处、旧城区也都面临被拆迁的局面，为了延续企业发展，我在西安高新区购买了工业用地，开发A座写字楼。每过三年，我都会调整战略重心，先后转向服务业、物业、餐饮业。

　　从我的企业发展轨迹不难看出，"事不过三"的原则一直贯穿始终。我不会在一个赛道上从一而终，也不会抱着一个产品坐吃等死。即使一项业务或一种产品再成功，只要进入成熟阶段，我就会开始寻找替代品。正是在这种新旧交替中，企业成功转型，驶入下一个赛道。我始终在与时间赛跑，把握市场脉搏，保持企业活力。现如今，我一个60余岁的老头带着一帮年轻人闯入自媒体领域，也是"事不过三"的原则在推动我不断创新、变革。

　　在企业管理中，人力资源管理同样遵循"事不过三"原则。我在《三六九往上走，周期制培养人才》一文中，对人才的识别、培养、提拔都有详细论述。但无论是"三""六"还是"九"，都是以"三"为基数，也以"三"为进阶数。无论是工厂招工人以三天为试用期，还是企业用人以三个月为试用期，或是老员工三年后得到提拔，这可能是日常中人们默认遵循的规则。

在企业中，企业制度和组织架构基本跟随战略三年一变。在三年的发展中，随着企业战略调整和人事变动，企业制度、组织框架也必须适时做出调整，以适应企业新的发展需求。

由此可见，"事不过三"具有普适性、广泛性、实践性。在商业实践中，我们一定要掌握"事不过三"的原则，具有"事不过三"的精神。"事不过三"是规律，更是智慧。它教会我们在变化中把握节奏，于规律中提前布局。无论是商业还是人生，唯有不断创新或调整，才能在时代的浪潮中立于不败之地。

第五节　企业家的远景思维与职业经理人的"车辙"思维之间的矛盾

随着年龄的增长，我逐渐发现一个现象。每当我投身于自己渴望实现的事业时，脑海中总会产生美好的憧憬、感觉和想象，它们如海市蜃楼一般，形成一种远景，朦朦胧胧、隐约可见，又激发着我的热情。这种激情，从我青年时代就一直伴随着我，甚至影响了我的未来和下一代。我常常因为激情满怀而夜不能寐，但是周围的人总是不能理解这种远景。1983年前后，我在《西安晚报》《陕西工人报》上陆续发表了通讯报道、速写和小小说，收到了报社寄来的稿费。同事看到后，说我一门心思赚外快，这让我很委屈，我哪是为了那点儿稿费而创作呢？只有我自己清楚，只要一直写下去，未来的人生一定发生重大改变。

创业之后，那种远景仍时不时地在我眼前显现，但即便是聘请的高级人才，也难以理解我的愿景。他们在专业技术领域钻得越深，越具有局限性，也就越无法突破自己的盲区，越无法适应我的远景思维。

这种情况让我认识到，企业家需要具备一种特殊的远景思维——对未知领域的憧憬和想象，这种思维也是一种直觉思维，基于以往的知识、技能、经验和阅历等，超出了专业技术人才的常规理解范围，像望远镜一样，只有拥有它的人，才能看得清远方。因此，我将自己的这种美好愿望和想象定义为"企业家的远景思维"，这是一种推动创新和实现愿景的关键能力。

下面，我用两个真实案例进一步阐释这一观点。

第一个案例是一位山东企业家的故事。他主要经营海鲜深加工和进出口贸易，生意做得风生水起，人也很有进取精神。2009年，在一次海外旅行中，他发现了一种海鲜简餐。这种海鲜简餐不仅口味独特，而且便利性和性价比均优于国内的海鲜大餐。他敏锐地嗅到这种新餐饮背后的商机，决心将其引进国内市场。

这位老板计划投资500万元，在北京打造两家不同风格的餐厅：一家主打快速翻台的海鲜简餐，专为忙碌的上班族设计；另一家则是高档大气的西式海鲜餐厅，满足商务宴请需求。他特意从香港请来一位餐饮资深经理人担任首席执行官，全权负责项目的筹备和运营。同时，山东总部的财务总监负责资金审核，每月飞往北京，监督项目进度。

然而，随着项目的推进，问题开始显现。这位首席执行官自恃专业，与老板思路不一致，也不愿意灵活变通，只是一味地复制过去的成功经验，导致项目逐渐偏离最初的设想。远在山东的老板，还坚持着用人不疑的原则，不知大权旁落，公司已经失控，自己还被蒙在鼓里。最终，两家餐厅持续亏损，投资的500万元迅速耗尽。不甘心的老板为挽回败局，又陆续追加投资500万元，但是无力回天。2011年，两家餐厅均以失败告终，1000万元打了水漂。那位首席执行官拿了两年高薪，带着小团队另谋高就，只有老板血本无归。

第二个案例是我自己的亲身经历。我在筹备"匠乡禾·穿梭食里"美食城时，尽管没有餐饮业的操刀经验，但凭借多年摸爬滚打的商业历练，我看到这个行业潜藏的市场需求。互联网时代为大众创业提供了机遇，也带来了行业细分和劳动力结构的巨变，使得传统岗位招工变得更加困难。街头巷尾，小餐馆招聘广告随处可见，反映出行业的普遍问题：服务质量不稳定，招工难，用工荒。这就是商机。

出于长远考虑，我决定改造自家园区内一幢写字楼地下负一层的停车位，面积有一千多平方米。我计划把它打造成一个干净卫生、菜品多样、环境舒适的餐饮场所，商户不需要为装修、营销、收银、保洁等操心。这个想法既基于未来战略的考虑，也是根据调查分析得出的结论。深入思考细节后，我采用平台管理加平台商业的"双平模式"，在"红海"中找到了"蓝海"，制定了一套独特的经营策略。

落实行动前，我请来几位餐饮业的大佬，倾听他们的专业意见。经过实地考察，他们坦率地否定了我的计划，理由是西安地区尚没有将地下室开发为美食城的成功案例，摸着石头过河的风险太大。我听到专家的话后不惊反喜，在我看来，别人的盲区正是我的机会，没人做的领域自然会形成差异化优势。大佬的专业见解值得尊重，但他们评估的是仅限于传统美食城的运营模式，我的独门秘方他们无从了解，我也没法解释。冷静思考后，我还是选择坚持自己的方案。

基于这一方向，我决定创办"匠乡禾·穿梭食里"美食城，自己出任总指挥，聘请一位业内行家担任经理。但事情并没有按照预期发展，"行家"的所谓经验在实际操作中并不适用，制定的管理制度与实际脱轨，与我的设想格格不入，对我构想的餐厅他更是困惑不解。他做得越多，偏差越大，我不得不介入，这又引起他的强烈不满，觉得我是外行指导内行；我给他解释战略蓝图，他的第一反应永远是抵触和否定（其实是因为他在未知区域的视野盲区里两眼一抹黑，与我有认知错位），总是根据自己的见识经历判断，认为我的构想没有先例，所以，"这个绝对做不得""那个一定不能做"。将帅之间的矛盾越积越深，最终他选择了辞职。他离开后，我接手筹备工作。2019年6月25日，美食城正式开业，紧接着便是三年的新冠疫情。即使如此，美食城每年的客流量仍旧稳定在40万至50万人次，疫情过后，在部分餐饮店萧条之际，美食城的销售额也只是轻微下降，生意依旧兴旺。停车场改造为美食城以后，场地带来的收益从十余万元增长到数十万元，翻了数倍。别人干不成的事儿，我干成了。

两个案例讲完，一成一败之间的分水岭在哪里？那位山东老板，眼力、见识、魄力非比寻常，我相信他和我一样在脑海中有着未来的美好远景，是一等一的人物，但为什么他的餐厅以失败告终？就是因为过分信任和依赖职业经理人，放任自流，结果"将在外，君命有所不受"，企业发展偏离既定轨道。在企业初创阶段，老板脑子里的海市蜃楼既朦胧又清晰，其中的奥秘不足为外人道，所以老板的战略作用不可替代，老板绝不能置身事外。

为什么企业家会有"远景思维"？我认为与知识面、阅历、经验有关系。辞职前，我基本掌握了木匠、文学、新闻学和营销学等相关知识和技能，正因为艺高人胆大，创业后才如鱼得水。自2012年起，我走读高校，北京大学、清华大学等名师学府统统上了个遍，一边系统学习，一边将理论和个人经验对照，理论和实践相结合，所以进步非常快。正是基于这样的知识储备，打造美食城时，我巧妙地将蓝海战略、漏斗效应、"双平模式"、流动利率、财税规划和金融互联等理论融入其中，与我的商业地产项目形成一套相辅相成的生态体系。而职业经理人可能既无时间也无财力等去继续深造，自然无法与我产生共鸣。企业家的这种远景思维，就像自己编织出的蜘蛛网，至于何时、何地有猎物入网，只有织网者清楚。

拿美食城来说，我为其定下的使命，是给工薪阶层提供一天两顿不可或缺的"硬饭"，确定目标客户的同时，漏斗效应自然形成，进而衍生并带动了如商贸、停车、储值、充电桩等生态链的发展。例如，和园区内的充电桩联动时，我们打出了"你充电，我请饭"的口号；在停车位的促销活动中，我们设计了"饭卡储值699，免费停车"的优惠套餐，都产生了"1+1＞2"的效果。这些策略因地制宜，环环相扣，不是职业经理人能完全理解的。而老板之所以胸有成竹，也在于他能充分调动资源实现战略目标，在这一层面，职业经理人受制于客观条件而存在盲区，老板要理解和包容。

深入分析后，我们便不难理解职业经理人面临的客观局限性。更引人深思的是，很多经理人在前一家公司倒闭或盈利能力衰退后，才被迫进入人才市场，他们的经验虽有值得借鉴之处，但同样存在很多无效无用的经验。这就形成一个悖论：真正成功的经理人请不来，能聘来的都不是业内成功者。探索未知区域时，如果老板过分倚重他们，那真是问路问到盲人头上，结果可想而知。

企业发展到一定阶段，需要的不仅是人才的专业技能，更是综合能力，这背后是一种跨学科的实践智慧。成功的企业家之所以能够使基业长青，就是因为他们掌握了这种综合学科。更重要的是，这些知识往往来源于社会实践，而非传统的学术教育。在大学里，老师传授的是他人的经验总结；而在企业中，掌门人需要积极探索，自主创新。职业经理人虽能为企业解决问题，但他们信奉经验主义，过往的成功案例在他们脑海中留下深深的"车辙"，使他们不由自主地产生路径依赖，想要复制过往经验，从而缺乏企业领导者那样的综合视野和前瞻性思维，这正是企业家与经理人之间的根本性差异。对于探索性、创造性的领域，老板必须亲自挂帅，其作用无人能够替代；对于经理人，老板不应仅将他们当作"打手"，而应视为团队中重要的"自己人"。老板需要投资他们，给他们提供培训和学习机会，同时保持开放和高效的沟通，理解他们的局限性，把思想上的矛盾对立转化为行动上的互补协作。

第六节 天晴要防下雨——企业家应时刻保持忧患意识

老话说"天晴要防下雨"，意在提醒人们春风得意时也要有危机意识，随时做好两手准备。企业经营也是如此，企业家时刻要有"天晴备伞"的意识。经济发展有其规律性和周期性，不可能永远高歌猛进，也不会一直萎靡不振。在经济发展的上行时期，企业家要制订长远规划，做好战略储备和预算管控，为企业的长足发展准备充分的弹药。在经济发展的下行时期，企业要开源节流，储备力量、凝聚骨干，鼓励员工积极学习，带领员工跨越低迷期。我在经营企业的36年里，靠着忧患意识和两手准备，让企业渡过多次难关。但是，在我身边，有很多创业者把时代红利带来的成功当作自身本事，过分乐观，然而当红利的潮水退去，大厦倒塌只在一夜之间。

一、代理权不是铁饭碗，和尚还在，庙被拆了

我的一位朋友在20世纪90年代下海做箱包生意，经过十几年的打拼，手握十几家大品牌的代理权，成为陕西省一级代理。品牌每卖出一单，她都有分成，可以说是躺着就能赚到钱。到了这个阶段，她以为生意已经十拿九稳，稳稳地躺在心理舒适区，再也不愁生计。

然而，2003年后，电商异军突起，线上销售开始流行。我赶忙提醒她："线下商场可能被电子商务冲击，你最好了解一下，做两手准备。"但是她不以为意，觉得自己是十几个品牌的地方总代理，也是"一方诸侯"，即便受到电商冲击，也动不了她的基本盘。

在电商行业蓬勃发展的十几年里，线上销售的兴起让厂家能够直接将产品送到客户家中，这对线下门店的冲击不是伤筋动骨，而是天翻地覆。我朋友手中的十几份代理权慢慢全部变成废纸，生意日渐冷落，连房屋租金也交不起了。下级代理一个接一个地退出，店面一个接一个地倒闭，员工一个接一个地被解聘。和尚还是那个和尚，但能让她坐享其成的寺庙却被拆了，最终她只能关门闭店，结束了几十年的事业。

二、老板的忧患意识决定企业的命运

在我的创业生涯中，让我受到冲击最大的是一位Z姓朋友的破产。有一天，他突然给我打电话，开口便泣不成声。他诉说的遭遇让我难以置信，他的企业竟在一夜之间垮了！这位朋友虽与我是同行，但近年来生意越做越大，与我早已不在同一圈层。我们许久未联系，没想到会在这种情形下接到他的电话。

原来，房地产行业的下行导致企业内部滋生矛盾，他的两位股东突然撤资。企业难以为继，资金链断裂，妻子和孩子也因连带责任被列入黑名单，家里的房产即将被拍卖。他一生的努力就这样付诸东流。我除了宽慰他，也无能为力，只能感叹命运无常。

几十年前，我们在一次聚会上相识。当时我拿出一瓶五粮液，他却嫌这酒不上档次，让司机从车后备厢里搬来一整箱的茅台。那时，我就对他刮目相看。后来我们成为朋友，我对他的奢侈作风也有了更深刻的印象。他全身上下穿的戴的都是名牌奢侈品，家里豪车多辆，花钱如流水。我常想，挣得多花得多固然无可厚非，但过分奢侈终究是一种资源浪费。人的欲望是无穷的，尤其在企业上升期，更应克制欲望，为家庭财产安全筑牢防火墙。即便企业垮了，也不至于连累家人的生活，当年的大笔开销哪怕节省下百分之一，也能为当下保留一条后路。可惜，如今悔之晚矣。

挥霍无度的现象在突然暴富的小企业主中并不罕见。我认识的一位老板，20世纪90年代，依靠土法炼油的生意，短时间内赚取了巨额利润，一下子心态就变了。他时常大摆宴席，结识了一个又一个酒肉朋友。在酒桌上，他挥金如土，名牌衣服、手表见者有份，大手大脚地摆阔气。然而，当国家加强对原油行业的管控后，他的事业根基一夜之间化为乌有。资金困难时，他再想找那些"铁哥们"求助，却连五百元都借不到了。

三、无账不成生意

因为缺乏忧患意识，有的暴富者热衷于挥霍，有的是忧患意识过头，没有用在正地方。比如，西安有一家塑料厂，是家族企业，正处于快速发展时期，不料父亲突然病故，只有高中学历的儿子仓促上任。学历低并不可怕，可怕的是他没有想着继承和发扬父亲的事业，而是把心思放在了其他地方。接手企业后，他既担心对内不能服众，又担心在外吃亏上当，整天忧心忡忡，却不在正道上下功夫——不仅热衷于内部争斗，而且经营决策上更是昏招频出。

在当时市场供大于求的环境下，他要求采购方付款现结，然而没有账期，生意就做不成。一家小企业去模仿非私营单位的做派，既失去了灵活性，也在无形中赶走了大批客户，最终将父亲打下的江山拱手让人，好好的一家企业就此走向没落。

这些案例警示我们：无论何时，都要保持适度的忧患意识。当今的时代，新产品、新技术、新模式不断更新迭代。企业的掌舵人，如果在企业赚了钱之后，不学习，不紧跟时代，不思考企业的未来，不能保持清醒的头脑、严于律己，反而迷失在虚幻的成功中，私欲膨胀、任意挥霍，那么企业很快就会走向灭亡。

四、创业不是一帆风顺的，天晴也要带雨伞

我发现，许多创业者在顺境中容易滋生出一种心态：企业成功了，便认为这是个人的成就，下意识地觉得过去的选择无比正确，未来的决策也必然不会出错。然而，他们往往忽略了"三十年河东，三十年河西"的道理。一个人能成就多大的事业，时运往往也起作用，而人不可能永远一帆风顺。

创业初期，我从事零售和制造业，当时市场供小于求，竞争压力小，只要勤恳努力就能赚钱。几年后，市场行情发生了变化，这种模式逐渐失效。正是在这个过程中，我经历了挫折，明白了"天有不测风云"的道理。

因此，我始终关注时政要闻，紧跟政策动态。我认为，一个不关心政治的老板无法带领企业做大做强，这就好比一个人不看天气预报，迟早会被淋成落汤鸡。

随着高新区政策的调整，我转型进入房地产行业。回顾过往，无论是因为幸运还是个人的预判，我总能提前做出改变：别人还在上班时，我选择下海经商；别人忙于卖货时，我开始自己造货；当大家都聚焦产品时，我已转向以服务为中心的行业。2016年，中央经济工作会议首次提出"房住不炒"，我敏锐地捕捉到这一信号，立即建议身边有闲置房产的朋友尽快出手。2018年，我的B座写字楼竣工，我迅速推出一系列促销方案，房产销售成绩喜人。新冠疫情前，写字楼的出售率已达70%以上，大部分资金得以回笼，确保了企业的正常运营。

2020年至2023年，我充分发挥资金运营合规部的作用，提前预算、提前规划，确保项目资金的稳健运转。同时，我亲自上门与欠款方商讨解决方案，化解了一个个潜在风险。企业发展顺利时，我积极与银行建立联系，积累优质信用记录。这种"晴天备伞"的思维，为低谷时的企业发展提供了有力支持，而这一点往往被很多人忽视。

2025年，我依然坚持稳固基本盘，同时再次转型，向自媒体行业迈进。三十多年来，我一直在创业的道路上前行，始终做好两手准备，拥抱变化，随时调整，应对各种挑战。

第七节　无工不富，无商不活，无农不稳

自开通抖音和微信短视频账号并发布原创视频内容以来，我获得了全国各地大量粉丝的认可。他们中不乏创业者，纷纷通过私信联系我，希望我能为他们提供创业指导。

2024年12月，受一位粉丝邀请，我前往陕西商洛参观他的红仁核桃培育基地。参观过程中，他分享了自己的创业经历，并引用了一句"无工不富，无商不活，无农不稳"，这句话深深地打动了我，我觉得它有一定的理论价值，或许能为那些想创业的朋友带来启发。回到公司，我趁热打铁，第二天便撰写了本文。

这位粉丝培育的是红仁核桃，产量高，品相好，所含卵磷脂、脂肪及矿质微量元素是普通核桃的三倍以上，号称"坚果之王"。他的种植园区占地上千亩，年产量十吨左右，他俨然一位"农业大亨"，谁能想

到二十年多前,他只是一名普通的银行职员。那么,他是如何走上创业道路的呢?

他二十多岁时,在商南县城的一家银行工作,在那里朝九晚五地平淡生活了十几年。因为工作性质,十几年间他见到了社会中形形色色的人。他发现了一个怪现象,那些看着阔绰、打扮时髦,一看便是"财主"模样的人常常开着小轿车、摩托车来申请贷款,而那些衣着破旧、满脸风霜的人往往拿着钱办理存款,这种反差现象引起了他的兴趣,越富的越来借钱,越穷的越爱存钱,为什么会这样?他百思不得其解,带着这个疑惑,他询问家中的一位长辈,那位长者回答说:"无工不富,无商不活,无农不稳。这些来办贷款的要么开工厂,要么做买卖,进货或购买原材料等需要的资金较大,所以要到银行办理贷款,而普通老百姓来存钱,存的无非是家里收成卖出去的钱,或者打工的收入,没地方花就存起来,还指望存款利息能补贴家用。"

听了长辈的话,他茅塞顿开,原来越是有钱人越要开源,让钱生钱,利滚利,才需要更多的钱,更需要让钱流动起来;而越是贫穷,才越得节流,花得少,攒得多,才能生存下去。这些有钱人有一个共同特点——那就是创业,他们的钱都是在流动中增长的,只有经商才能让资金活起来。长辈说的"无工不富,无商不活,无农不稳"维度更高,是从国家和社会的角度透视三大产业。从事工业,可以加快现代化进程;从事商业,可以使市场兴旺,社会活跃;从事农业,可以稳定根基,保障民生。而从个人角度看,家里有块地,面朝黄土背朝天地干,撑不着也饿不死;家里有买卖,发展机会也就更多,灵活性更强;家里要是有工厂,肯定会是大笔投入,长期运营。他想到自己如果再这么朝九晚五地干下去,到退休也不会搞出什么名堂,仔细思考后,他辞职了。

他先从商业入手,开了一家理发店,经营了两年,生意稳当,但是没有什么大发展。一次偶然的机会，他听说附近山里有一种稀缺的石料可以开发。他以为这是一次发财的机会，下定决心要大干一场，花大价钱买下了石料场的开采权。就这样开矿两年，他挣了两千万元。工业让他发了财，有了这笔资金后，他寻思矿石毕竟是能源，容易受外部因素影响，而且矿石也有被开采完的时候，风险系数太大，开采矿石不是长久之计，这时他又想到"无农不稳"，现在自己有了资金，搞农业生产再合适不过。

洛南山区，气候湿度、土壤环境最适合种植核桃，自古洛南核桃就是地方特产，闻名遐迩。所以，他想到种植核桃。为了选择合适的核桃品种，他去西北农林科技大学向专家教授请教，还前往美国考察，最后选择了红果品种，果然大获成功。二十年间，他从一名银行职员蜕变为大老板，彻底改变了个人命运。

这位朋友的经历，让我学到了农、工、商三者的区别和各自的价值。无独有偶，另一位粉丝也有相似的经历。

这位粉丝是陕西宝鸡人，他的人生经历很曲折。青年时他在县税务局工作，辞职后做过原油炼制，卖过茶叶，开过养鸡场，但总不能长久。他的事业跌宕起伏，人生也是大起大落。靠炼制原油发了财，便到处结交朋友，肆意挥霍，以为就会这样过下去，没想到国家颁布法令，取缔土法炼油，一夜之间他濒临破产。后来倒卖茶叶有了起色，又因为汶川地震，损失了辛辛苦苦积攒起的家当。最后他选择农业，想"回家卖红薯"做最后一搏，没想到彻底翻了身。他卖的红薯苗，是博士团队研发出的新品种，香甜软糯，十分好吃。在当地，他的红薯基地得到了政府扶持，本人也成为远近闻名的"红薯大王"。在这种模式下，运营不成问题，他的事业终于可以长久发展下去了。

这两位朋友的经历很有共性，都是靠工业发家，又在"商业＋农业"的新模式下找到突破口，做成适合自己发展、值得奋斗一生的事业。仅做商业，理发店开不长久，茶叶店也经不起折腾，而核桃和红薯的买卖听起来简单，做起来却能得到政府的支持，能和研发结合，走在行业前列。可以说，在民间俗语的启发下，他们选对了行当，找准了自我定位，才有了事业的成功。还有一点非常重要，那就是他们热爱所从事的事业，对农业生产有情怀、有兴趣，所以才能干出成绩。

中国古代，统治者把百姓分为"士农工商"四个阶层，从现代的视角看，农业是第一产业，工业是第二产业，商业近似于服务业，是第三产业。农业不论在什么时代都是民生的根基，是最稳定的产业。中华人民共和国成立初期，面临着一穷二白的局面，工业基础薄弱，国际形势严峻，为了保障国家独立、安全和经济自主，必须重视且优先发展工业，建立独立完整的工业体系。改革开放后，随着经济的发展和市场环境的变化，部分传统工业面临结构调整、资源环境约束等问题，而第三产业在吸纳就业、提升经济活力、满足多样化的社会需求等方面具有巨大潜力，因此国家提出了"退二进三"的政策，有利于优化产业结构，促进经济发展方式转变。

到了现在，随着科技发展，三大产业正在互相融合。工业中融入 AI、机器人等科学技术，农业也通过科技发展进入自动化时代，而商业早已融入农业、工业之中，互联网让三大产业"你中有我、我中有你"。但无论社会怎样发展，"无工不富，无商不活，无农不稳"这句话始终没错。

人的这一生说长不长，说短也不短，有五六十年的时间要奋斗打拼，想要生活得体面，想要实现梦想，我们就得根据自己的性格、资源和能力找到适合的发展方向。案例中的两个人选择"农业+商业"的模式，虽然不能暴富，但是安稳踏实，这就是选对了路。如果只是一味地追热点、赶风口，也许一次两次侥幸能够成功，赚到一点儿快钱，但在

"闪转腾挪"中，操作者迟早会闪了腰，伤到筋骨。所以，我们必须量力而为，找对路，选对门，实现属于自己人生的富、活、稳。

第八节 一年之计在于春

中国人历来对春节十分重视，这是举家团圆、走亲访友、其乐融融的时刻。虽然春节的法定假期是从除夕开始，正月初七结束，正月初八开始上班，但各行业因工作性质不同，上班时间有差异。一些劳动密集型行业一般是过了正月十五上班。例如，建筑业的建筑工地和装修公司，又或制造业的材料公司、家居公司等，教育培训行业也会晚几天上班。而服务行业，如物业、餐饮业等，一般按照法定日期上班，有的饭店春节期间不打烊。我的集团实行统一管理，所有公司每年都是按照法定日期上班。

在我的企业，春节上班后的头等大事就是召开新年收心会——部署一年的工作。通常，我们会选择上班后的第二天或第三天召开预备会，之所以不选择第一天，是因为部分员工可能未归岗，且第一天上班时，大家还沉浸在节日的喜乐氛围中，尚未完全回归工作状态，因此安排第二天或第三天开会更为妥当。2025年，我们在收假后的第二天召开了预备会，也就是全年重点工作梳理会。各部门的中层骨干参加会议，重点梳理汇报2024年未完成的工作以及部门年度重点工作。预备会上，各部门相互监督、查漏补缺，进一步完善工作计划。正式会议通常在下一周召开，两次开会后整个企业才会进入工作状态。

众所周知，政府部门每年3月[1]召开全国两会，即中华人民共和

---

[1] 2020年，十三届全国人民代表大会第三次会议于5月22日至28日召开。

国全国人民代表大会会议和中国人民政治协商会议全国委员会会议。全国两会上，政府会听取工作汇报，并对经济社会发展规划、重大政策等进行部署，由此拉开国家全年发展的帷幕。企业也是如此，全年重点工作梳理会就是企业的"冲锋号"，吹响企业新一年工作的号角。因此，一周后的企业正式会议非常严肃，每一年都有主题，纲举目张，下发文件，全员参加。各部门骨干在会议上汇报一年的重点工作，包括部门的战略规划、人力资源调整、资金规划等。

为了便于理解，我将梳理的工作用思维导图整理如下。

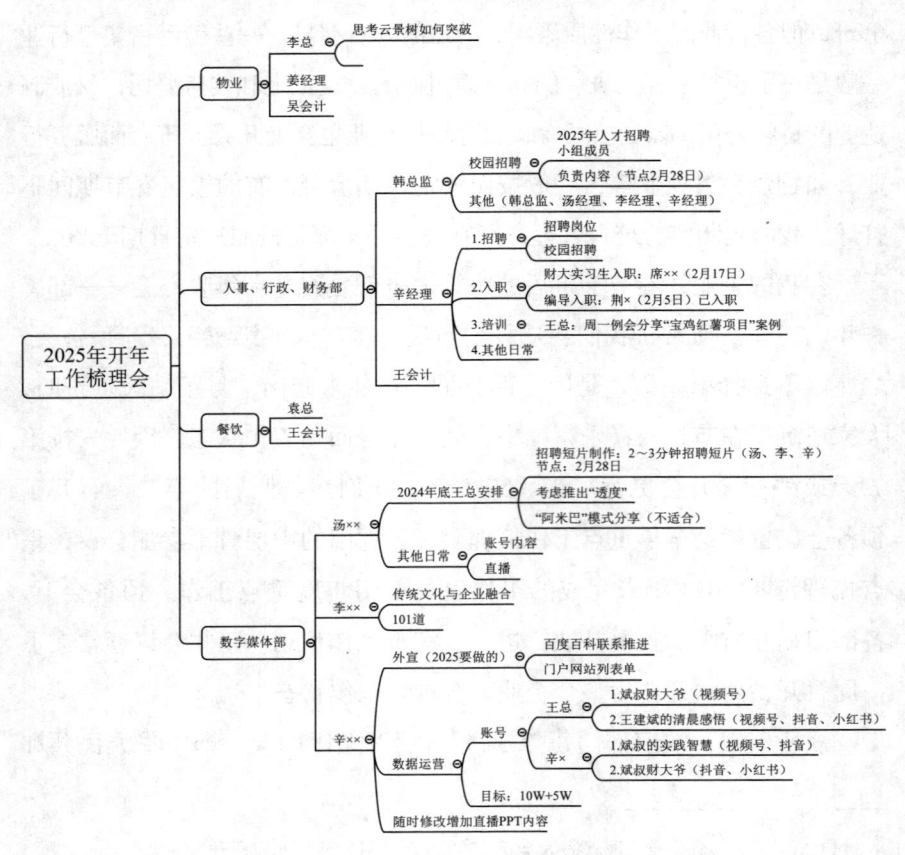

```
                            ┌─ 物业 ─┬─ 李总 ── 思考云景树如何突破
                            │       ├─ 姜经理
                            │       └─ 吴会计
                            │
                            │                    ┌─ 校园招聘 ─┬─ 2025年人才招聘小组成员
                            │                    │           ├─ 负责内容（节点2月28日）
                            │       ┌─ 韩总监 ───┤
                            │       │            └─ 其他（韩总监、汤经理、李经理、辛经理）
                            │       │
                            │       │            ┌─ 1.招聘 ─┬─ 招聘岗位
                            │       │            │          └─ 校园招聘
                            ├─ 人事、行政、财务部 ┤            
                            │       │            ├─ 2.入职 ─┬─ 财大实习生入职：席××（2月17日）
                            │       ├─ 辛经理 ──┤          └─ 编导入职：荆×（2月5日）已入职
                            │       │            │
                            │       │            ├─ 3.培训 ── 王总：周一例会分享"宝鸡红薯项目"案例
                            │       │            │
                            │       │            └─ 4.其他日常
                            │       │
                            │       └─ 王会计
2025年开年 ─┤
工作梳理会   │
                            ├─ 餐饮 ─┬─ 袁总
                            │        └─ 王会计
                            │
                            │                         ┌─ 招聘短片制作：2～3分钟招聘短片（汤、李、辛）
                            │                         │  节点：2月28日
                            │        ┌─ 2024年底王总安排 ┤
                            │        │                 ├─ 考虑推出"透度"
                            │        │                 └─ "阿米巴"模式分享（不适合）
                            │        │
                            │        ├─ 其他日常 ─┬─ 账号内容
                            │        │           └─ 直播
                            │        │
                            │        ├─ 李×× ── 传统文化与企业融合 101道
                            ├─ 数字媒体部 ┤
                            │        │           ┌─ 百度百科联系推进
                            │        │           └─ 门户网站列表单
                            │        ├─ 外宣（2025要做的）┤
                            │        │
                            │        │                      ┌─ 1.斌叔财大爷（视频号）
                            │        │            ┌─ 王总 ─┤
                            │        │            │        └─ 2.王建斌的清晨感悟（视频号、抖音、小红书）
                            │        ├─ 辛×× ── 账号 ┤
                            │        │            │        ┌─ 1.斌叔的实践智慧（视频号、抖音）
                            │        │            └─ 辛× ─┤
                            │        │                    └─ 2.斌叔财大爷（抖音、小红书）
                            │        │
                            │        ├─ 数据运营 ── 目标：10W+5W
                            │        │
                            │        └─ 随时修改增加直播PPT内容
```

2025年开年工作梳理会的工作重点

由 2025 年开年工作梳理会的工作重点可以看出，各部门的工作条分缕析，一目了然，接下来各部门只要围绕这张图展开工作就行。

往年的工作梳理会结束后，一般是部门完成，领导按时检查。但我认为这种工作方式是被动式的，员工总是被领导追着要结果，这并不是我期望的工作模式。因此，2025 年的工作我要求部门增加"内驱动一览表"，通过内驱动来完成目标，这样可以鼓励员工更加积极主动地推进工作，而不是被动等待指令。

在启用内驱动表工作模式的短短一周多时间内，企业就已收到数条合理化建议。例如：集团总监提出将全集团制度用表格整合优化，重新配置；新媒体事业部运营经理通过多种方法找到曾经使用过的"西部企业家 CEO 读书会"的公众号；餐饮部经理提出更换灯箱，增加广告效益等。内驱动推动员工自我思考，主动找活干，令我十分欣慰。

此外，2025 年企业计划新增年终工作述职环节。年末时，各个部门负责人需要向全体同事汇报本年度工作的完成情况，包括年初设定目标的达成情况。虽说我经营企业 36 年，但今年是首次引入年度工作述职制度。对年轻员工来说，这或许不算什么大事，但对工作了几十年的老员工而言，无疑是一项重大考验。年终述职关系到员工下一年度的去留，还直接影响员工的升职加薪等，意义重大。再加上今年启用的内驱动工作模式，我相信，今年他们既有压力，也有动力，会比往年更加用心地工作。

全年重点工作梳理会将直接影响企业一整年的工作质量，甚至关乎企业的战略规划，因此至关重要。重点工作梳理会结束后，全体员工心里有了明确的目标，各司其职、干劲十足。部门与部门之间相互驱动，共同投入全年紧张而忙碌的工作中。

春天是新的希望，是新的开始，正如俗话所说，"一年之计在于春"。希望大家都能抓住这关键的时间节点，合理安排好工作与生活，满怀希望地开启新的一年。

管理篇
经营与管理

第一节　创业初期要"眉毛胡子一把抓"

"眉毛胡子一把抓"是句俗语，比喻做事不分轻重缓急，没有条理、不分主次，常带有贬义色彩。但在企业初创阶段，这种看似无序的做法却非常必要。

理论上，老板应该专注于企业战略的规划，将具体事务交给下属处理。然而，现实情况往往更为复杂，正如那句老话所说，"想到的都不会发生，发生的往往都是想不到的"。如果老板不能全面掌握企业运营的各个方面，企业很可能在起步阶段就遭遇挫折。尤其小微企业，在初创期资源有限，人才不到位，工艺、质量、流程、制度尚未完善，安全方面更是缺乏保障，就像一艘刚刚离港的小舟，随时可能遭遇风浪，因此，老板必须亲自掌舵，面面俱到，亲力亲为。老板不仅要有掌舵的本领，还要具备修船的技能，更要具备观察天气、预测风向的经验与智慧。总之，在企业初创阶段，老板必须"眉毛胡子一把抓"，全力保证这艘小舟能够安全行驶。只有当企业发展壮大，制度和流程逐渐成熟，老板才能逐步放手，让下属分工合作。组织是有力量的，而"一把抓"正是将这种力量发挥到极致的关键所在。

1993年，我创办了一家刨花板厂。因为资金短缺，技术不够成熟，这家刨花板厂远没有达到现代化生产水平。在朋友的帮助下，厂里使用的大多是非标准型号的自制设备，许多操作依赖手动执行，液压系统缺乏自动化的溢流保护，存在不小的安全隐患，当时也完全不懂，现在回想起来"真是无知者无畏"。当然，那时市场远未成熟，还可以边干边摸索。

刨花板厂生产车间里最大的设备是龙门框架液压机，框架底部有6个油缸，柱塞泵是液压系统的重要装置，偏心轮旋转一转，柱塞上下往复运动一次，向下运动吸油，向上运动排油。生产中，全靠它来压制刨花板。柱塞泵配备的6个油缸，每个油缸的压力是150吨，总共900吨，它的压强非常大，最高可达25兆帕，一旦超出负荷，油冲出来，足以穿透20毫米厚的钢板。因为没有装配解压阀，所以当压力表临近25兆帕时，工人就要手动切断电源来泄压。

有一天，工人汇报说油泵阀门坏了，无论怎么操作，压力都降不下去，这可咋办？25兆帕的压强在油泵内积聚着，如同一个炸药包，危险一触即发。病急乱投医，我连忙找出电话簿，只要是和液压机械设备相关的单位，挨个打电话求助，折腾了半天，只有西安纺织城某液压配件厂的一名工程师愿意过来看看。等了两个多小时，工程师才来到厂里。他仔细检查了设备后问道："溢流阀装了没？装在哪儿了？"我两眼发蒙，啥是溢流阀？他不等我解释，一脸严肃地说："小王呀，你真是胆大包天，这家伙要是管道破裂了，你知道会死多少人吗？这是要命的事儿，给多少钱我也弄不了。"工程师撂下这句话，转头就走了。4张刨花板被6个油缸硬顶着，管道内可是25兆帕的压强，像一座随时都会喷涌的活火山。那天晚上，我躺在床上翻来覆去，难以入眠，不由自主地想象着灾难场景：一台油泵仿佛就立在床边，不停地吸油、压油，压油、吸油，直到缸体布满裂纹，发出"砰"的一声巨响，喷涌而出的液压油在房间里横流，逐渐没过我的身体……油可以喷出去，也可以漏出来呀！既如此，如果将管道接口处的丝扣松动至滴漏油，是不是可以将压力降下去？我立即给工程师打电话，得到了肯定答复。我仿佛看到了一丝曙光，连夜来到车间，用管钳一点一点地松动接口，只见油顺着缝隙"嘀答嘀答地"漏出来，滴了一整天后，压力表的指针终于指向了零刻度，"炸药包"被安全拆除了！后来，为了保障安全生产，我安排技术人员又加装了一个阀门，增加一道保险。

还有一次也差点发生安全事故。还是在经营刨花板厂期间，当时，生产刨花板离不开树脂胶，我花费数万元购置了一套 0.5 吨的反应釜，又以 3000 元的价格购入脲醛树脂胶的生产配方，厂家答应安排一名师傅驻厂，手把手教会工人。3 个月后，工人掌握了技术，师傅也离开了工厂。尽管工人已能独立操作，但是树脂胶厂刚刚起步，充满了不确定性，师傅的离厂使我心里沉甸甸的，十分不踏实。

几个月后，工人向我汇报了一个严重的问题：反应釜出胶速度越来越慢。起初，反应釜每天能制成半吨的树脂胶，从生产到脱水再到出胶仅需半个小时到一个小时。但渐渐地，出胶时间逐渐延长至 3 个小时、4 个小时，有时甚至 5 个小时都无法完成。这一情况让我焦急万分，这不单单是生产效率的问题，如果设备存在安全隐患，甚至有人员伤亡的风险。糟糕的是，工人只学会了操作，关于设备的维护保修他们并不了解。技术人员说这可能是反应釜的问题，提议换个新的，但这又需要一笔不小的资金。虽然情况已经到了火烧眉毛的地步，但我还是要冷静判断。我让工人详细讲解树脂胶生产的流程：树脂胶在生产时因为不断加热而产生水蒸气，水蒸气通过真空泵抽出，进入冷凝器，冷凝器外面的管道通过冷水降温，实现冷热循环，最终转化为水流下去。

听完工人的汇报，凭借木匠的直觉和经验，我判断这次情况十有八九是冷凝管的问题，于是立即安排工人拆开设备检查，结果证实了我的猜测，24 个冷凝器管有 22 个被堵塞，只有 2 根管道是通的，这导致冷凝器无法脱水。发现问题后，我立即组织工人逐一清理冷凝器管，22 个管道疏通后，不到一个小时就可生产出 0.5 吨的树脂胶。一个巨大的安全隐患被排除，树脂胶得以继续生产。

企业发展过程中，必然要开拓新项目，"新"代表着未知和不确定性，"眉毛胡子一把抓"在这时同样重要。2014 年，我的写字楼开始规划设计时，我亲自参与了设计决策。在陕西知名设计院的设计初稿中，楼房的间距立柱是与外墙保持在一个平面建造的，但我认为空调机房的位置会影响采光。综合考虑，我提议将立柱向室内调整90厘米，给空调机位腾出空间来，设计院采纳了我的建议。最终，楼房建成后，使用面积比原来共增加了650平方米，室内采光充沛，写字楼一投入市场即受到客户追捧，销售和出租异常火爆。假如我当初没有亲力亲为，而是完全听从设计院的方案，写字楼的销售和出租肯定大受影响。在当前地产市场整体低迷的情况下，我的写字楼空置率仅为4%，这是许多房地产企业望尘莫及的。幸亏我当时"眉毛胡子一把抓"，越级、越岗参与了设计，才确保项目的成功。

在企业的初创阶段，隐性的、突发的、不可预测的风险无处不在，它们潜藏在各个细微之处，给企业发展带来威胁。员工通常专注于具体事务，而作为领航员的老板需要对这些风险保持警觉，要考虑细枝末节，保障安全。在这个阶段，老板不仅要统领全局，还得调动一切资源——无论是内部的还是外部的——实现最优配置。老板应具备跨部门、跨岗位的协调能力，及时优化方案，减少不必要的损失。这需要老板既要有发号施令的权力，也要肩负重任，承担所作决策带来的一切风险和后果。

综上所述，老板必须全面掌握企业运营的各个方面，上到战略，下到细节，事无巨细，做到"眉毛胡子一把抓"。我的企业之所以能发展三十多年，很大程度上得益于我亲力亲为的管理风格。在这个过程中，我时常身先士卒，亲自排除了一个又一个隐患，填补了一个又一个漏洞，关键时刻力挽狂澜。正是这种管理方式，使企业得以规避风险，安全生产，健康稳定地发展到今天。

第二节　打江山容易，守江山难

为什么创业过程中打江山容易，守江山难？我认为要一分为二地看。打江山之所以相对容易，是因为在攻坚克难的过程中，人们往往抛开得失计较，心往一处想，力往一处使，目标高度一致。这种高度的团结和齐心协力，使得团队凝聚成一股强大的力量，无往不胜。

然而，守江山的难度则大得多。随着江山的稳固，内部利益格局逐渐形成，利益分化开始显现，团队成员不再像当初那样目标一致，而是各自为政，甚至相互掣肘、内耗加剧，严重削弱了团队的凝聚力和发展动力。

守江山的难点不仅体现在企业内部——一些功臣躺在过去的功劳簿上，难以跳出心理舒适区，失去了进取的动力。同时，外部环境也在时刻变化，市场竞争激烈，企业不进则退。在这种情况下，企业不仅要在管理、产品质量、创新等方面持续发力，避免进入疲劳期，更要警惕深层次的内耗。这种内耗可能隐藏在思想、行为、文化等层面的较量中，如同企业内部的派系斗争，悄无声息地消耗着组织的活力，阻碍企业前进的步伐。

在这些分散且隐蔽力量的相互对抗中，企业犹如背负重担奔跑在马拉松赛道上的运动员，始终难以全力冲刺。内部存在着两股截然相反的力量——一股推动企业前进，另一股试图拖其后腿——二者如同拔河比赛中的双方，始终在暗中较劲，相互对抗。真正的危机在于，无论企业取得了多么辉煌的成就，时代的车轮始终无情地滚滚向前，绝不会因任何个体或企业的成就而停留片刻，更不会偏袒任何个体或企业。

企业，尤其是家族企业，在发展过程中，往往经历一次从家族式管理向制度化管理的重大变革。员工的工作方式也需要从被动的指派式转变为自主的内驱式。这就要求企业在不断变化的大环境下，必须及时适应、创新，及时引进优秀人才，并在内部进行大刀阔斧的改革。

面对复杂局面，领导者必须果断行动。一方面，通过有效的监督和激励机制，确保团队始终保持前进的动力；另一方面，通过提供价值和激发内驱力，吸引团队成员积极参与。正如自媒体需要不断更新优质内容以吸引新粉丝一样，企业也需要不断创新以留住人才，保持生命力。留住人才，就是保住企业的生命力。只有将那些向上、积极的力量做大做强，才能有效对抗隐藏在阴暗处的消极力量，延长企业的生命周期，避免被时代无情淘汰的命运。

2005年前后，我所经营的家具企业经历了一场严峻的危机：年收入从上千万元断崖式地降至200多万元。深入分析后，我意识到这并非短期波动，而是行业红利期已过，市场环境发生了根本性变化。在这种情况下，逆势而为、恢复过去的辉煌无疑是不切实际的。因此，我选择"壮士断腕"，果断地带领一部分核心团队成员迅速转向新的市场领域，寻找新的发展机会。

对于剩下的生产线和设备，我进行了详细盘点，并将其交由几位跟随我多年的骨干继续经营。做出这一决策并非逃避，而是基于对资源的合理分配和对团队保护的思考。时至今日，这部分业务的年销售额依然停留在200万元左右，而我带领新团队盖了一幢22层的写字楼，开了一家年流水600万元以上的美食城，打造了一个拥有近10万粉丝的短视频账号，这些都进一步印证了我当初决策的正确性。如果未能及时从"守江山"转向"打江山"，整个企业可能面临灭顶之灾。

综上所述，"打江山"是突破与冲锋，是主动寻找新的机会和增长点；"守江山"则是守护与分配，是在已有的基础上维持稳定并合理分配利益。"守江山"之所以难，是因为需要在内部团结与外部发展之间找到平衡，同时克服内耗，不断创新，以适应时代的变化。领导者在这一过程中扮演至关重要的角色，他们必须不断进取，引领团队突破舒适区，用"打江山"的勇气和智慧解决"守江山"的难题。

企业的发展之路，不应是被动的"守"，而应是主动的"打"。只有不断开拓新的市场和业务领域，才能让积极的力量压倒消极的内耗，实现企业的持续发展。

第三节 "上阵父子兵"，企业管理的震荡源

有句古话叫"打虎亲兄弟，上阵父子兵"，在战场上，为保全性命，赢得胜利，父子需要齐心协力，绝无二意。生死攸关之际，父亲为救儿子，可以牺牲自己，同样，父亲身处险境，儿子也会舍命相救，这是血脉相连的信任感。然而，亲情是感性的，管理是理性的，在现代企业经营过程中，不能将感性的亲情用到理性的商业战场上。

我的说法可能听起来有些违背常理，但其中蕴含的深意可以用几句俗语来解释，如"一山不容二虎""天无二日，家无二主"等。这些俗语都强调了在组织或团队中，权威和决策的统一性非常重要。当然，我们不能将所有的问题一概而论。比如，有些西方的家族企业就是父子同台，代代相传，这些成功的案例涉及历史、法律和文化等诸多因素，似乎与我的观点相悖，但实际上，它们恰恰能佐证我的观点——这些家族企业之所以能够成功，是因为它们在管理上找到了一种平衡，既保留了亲情的纽带，又建立了清晰的管理规则和决策机制。

"打虎亲兄弟，上阵父子兵"，这句话谈及的情形一是打虎，二是上阵，都是危难时刻，自当一致对外，但等危机解除，到了论功行赏的时

候，情况又会如何？历史上不乏兄弟反目、父子成仇的例子，共患难易，同享乐难，似乎才是历史常态。李渊父子可以说是"上阵父子兵"的典范，下场如何？李隆基与太子共御国难，结局又怎样？当然，我在历史方面是门外汉，讨论分析也是浅尝辄止，但无论是治国、治家还是治企，只有理念一致才能实现目标，所以家族企业只能有一个权力中心，权力必须集中，无论是兄弟、儿子还是妻子，只能分工合作，不能分权共治。

说回现实，改革开放已过去四十多年，大批家族企业到了代际传承的关键时刻，不知多少父子闹出矛盾。比如，一位与我相识多年的老友，可能出于培养接班人的考虑，也可能他有退休的想法，他让儿子中断学习，提前从国外回来入职自家企业，并予以重任。彼时，父亲是实际控制人，握有实权。开展新业务时，父亲总是否定儿子的决策，父子之间的矛盾渐渐累积。父亲与儿子的经营理念不同，导致客户不知该听谁的，团队也不明白该服从谁，为了保证企业安定和家庭和睦，父亲只好"丢帅保车"，不得不离开倾注一生心血的公司，被迫以一种极不体面的方式完成权力交接。俗话讲"一朝天子一朝臣"，儿子接班后，原来的骨干相继离职，企业被迫收缩，陷入窘境。

再比如，根据新闻报道，东岭集团的破产与父子共治有很大关系。东岭集团的掌门人原是陕西宝鸡市金台区东岭村的一个农民，20世纪90年代承包村办工厂，他很有经营头脑，多次兼并国有企业和集体企业，进行股份制改造，实现企业的跨越式发展，企业从最初的一个村办小厂发展成多业务多领域的综合性集团公司，他本人也一度成为陕西首富。他的儿子17岁时就被送到国外求学，系统接受西方教育，硕士毕业后，儿子回到东岭村，进入东岭集团工作。2020年，儿子担任东岭集团副总裁，在其主导下，集团改变经营战略，聘请全球知名咨询公司麦肯锡，对企业组织架构进行改革，雄心勃勃地想要兴利除弊。2023年，在钢铁、房地产等行业市场衰退的大背景下，据说儿子铤而走险，在境外投资期货交易，最终血本无归，导致集团的资金链断裂。这些因素导致曾经估值千亿元的东岭集团破产重组。大权旁落的父亲，只能眼睁睁地看着企业脱离正轨走向破产。

当今，家庭企业出问题的较多，无论是双汇集团的父子反目，还是蓝翔集团的家族纷争，都令人触目惊心。家族企业，特别是中国的家族企业，父辈对儿女抱有很大的期许，但事与愿违，有时在传承的关键时刻遭遇变故。

商场如战场，能闯出名堂，打下基业的都是人中龙凤，其子女也不会是平庸之辈。改革开放后崛起的中国企业家，大多送子女出国留学，接受西方教育，这样培养出来的下一代思想开放，革新意识强烈。这些受过学院派教育的子女学成归来后，他们渴望在企业中施展才华。两代人，两个时代，有着两种文化、两种理念和两种认知，特别是"二代"接受的是海外教育，他们照搬西方文化理念，不能结合国内实际情况因地制宜，这是造成文化、理念、观念和认知上震荡的根源。

有人会问，照你这么说，家族企业就没法平稳交接了？老的小的必须刀兵相见？当然不是，父辈白手起家，千辛万苦打下基业，就是让子孙后代享福，家族传承才是终极目标，不能因噎废食。只是"传位"要讲方法，要灵活变通，更要考虑周全。一般来说，"二代"上位前应从基层干起，以普通员工的身份进入企业，这是对其心智的考验。积累一定经验后，调换到其他部门继续适应，这样一步一个脚印，逐渐熟悉公司的生产、销售、财务、人事等工作，再担任中层职务。为确保企业正常运行，磨炼是必不可少的，是他们完成身份转换的必由之路。同时，这也能让他们亲身感受父辈从0到1、从无到有的创业历程，明白祖辈创业的艰辛与不易。反之，缺乏父辈的指导和约束，让未经磨炼的继承人直接接手企业，对企业将是致命性的打击。

典型案例就是山西首富李某的败落。2003年，李某在父亲突遭不测后，中断国外的学业，临危受命，28岁就肩负起家族企业的重担。尽管他在上任初期通过一系列改革措施取得了短期成功，但是因为没有父辈的指导，他并没有将公司的支柱产业钢铁做大做强，反而一门心思地想通过金融投资大赚一笔。后来，他彻底放弃钢铁行业，在金融领域孤注一掷，谁知2008年爆发国际金融危机，所有投资付诸东流。更糟的是，李某抛弃了父辈艰苦奋斗的传统，贪图享受，生活作风奢靡，甚至花费5000万元迎娶女明星，这些都为后来的垮台埋下伏笔。试想，如果李某能从基层干起，磨炼心性，或许就不会偏离轨道，迷失方向；如果有父辈的监督规劝，也许就不会放纵自我，挥霍无度。但人生没有如果，他的故事留给后人的只有警醒和反思。

除此之外，还有一些有雄心、有想法、有能力的"二代"，他们有自己的志趣，与父辈的经营理念不同，不甘心待在父辈的荫庇之下，那么可以采用"创业式"接班法：给资源、配人手，让他们另起炉灶，自己闯出一片天。这种"二代"意识不强的接班人，文化程度更高，眼界更宽，甚至比父辈更能适应时代，待他们创业后做大做强，再与父辈的企业平行接轨，顺理成章。赌王之子的电竞公司在美国上市，成为中国电竞第一股，就是典型例子。

所以，"二代"中不乏有实力、有野心的奋斗者，父辈一定要学会尊重和理解他们，要耐心地与他们沟通，平等交流，该放手时就放手，给他们试错的机会，不能遇事就给人套缰绳，念紧箍咒。父辈一味地批评、干涉和打压，只会让两代人的矛盾加剧。在企业管理上，我们必须认识到，无论采取哪种传承方式，都不能简单地以"父子兵"的形式运作。企业必须实行一元化管理，只能有一个中枢，确保决策的统一和高效。如果企业管理中出现多个权力中心，不仅父子之间可能产生矛盾，整个团队也会陷入混乱，滋生出"站谁的队、跟谁走"的问题，引发内斗、内耗。要时刻记住，管理绝不能用亲情代替制度，企业中没有父与子，只有权力与责任，即严格的上下级关系，明确岗位职责分工。

综上所述，我所说的经营管理切莫"上阵父子兵"，是基于中国当代大部分企业的现状，也是根据我三十多年来的观察、见闻总结而来的经验之谈。西方发达国家那些百年传承的家族企业背后，有我们不具备的历史条件，可当作参考，绝不能生搬硬套。另外，家族企业传承涉及敏感且复杂的话题，关系企业的生死存亡，当事者一定要结合自身实际，灵活运用。除了物质传承，非物质传承，如经验、行为示范、个人能力的培养、社会资源等同样重要。子承父业不是家族企业继承和发展的唯一途径，但一定是创始人内心的深切期望和终极目标，平稳交接对家族企业来说，是一种财富智慧的传递，也是一种对未来的承诺。它不仅保障了企业的连续性和稳定性，也是对创始人毕生心血最好的回报。

第四节　财不入急门

本书中有一文的标题是《先人一招则优，快人一步则强》，讲的是抢先一步把握机遇，从而改写人生命运。巧合的是，那篇文章定稿后不久，生活中就发生了一个鲜活的案例。当时，国内股市波动，许多散户股民满怀希望地冲进 A 股，又急又贪，追涨杀跌，经历一波大起大落后，大多亏得一塌糊涂。这让我意识到，追求效率是好事，但绝不能急于求成，步子迈得大了，也就难免走上弯路。历史和现实都告诉我们，心急吃不了热豆腐，赚钱的事急不得，无论是对国家、企业还是个人而言，都是如此。

当然，国家大事我没资格评论，我只讲一讲几位创业者的故事，希望能给大家一些启示。

在江西省樟树市，一位"富二代"出生于一个畜牧业养殖世家。他的父亲不仅是村委书记，还曾被评为全国劳模，凭借养猪起家，积累了丰厚的财富。1994年，年仅20岁的他接手了家里的养猪场。在父亲的悉心指导下，加上他自身出色的经商天赋，养猪场的规模不断扩大，业务还拓展到了饲料销售领域。20世纪90年代，仅猪饲料每月就能赚取十几万元，养猪场的年收入高达数千万元。在鼎盛时期，公司拥有1000多名员工，资产估值超过10亿元。

随着事业的发展和养猪场规模的扩大，他萌生了推动企业上市的念头。为此，他花费百万元参加资本运作课程，学习投融资知识。当时，摆在他面前的难题是，企业想在短期内上市就要尽快拥有足够的体量，但养猪业的生产周期长，难以迅速做大规模。于是，他决定进军房地产，搭梯子，撬杠杆，也要快速做大。他铤而走险，大规模举债，国有银行、民间资本，能借的全都借了个遍。起初，这种高风险策略似乎取得了成功，短短两年时间就获利一个亿，这样赌徒式的操作，让他迷失自我，更加疯狂地投入资金。他花费1.5亿元建设江西省最大的种猪生态科技园，又花3000万元包机从法国引进优秀种猪，赌上全部身家也要尽快促成企业上市。可惜人算不如天算，2015年，投向地产的资金全部被套牢。再加上非洲猪瘟传到国内，7万多头种猪几天内染病死亡。一个月的时间，10亿元的资产化为乌有，多米诺骨牌被推倒，连锁反应一发不可收，银行抽贷断贷，讨债人上门追债。大厦倾颓，昔日风光无限的人转眼间成为负债5.7亿元，余生要为偿还巨额债务劳苦奔波。

这位老板为了上市，急于求成，接连踩中企业经营的死穴。他不顾一切地投入，是一场亡命徒式的赌博，最终企业被拖入死局，他也深陷泥潭。

这不是个例，因为急于求成企业倒闭破产的案例还有。安徽的几位返乡青年在老家投资 300 万元开办饮料灌装厂，从开始到结束，不到一年。他们是典型的外地赚钱本地花，以为家乡人工成本低，房租便宜，比外地有竞争优势，所以胸有成竹地投入大笔资金，谁知市场销售远不如预期，最后竹篮打水一场空，赔了个精光。他们错就错在没有事先考察行业市场，了解本地营商环境，做好充足的准备工作再动手。他们沉浸在成功的想象中，看不到饮料灌装行业已是"红海"，急匆匆地进去，最后血本无归。

读至此处，相信读者已经能够清晰地区分"急"与"快"的不同。当人们急躁时，往往失去冷静的思考能力，这种状态下做出的决策往往是非理性的，甚至可能带来巨大的风险。这种心态在赌徒身上尤为常见，赌博的本质就是追求快速的胜——即刻下注、立刻揭晓结果——它剥夺了人们的思考时间。然而，商业运作怎能如此草率？对于一个投资项目，特别是传统产业而言，三五年内回本已是相当不易，不可能立竿见影。创业者追求的不应是剧烈波动的盈亏，而是稳健前行，一步一个脚印地持续发展。

正如老话所说，"工欲善其事，必先利其器"。着手任何项目之前，企业必须做好前期的调研考察，准备越充分，成功的可能性越大。以我自己创办的"匠乡禾·穿梭食里"美食城为例，自 2014 年起，我便带领团队开始筹建工作，前后召开会议不下 50 次，邀请餐饮行业的多位专家实地考察和指导。我们最终定下的目标是"为打工人提供一天两顿

'硬饭'"。为此，我结合学到的蓝海战略对美食城进行战略规划。对比周边的高端餐饮，美食城在环境、服务上有所不足；与周边的小餐饮相比，美食城的餐品又略胜一筹，一弱一强间，"蓝海"就在其中。我要做的是比高端餐饮更亲民，比普通夫妻店更干净卫生更有规模优势的新型美食城。在二者未曾涉足的如自营物流、自营供应链、积分商城、家庭DIY等领域下大功夫，才是我们的"蓝海"。经过四年多的准备，美食城于2019年6月开业，生意持续火爆，直到本文定稿时，美食城已运营六个年头，从未发生任何安全事故，与商户也无任何纠纷，年流水600多万元。

"匠乡禾·穿梭食里"美食城六年磨一剑，现在勉强算是取得阶段性成功。然而人生不如意十之八九，没有多少能心想事成的，更多的则是事与愿违。不管是财富还是机遇，都急不来，也赌不得，一步登天的概率太小，倾家荡产的比例却大得惊人。我们要相信"财不入急门"，"不积跬步，无以至千里；不积小流，无以成江海"，只要还在正确的路上前进，只要企业还能良性运转，机会总是有的，财运总会来的。

第五节 从"一轴两轮子"到"倒三轮"——打造自媒体文化产业的理论与实践

开始本文主题前，我想先谈谈自己为什么要做自媒体。

因为历史原因我没上过大学，但19岁时我就有一个作家梦。工作后，我利用业余时间大量阅读世界名著，也算是自我反省、自我领悟，踏上了自学的道路。后来，我立志写作，参加了贾平凹文学补习班。机缘巧合下，还曾受到知名作家叶广芩老师的指导，写作功底日渐深厚。

1983年，我成为见习记者，开始在报纸上发表文章。

四十多年过去了，我作为一个"老笔杆子"，对创作有着一定的发言权，也怀有很深的感情，对媒体也有一定的了解。如今，自媒体时代的到来，个体传播内容更为便捷，微博、小红书、公众号、短视频平台都可以实现内容的一键发布，全网公开。纸媒时代，刊物发行后，只知道发行了多少份，无法知晓到底有多少读者阅读。现在，浏览数据清晰透明，读者看了几分几秒，看了几行几页，一目了然。

在我看来，自媒体不仅仅是一个工具，更是一种重塑社会群体的方式。由于我身兼企业家、记者、创作者等身份，对这种"振动"比一般人更为敏感。自媒体将新闻学、文学、平面设计、摄影和数字媒体等融为一体，形成一个复杂多变的领域。幸运的是，我曾自学过其中几门专业，不算完全的门外汉。

于是，我第一时间亲身实践，在抖音、微信视频号、小红书等平台发布原创短视频，输出自己的知识和观点。这些内容吸引了不少网友的关注，他们点赞、收藏，并在视频评论区积极讨论。其中，一条题为"自古宽街无闹市"的视频浏览量高达50多万，即使从互联网的角度看，这也算得上"爆款"。也正因为这条视频，我很荣幸地收到了企业管理出版社的创作邀请，得以参与"中华优秀传统文化与现代管理融合"丛书项目。

此时，两个任务摆在我的面前。

一是写作。本丛书项目是财政部国资预算项目，能参与其中可以说是我的写作生涯达到了巅峰，我必须全力以赴地完成。

二是短视频。自媒体的内容创作不能全靠我一个年逾花甲的老人操持，必须由专业团队运营。即便如此，作为账号主体，我也不能缺席。因此，组建团队势在必行。

一、一轴两轮子：二元驱动，相互促进

为打造自媒体文化板块，我提出了"一轴两轮子，相互驱动"的理论。所谓"一轴两轮子"，一端是写作，一端是自媒体，这两个轮子一轴相连，相辅相成，相互驱动。写作有灵感了，立即拍成短视频；拍短视频时有好素材了，马上写成文章。

在我的设计中，写作和自媒体不能各自为战，两种事业既然皆发端于我，那么其目的和方法也应该相似相容，由此，我想到"一轴两轮子"的运作模式，并成立数字文化媒体部。数字代表互联网、短视频的工作板块，文化则代表写作板块。在写作过程中，如产生新的感悟，我会告知媒体部，与他们一起讨论，敲定脚本，拍摄成短视频；在短视频拍摄过程中，如迸发出写作灵感，我会立即录音，交给负责人转成文字，再由我修改整理，直至完成书稿。即使不由我主导，团队成员也能主动互通，互相帮助。就这样，写作过程也就成了短视频创作过程，反之亦然，两件事合二为一，又不会减损各自的特色。我既没有一心二用，又达到了一石二鸟的效果，这就是两轮相互驱动的妙用。

二、倒三轮：三种思维打造动态平衡

关注我的网友越来越多，有的从分享内容中有所收获，有的和我同频共振畅所欲言，还有的期待本书的出版。这些都成为我继续写作和拍摄短视频的原动力。现在早已过了"酒香不怕巷子深"的年代，好书、好视频也需要市场运营。"一轴两轮子"的模式只是便于内部创作，关于读者和粉丝怎么看、怎么想，他们爱看什么想看什么，我还不够了解。

因此，我专门设立了媒体运营岗位，兼顾写作和短视频工作，成为全新"倒三轮"模式中的后轮。后轮的职责，一方面，是运用大数据，

时刻了解已发布短视频的播放数据和粉丝信息，进行流量加热，更快、更多地找到与我同频共振的粉丝和读者；另一方面，为前两个轮子——写作和短视频——提供数据支持和保障，传达读者和粉丝的声音。我因创作者的身份，设立文化写作这一个轮子；又因兼具短视频创作者的身份，设立短视频制作这一个轮子；还因为企业家的身份，设立媒体运营这个后轮。这三轮各司其职，围绕着我，服务于我，也完全由我居中指挥。

这样一来，短视频工作在获得数据支持的同时，随时接受检验，一切以数据说话；写作工作在获得内容支持的同时，随时接受读者反馈，不再闭门造车。三种身份，对应三种思维——作者思维、产品思维和用户思维。我认为这三种思维缺一不可，所以"倒三轮"模式从效率上讲要优于"一轴两轮子"。事实证明，我的设计是合理的。

自从采用"倒三轮"模式以来，我的短视频账号粉丝呈指数级增长，关注度越高，影响力越大，我也更清楚地了解本书的目标受众，以及应该写些什么。在该书出版前，我已经找到了目标读者。

从"一轴两轮子"到"倒三轮"，我始终是这辆文化创业"快车"的发动机。我相信，未来我们还会发展出第四轮、第二发动机，甚至更多。但目前，"三轮"形成不可替代的三角稳定关系，仍在不断变化、磨合、发展和提高。现阶段，这无疑是我新媒体文化事业发展战略的最优选择。

第六节　先结婚，后恋爱

中华人民共和国成立后，大举废除陈规陋习，禁止包办婚姻，青年男女到了适婚年龄，先自由恋爱、再谈婚姻大事。男男女女从相互了解、彼此熟悉到确定关系，最后步入婚姻殿堂。现如今这个开放的年代，青年人张扬个性、崇尚自由，关于恋爱和结婚，也有自己的想法和做法。有的读者可能问"在这样一本谈商业、讲管理的书中怎又说起婚恋话题？"其实这里的结婚和恋爱只是一种转喻，我真正想表达的还是关于企业经营。

一、先恋爱，后结婚

"先恋爱，后结婚"的婚姻最保守、最安全、最长久，企业也是如此。启动一些大型项目前，就像家里要过大事儿，孩子要结婚之类的，需要做好充分准备，没有十足把握就不能点火放炮。前文提到我开发过写字楼，但读者不知道的是，这幢写字楼虽是2014年动工，但早在2010年我就开始设计筹备。更早之前，我还曾考察过北京、深圳的商业街区，甚至到美国、加拿大乃至欧洲各国参观，眼见为实地去了解大楼外观设计。那时西安高新区的某些街道还颇为冷清，很难想象现在会是高楼林立、车水马龙。请来设计师设计楼房外观，我经常就方案提出修改意见，交流次数多了，连设计师都不耐烦：你这地方连个参照物都没有，还天天修改。我只好说，你尽管改，费用一分都不会少。我是木匠，以我家具制造的经验来看，做好构思设计等准备工作，动起手来一定会更加顺利，所以我坚信，只有先把楼房设计做到万全，才应该考虑动工的事宜。就这样反复打磨，楼型设计做了4年，方案才定稿。2014年元月，项目动工开挖，正是因为前期准备充分，建设过程非常顺利，2018年竣工交房。2024年7月，所有业主的房产证完成办理，项目圆满完成。且看看周边和我同时开发的三家房地产项目，每家公司的规模都比我的大，资金实力也都远胜于我，但因为前期准备不足，现在的状态是：一家是未封顶的毛坯房；一家还是基坑；还有一家虽然竣工了，但官司缠身。四家同时起步的项目，只有我一家顺利交付，办完了房产证，不给业主添任何麻烦。

不得不感叹，重大项目一定要三思而后行，必须通过"恋爱"考察才能考虑"结婚"。开弓没有回头箭，一旦开始项目必须顺利推进。这就是"先恋爱，后结婚"的好处，恋爱时互相了解得越透彻，交往时间越充分，越有利于日后婚姻的稳定和长久。有些建筑工程建好后又要这儿拆拆那儿砸砸，迟迟无法收尾，多半是感情没谈好就赶鸭子上架了，所以才经常闹别扭。

二、先结婚，后恋爱

在企业管理中，很多时候事出紧急，容不得慢慢琢磨，必须采取"先行动，后完美"的策略，这就好似"先结婚，后恋爱"。这些紧急事件要求我们立即采取行动，没有时间等待层层汇报或审批流程。如果严格遵循既定章程而延迟响应，轻则导致事故，重则威胁企业生存。我的物业公司就曾出现过这样的紧急情况。记得有一次，楼房电容器突发故障，幸亏电工及时发现，立刻关掉整座楼的电闸，又迅速更换了新的电容器，然后恢复供电。这一紧急处理措施完成后，电工才向物业经理汇报了情况。设想一下，如果电工当时没有立即断电，而是等待上级指示，会引发多么大的安全事故！另一个例子发生在园区的停车场出口，收费员因停车费问题与业主发生争执，导致车辆堵塞，造成不良影响。收费员照章办事，没有犯错，但这种事事需要领导决策的工作模式，使得现场问题难以迅速解决，容易加剧矛盾。物业经理得知这一情况后，赋予收费员一定的自主权——20元以内的纠纷可以自行处理，再向上级汇报。这一授权措施实施后，停车场再也没有出现过拥堵事件。

说到此处，不得不提到权力下放的重要性。一个组织的中层管理者的决策权大小，直接反映了该组织的管理灵活性和包容度。以我的短视频账号为例，最初我将其交由 X 负责运营。她不仅工作尽心，而且成本控制得当，短短一个月内就取得了显著成效。基于此，我决定赋予她更大的自主权：1000 元以下的开支无需事先申请，她可以全权决定。权力的下放让她放开手脚，运营工作开展得更加游刃有余，视频号的粉丝数量呈指数级增长。这一实践表明，适时适度的权力下放不仅能激发员工的潜能，提高工作效率，还能更及时地解决突发状况，避免潜在损失。

三、先生孩子，后办户口

销售时，得"先生孩子，后办户口"，先促成好事再考虑善后工作。比如，在我的美食城大堂内，靠柱子处有大约两平方米的空地，客人出入都要经过此地。市场部经理看到这块空地后，觉得非常适合放冰柜，出售冷饮、冰激凌给食客。于是他迅速行动，次日就将冰柜安置到位，当天便开始销售，后来向上汇报时，相关管理规定也都起草好了。

再比如，小吃城档口商户入驻时要支付押金，有些商户因资金问题不能一次性交付，餐饮部经理灵活应对一次性就把问题解决：商户能交多少就先收多少，收的钱由他暂时保管，待全部押金收齐后再统一上交公司。这些实例展示了"先行动，后完美"策略的意义，它不仅提高工作效率，也赋予管理层更大的灵活性。说实际点，在经营中，付钱要慢，收钱要快，这个快要把握尺度，但不能错过时机，能为企业带来收入的工作，一分钟也不能等。

综上所述，企业管理中，不论是采取"先恋爱，后结婚""先结婚，后恋爱"，还是采取"先生孩子，后办户口"的策略，核心在于根据项目的性质、具体情况及事务的紧迫性来灵活应对。对于领导者而言，关键在于培养核心团队，勇于下放权力，并保持策略的灵活性，这样的组织才能焕发勃勃生机。我曾听闻某位教授的讲座，他认为企业的持续发展主要取决于两个核心要素：目标的一致性和组织的活力。这一观点与本文的观点不谋而合。

第七节　年怕中秋月怕半，星期怕过礼拜三

俗话说"年怕中秋月怕半，星期怕过礼拜三"，很多人以为说的是要珍惜时间，但我认为这句话里有三个重要时间节点，即周三、月中和中秋，那为什么要"怕"？因为如果忽略了这三个节点，很多事情就不容易办成，陷入"明日复明日"的困境，导致"万事成蹉跎"。

一、星期怕过礼拜三

在大多数企业里，基本是周一部署本周的工作，周二着手实施。因此，周三成为关键的检查节点，理想情况下应完成至少60%的工作，剩余的任务可以在周四和周五补充和完善，从而确保本周计划能够顺利完成。另外，我认为涉外事务必须周三之前有进展，向政府机关、企事业单位递交书面合同、报告申请等，需要考虑对方的盖章、审批文件的流程时间，我通常要求相关负责人周三之前办理。我借鉴"背上的猴子"理论，把责任比作背上的猴子，所以要求下属一定要尽快甩掉身上的猴子。因为文件送达后，对方也需要时间开会、审批。一般情况下，周三之前将文件送到，周五就能有结果，即使解决不了对方也会给答复，或是安排到下周处理，这就是"猴子"（任务）在对方身上，他们

也亟须甩掉"猴子"。这样一来，事情总归在本周有进展，即便被推迟到下周，我们也可以说是被推迟了整整一周，政府办事部门也有其规章制度，对问题处理时间有明确要求，这样也能给对方一定压力。如果周三之后再提交文件，一些单位领导可能因为出差、开会等不在岗位，自然而然地把事情推迟到下周，尤其是周五提交文件的，几乎意味着要等到下周再处理。这样本来一周可以完成的事情就变成了两周甚至三周。

二、月怕半

一般企业都有月工作计划，而当月的工作计划能否顺利完成，月中是一个非常关键的时间节点。一个月有四个星期，前两个星期要抓紧展开这一月的重点工作。在月中旬，检查落实上半月的工作，并部署下半月的工作。在这个阶段，团队需要进行有效的沟通与协调，确保每位成员都清楚自己的职责和任务进度。通过定期会议和反馈机制，管理层可以及时发现问题并调整，避免月末出现进度滞后或者资源分配问题。月中检查不仅是对工作进展的评估，更是对团队士气的激励，帮助大家保持高昂的工作状态，确保实现目标。

三、年怕中秋

"年怕中秋"最特别，意义也最重大。中秋节大都在每年的9月或者10月，9月是第三季度的最后一个月，10月是第四季度的第一个月。中秋节过后，马上就是国庆节，接着是新的公历年，一年的尽头近在眼前。在过去，中秋节是地里部分庄稼成熟的时间，农民在这个节点抢收作物，这一年收成怎样，能赚多少，能否过个好年，基本中秋节前后可以知道结果。其实在企业管理中，中秋节也是个非常重要且常被忽略的时间节点。

现在很多企业非常重视年中总结，但从人性角度讲，半年是对半，下半年还有的是时间，即便年中计划完成情况落后于年初计划，员工也容易存有侥幸心理，总认为还有半年时间。后半年存在很多不确定性，不能客观准确地反映企业经营情况。但中秋节不同，到了此时，基本工作进度已见分晓，这个时间点最适合回顾一年的工作成果，梳理总结、查漏补缺，检查预算执行情况，安排调整下一年的工作，再利用剩下的三个月时间做出调整，确保全年任务顺利完成。

那么，中秋节前后应该如何梳理工作呢？以我为例，每年一到中秋，我都要求公司上下展开全面盘点工作——本年销售额多少元，全年任务完成比例，还剩多少没有完成；本年度应收账款多少元，已收回多少元，还差多少元；应付账款多少元，还差多少元；采购原材料多少，已用去多少，库存多少。根据财务数据，再合理利用剩余时间，动员员工抓紧收尾工作。

随着企业发展，对人员的调整安排也被我考虑进来。农历新年是人事变动最为频繁的节点，许多员工会在农历新年后提出辞职。因此，年前的人事岗位调整尤为重要，人事部门中秋节后就要主动和员工沟通交流，提前对员工的去留、升迁和调动做出合理决策，对明年的组织架构做出相应调整。这里我要多提一点，组织架构是下一年度企业发展方向的具象化展示，是企业的发展风向标，所以尤为重要。

在我几十年的企业管理实践中，我发现从大、中、小三个节点把控工作进度，能够使企业运转更加高效，管理更加规范。一年有52个星期三和12个月，但只有一个中秋节。错过一个星期三还有下一个，而错过一个中秋节可能让今年的计划失去最后纠偏的机会，导致重大损失。因此，创业者必须具备这样的时间观念，通过一个个星期三和月中节点，确保一年的工作按照计划开展。中秋节的全面盘点，为企业留出约 3 个月的冲刺时间，帮助员工为下一年的工作做好充分准备。

第八节 三个臭皮匠，顶个诸葛亮——"臭皮匠"会议减少决策失误

在中小微企业初创期，我推崇的是"胡子眉毛一把抓"，即大到着眼，小到着手，老板事事操心。但当企业发展到一定规模后，我逐渐感到精力有限，力不从心。下属一味地将大事小情堆积到我面前，我不发话便不作为，说难听点就是"前面干后面烂，老板不干全完蛋"。有一次开会时，大家你一言我一语，又是一片乱糟糟的情形，我实在压不下火气，质问在场的骨干："问题都会提，一个也不解决，都等着我发话，是把我当看大门的吗？"

看来该给下属放权了，但问题是一抓就死，一放就乱。2014 年，第三方房产营销公司提交了售楼方案，主管营销的副总经理已审核过，接着将售楼方案上报到我这里。售楼方案是厚厚的一摞，还包括合同，既然内部已通过审核，我翻看了几页便签了字。结果没想到，合同里有一个大漏洞，让两家购房单位钻了空子，给公司造成巨额损失不说，还前前后后打了五年官司（详见本书的《赢官司少打，夜饭少吃》一文）。此事给我留下的教训不可谓不深刻，想去责怪那位副总吧，她一向克己奉公，在这件事上也是竭尽所能，主要还是经验不足、考虑不周导致的，没办法苛责她，怪只怪公司没有聘请法律顾问。但问题总得解决，老板没精力，下属没能力，以后还会遇到类似问题。由此我想到了美国的陪审团制度，法官为了尽可能地保证案件的公平公正会成立陪审团，

陪审团里有从事诸如医生、教师、工程师等职位的群体，也有从事建筑工人、搬运工、清洁工等职位的群体，不同职业、不同身份的人组成陪审团，全程参与庭审、评议、裁决，法官可以听到不同声音，陪审团也是真真切切地参与案件，刑事案件的判决需要陪审团全数同意通过，而民事案件的判决也需要大多数人通过。再结合我从小听到的民间俗语"三个臭皮匠，顶个诸葛亮"，我想到了一个好办法。

陪审团是国外的制度，不一定适合我的企业，我自创了一个土里土气但又切合实际的措施——"臭皮匠会议"。诸葛亮公司里可能没有，但臭皮匠有的是，遇到复杂问题，一个人拿不定主意的，就集体决策，一个人看不清事情全貌，就让三个甚至更多人讨论，不怕七嘴八舌，广开言路嘛。非公有制企业基本是老板一人承担风险，"臭皮匠会议"意味着权力下放，让骨干员工参与决策：一是可以提高他们的工作能力，他们参与就要承担后果，心理上承受压力，就会更加认真负责；二是能很好地激发骨干的责任意识，因为他们手中也有了决策权力，考虑问题就不得不从公司利益出发，会更加谨慎小心；三是避免权力过分集中，可避免个人造成的损失；四是利益不相关的部门之间可以相互监督，相互制约，达到平衡。

深思熟虑后，我安排试行"臭皮匠会议"制度，各部门设置"臭皮匠"小组，组织架构上也要明确小组成员名单；分公司的"臭皮匠小组"由法定代表人、执行董事、财务经理组成，集团的"臭皮匠小组"则由资金运营总监、执行董事、会计组成。需要召开"臭皮匠会议"的议题包括：基层员工的薪资、合同、去留；制定短期项目的运营方案；修改制度规定；开发新产品；制定市场营销方案；处理涉外事宜。

以上事项经"臭皮匠会议"商议决定后，再向我汇报。这样执行下来，既能规避一些错误和损失，也能培养骨干员工的主人翁精神和决策能力。

"臭皮匠会议"实行后很有成效，给我减轻了很多负担，我终于可以放心大胆地发展新业务板块，也可以静下心来写作，而且中高层骨干的工作能力也有了显著提高。比如，餐饮公司就发生了这么一件事：我公司的餐饮外包业务板块有一名员工，虽然身体硬朗，但年近70岁，早已超过法定退休年龄。是留下还是劝退这名员工？店长因和该员工共事时间较长，认为这名员工还能胜任岗位，建议留下他。但在"臭皮匠会议"上，她的建议被另外两位"臭皮匠"否决。人力资源部经理和执行董事考虑到安全因素，不同意继续留用这位员工，认为让其退休养老更合适。此事上报到我这里，我评论说："常言道'七十不留宿，八十不留座'，允许超龄员工工作不是讲人情而是犯错误，你们的决定很正确。"

在新媒体文化事业部，我同样用"臭皮匠会议"开展新工作。此部门采取一种全新的组织模式——一个部门设置部门经理、运营经理和写作经理"三巨头"，组成一个"倒三轮"模式（详见《从"一轴两轮子"到"倒三轮"——打造自媒体文化产业的理论与实践》），他们的职位没有明确的高低之分，共同决策驱动整个部门良性运转。重要的事情需要三人共同商议决定后，再向我汇报。他们术业有专攻，各自从自己的专业角度考虑问题，所以把从三种角度思考的建议结合起来，事情往往能得到妥善解决。

即使如此，"臭皮匠会议"并非完美无缺。"臭皮匠会议"只是降低风险与减少错误。还有很多事情只能由老板决策，如：公司遇到紧急突发事件；部门中高层岗位的调整、调动等事宜；涉及专业技术领域的业务；企业战略规划的制定；具有探索性、创造性的工作等。

由此不难看出，"臭皮匠会议"不适用于企业的初创阶段，更适合企业发展到一定阶段，有多项业务，有分公司或子公司时再考虑尝试。

尤其是子公司，领导和集团骨干组成"臭皮匠小组"，大事、要事在"臭皮匠会议"上商量决策，这样做既能发挥制约作用，也能增强企业的团结性，发挥了"先民主，后集中"的力量。"臭皮匠会议"不失为一个好方法。

第九节　赢官司少打，夜饭少吃

大家都知道一个常识：吃饭七分饱，穿衣三分寒。比如，幼儿晚上吃得多，就会因为积食而身体不适。其实不只孩子，大人也应该注意。但是，现在许多人忽视了这一点，一到晚餐就大快朵颐，情绪上得到满足，肠胃却要承受巨大负担，长此以往，心脏和血管不堪重负，容易引发各种慢性疾病。所以，老祖宗早有说法：赢官司少打，夜饭少吃。

"夜饭少吃"，其道理不言自明，再看"赢官司少打"，更是大有深意。在复杂多变的社会生活中，无论是商业活动还是人际交往，纠纷难以避免。商业领域，从进货、生产、销售到账务往来，稍有不慎便可能引发矛盾。随着法律法规的日益完善，法律边界愈发清晰，但也避免不了纠纷的发生。面对纠纷，很多人不能保持冷静，只站在自己的角度思考问题，将对方告上法庭，相信人民法院能为自己主持公道，自己能打赢官司。然而，这种简单的线性思维，往往忽略了诉讼背后的复杂现实。事实清楚、证据完整的案子，双方认为自己都能打赢，为了维护自身合法权益，双方也应该勇敢地使用法律武器。但生活中还有许多官司是糊涂账，前因后果错综复杂，一旦上诉，双方通常需要等待至少一年时间才能迎来一审判决。若对判决不满选择上诉，二审又需要耗时三至六个月。即便二审尘埃落定，从判决到强制执行，又是一段漫漫征程，至少还需要一年。整个流程走下来，少则一两年，多则三四年。即便最终胜诉，执行阶段也未必能如愿以偿，有时等来的不过是一张"白条"，后续还需继续艰难谈判。诉讼成本更是不菲，一审、二审，每一次都需要支付律师费，且在胜负未卜的情况下，这笔费用如同无底洞。若败诉，无疑是"赔了夫人又折兵"；即便胜诉，后续的讨价还价也让人筋疲力竭。在整个诉讼过程中，时间、金钱、精神与意志，都会被无休止地消耗。所以老祖先早有警告，"赢官司少打"。

在36年的创业生涯中，我也经历过一些官司，其中有3次令我印象深刻。

一、房东装修我出钱，事后却被赶出去

20世纪90年代初，我在西安市竹笆市租下一间门面房做家具生意。随着家具市场的日渐壮大，竹笆市形成了家具一条街。这条街人来人往，热闹非凡。两年后，房东决定翻修旧房。他找到我，请求借他一笔资金用于旧房改造，承诺装修完工后仍将房子租给我。那时，人们的法律意识淡薄，很多交易仅凭口头约定，很少签署书面合同。我在体制内工作期间参加过商业合同培训，相比一般人多了些法律常识，所以我当场提出，借钱盖房子可以，但必须签订一份合同，明确双方的权利和义务。房东听了我的提议后，当场答应。我们很快签下合同，我也把钱借给了他。

3个月后，装修结束，我到门面房一看，气不打一处来。只见另一家家具店的伙计正在往房子里搬家具，不用问都知道，房东准是背信弃义，用我的钱装修完房子后，又租给了别人。我气冲冲地质问他"怎能如此不讲信用？咱们明明白纸黑字签了合同，现在用我的钱修好房子，还要把我撵出去，天下哪有这样的道理？"房东辩解道："家里子女多，

都有自己的朋友,其中一位非要把房子租给朋友,我也做不了主。"我气得火冒三丈,但也知道事情的严重性,这家人明摆是要坑我,他们一不讲诚信,二不顾及交情,协商无效,只能另寻他法。有朋友建议我上诉法院,但我冷静下来思考,这件事情并不复杂,没必要小题大做。

我拿着合同和自家营业执照前往工商所投诉,工商所领导看到证据后,认定房东行为不当,属于违约。于是,他带领工作人员和我一起到门面房,当场喝止了正在搬家的新租户。工商所领导义正词严地对房东说:"你和人家签了合同,借钱装修,现在又想把对方一脚踹开,于情于理于法都不合适,说轻点是不遵守契约,说重点就是违法。另外,原租户的营业执照上已把此地注册为办公地址,现在新租户住进去也不能营业,因为地方是人家的,明白了吗?"房东哪懂这些,只知道情、理、法都站在我这边,自己惹不起,立马认账,按要求腾出屋子,我这才顺利搬回了自己的店面。

上述只是一次小纠纷,谈不上官司。改革开放初期,大多数人法律意识淡薄,尚不懂得守法、用法。2000年过后,我遭遇了一场劳民伤财的大官司,才知道,学法、懂法不是为了打官司,而是为了不打官司。

二、培训机构破产了,律师还要打官司

2000年初,我在西安高新区创办了一所英语培训机构。五六年后,因为培训机构持续亏损,注册资金全部亏完,我不得不关停培训机构并宣告破产。清算后,培训机构还欠某广告公司9万元的广告费。我找到这家广告公司,坦诚地说明情况:机构已破产,账户上没有资金,根据《企业破产法》的规定,也得破产清算小组评定后变卖现有资产才能还债。但我愿意自掏腰包弥补这笔欠款,希望对方能减免20%的债务,剩余7万元我会一笔付清。接待我的是一位律师,他听后一口回绝,坚

持要求全额偿还欠款。经过一番协商仍未达成一致，广告公司将我的培训机构告到了地方人民法院。

  在法庭上，我坦诚地阐述了整个情况，并将账务公示，强调不是不愿意赔，而是机构已倒闭破产，我完全是出于道义进行补偿。基于这一点，法庭进行了调解，但对方坚决不答应，寸步不让。就这样僵持着反复拉扯，一场官司打了两年，始终未能判决。在最后一次调解中，对方老板亲自出庭，我再次耐心解释，并表示自己今天本着最大诚意带了5万元现金，原告若能接受，就能解决此事。没想到对方老板和我对案子的认知相同，他非常感慨地说："这两年来光律师费就已花了几万元，早知如此，最初就不该打这场官司，已经破产了，你还自掏腰包还账，真是难得。"于是，他同意按照最初的提议，接受7万元的补偿。最终，在法院的调解下，我支付了这笔款，这场持续两年的官司得以了结。

  实际上，对方如果及早选择庭外和解甚至从一开始就不打官司（我始终有十足的诚意），不仅可以提前拿到补偿，也能少花些律师费，节省几年的时间精力。只因对方律师坚定地选择诉讼，寸步不让，这才导致两败俱伤。

三、营销方案出纰漏，一场官司打3年

  2014年，我开始开发写字楼，由于资金不足，再加上自己对房产销售是个门外汉，便联系一家房地产营销公司帮我设计一套营销方案，这事儿由一位副总负责，但实际上她也不懂。方案讨论结束后，他们拿着文案找我签字。这本就不是我的专业领域，面对厚厚的文案，我一时疏忽，没有仔细阅读，便稀里糊涂地签了字。谁料，这一时的疏忽竟引发了长达数年的官司。

  这套营销方案中有一项条款埋下了隐患：原有的写字楼租客提前付

一年的房租，可送半年租期；租户如要买房，可以以房租全额抵扣房款。这一条算下来，如果成心钻空子的话，用赠送的租期也可抵扣房款，岂不相当于"白吃了一碗面还要求再送一笼包子"吗？大部分租客都选择了放弃购房，个别租客经过协商也能达成一致，但偏偏有一位租客看出了方案中的漏洞，特意挑选了写字楼中面积最小的办公间。一年多后，租客提出要用此前交的一年租金抵扣房款，说白了就是想钻漏洞，一分钱不花地白拿这处房产。这显然有失公允。我连忙找到这位租客，诚恳地向他道歉，又解释说，"营销方案是广告公司做的，确实存在漏洞，但你已享受了优惠政策，现在再买房子的话，鉴于我们有过失，就给你减免20万元"。写字楼不同于住宅，一处房产的独立房间不可单独售卖，单独办理房产证是为了让业主便于贷款抵押，而不是单房售卖。而这位租客坚持要按当年方案上的条款执行。几经交涉，对方坚定地索要房子或者100万元的赔偿。我回想起高校上课时，教授曾讲过，合同约定的条款如果有失公允，法律是不予认可的。因此，我认为对方的要求没有道理，即便如此，我也无意打官司，还是想通过协商解决。然而，我多次请求协商，对方依然不依不饶。

不久之后，这位租户将我告到地方人民法院。我在对簿公堂前仍劝告他，"咱们协商解决，我可以补偿你15万元"。对方还是不同意，执意要打官司，并且提出要么给他100万元的赔偿，要么给他房子。鉴于他这种态度，我只好奉陪到底。经过数次开庭和调查取证，法院最终判决我补偿他30万元。我认为这一判决不公平，于是上诉至西安市中级人民法院。

经过又一轮的调查取证，西安市中级人民法院认为，营销方案条款确实存在漏洞，但并没有给对方造成实际损失，因此不应以此为依据。至于对方提出的赔偿要求，由于他与我同在一栋办公楼里，往来协商不会产生什么成本，这期间也未对他造成任何实质性的经济损失，同样不予支持。最后，法院考虑到原告打这场官司的支出巨大，建议我出于道义补偿对方 5 万元。我当即答应，这场持续近五年的官司这才落下帷幕。

这又是一个两败俱伤的结局，双方都没有赢家。

四、得饶人处且饶人，避免纠纷皆大欢喜

既然赢官司少打，那么应该怎么做？我的理念是，得饶人处且饶人。比如，我有一位租户，做的是装修生意，新冠疫情期间在我这儿租了一个面积约 600 平方米的房子，刚入驻时他雄心勃勃，光装修就花了近百万元。后来受到疫情冲击，生意黄了，资金链断裂，甚至房租都交不起。物业公司经理多次向他催要房租，他表示实在无力支付，后来提出不再续租，愿意推荐一位朋友来接手。物业经理坚持要求他出具一份书面承诺。双方争执不下，几乎又要打官司。

在我看来，物业经理的做法与包容互助的价值观念不符。我迅速介入，立即制止了他们诉诸法律的计划，又指派集团另一位经理全权负责此事。我特别强调，对待老客户要宽厚，得理也得让三分，步步紧逼只会两败俱伤。随后，经理遵循我的指导与客户进行友好协商，客户退租，其友人接手。为表诚意，我为新客户减免一部分房租，还按行规给了原租户一笔中介费。就这样，原本的剑拔弩张变为和气生财，当时如果选择对簿公堂，我是一定能胜诉的，但除了让双方结仇结怨之外，解决不了什么问题。反而，选择宽容，选择退让，对双方都有好处，截至本书定稿，后来的那位租户已续租 3 年，从未拖欠过房租。从此之后，公司高管受我影响，都践行"赢官司少打"的理念。

仍以物业公司为例，曾有一位业主以经济困难为由长期拖欠物业

费，物业公司的负责人尽可能地放低姿态，三番五次地主动找业主协商，想尽一切办法通过对话解决问题，就这样软磨硬泡，对方的态度渐渐软化，后来主动上门结清物业费。一场官司消弭于无形。

创业过程中，虽然经历过多次争端，但我从未主动挑起任何一场官司，也从未想通过诉讼获利。是什么力量支撑我踏平坎坷，化解了矛盾纠纷？我想，这与个人的价值观紧密相关。坦诚、正直、包容、互助是我一直以来坚守的做人准则，也是我企业遵循的价值观。以坦诚、正直要求自己，可以避免纠纷；以包容、互助对待他人，则能以和为贵。在我心中，诉诸法律是万不得已的最后选择，它既是武器，也代表着战争。只要有百分之一的可能，我都要尽己所能地促成合作，以协商的方式解决争端，这才是我做人做事的准则。

第十节　重要的事隔夜说

无论是个人还是企业，生活中最大的挑战往往在于做决策。决策做对了，就能继续向前，甚至一帆风顺；决策做错了，可能陷入泥潭，寸步难行。对企业而言，决策失误的后果更为严重：轻则亏损裁员，重则倒闭破产。

面临突发问题和紧急情况时，做决策需要格外小心。即便我们做了周全的准备，采取了诸多防范措施，意外仍可能不期而至。我曾半开玩笑地说："能想到的事往往不会发生，真正发生的往往是想不到的。"有些事情极易让人陷入急躁甚至愤怒的情绪之中。一旦被情绪裹挟，人很容易冲动行事，从而做出错误的选择，等到冷静下来，往往悔之晚矣。老板不要在有情绪的情况下做决策，较好的处理方式是，可以让事情再发酵一会。

　　为了避免冲动决策，我想出了一个办法，即"重要的事隔夜说"。坏情绪来袭，人的理智往往失守，此时绝不能贸然做决策，应给自己留出时间了解情况，消化信息，深入思考问题。回到家，经过一夜甚至一个周末的沉淀，情绪得以平复，待到能够平静坦然地面对现实，再理性地思考问题的解决方法。这个原则的核心在于，重要的决策不能在情绪的影响下仓促做出。它不仅适用于企业决策，也适用于个人生活中的重大选择。给自己留出时间，我们能够更加客观地评估问题的严重性，寻找更合理的解决方案，而不是被情绪左右。

　　2017年，一位客户购买了六间写字间，总价870万元。此后，他陆续支付了650万元，剩余的220万元一直未支付。据客户讲，他与其他单位产生纠纷，银行账户上的5000万元被冻结。因此，这剩余的220万元房款被拖欠8年。在8年中，220万元产生的利息已累计达到103万元，税务方面也产生了滞纳金。

　　客户曾签过字据，表示愿意承担这220万欠款产生的利息，等5000万元解冻后一次付清。出于信任，我曾提出，只要他愿意认账，我就可以减免一部分利息，作出主动化解双方纠纷的姿态。银行向我催收贷款及利息，税务局要求我支付滞纳金。为了给银行、税务局一个解释，不得已，我将这位客户告上了法院。2024年，二审判决结果在我意料之中：我方胜诉，客户需要归还所欠的房款220万元，以及因此产生的贷款利息等共103万元（不含滞纳金）。

　　然而，意料之外的情况出现了。2025年春节前，这位客户的账户已解冻，他却突然变卦，只愿意支付220万元的房款和10万元的利息。法院已经做出了明确判决，此举无疑无视法律。得知这一消息，我在内部会议上大发雷霆，会议匆匆结束。

怎么办？申请强制执行？但这样一来，不仅那103万元暂时收不回来，220万元的房款也可能继续被拖欠。关键时刻，我想起了"重要的事隔夜说"原则，意识到此时冲动决策不会有好结果，必须给自己缓冲的时间。那天正好是周末，我强压下怒气，决定等到周一再做决定。

尽管理性让我暂时压制住了火气，但坏情绪仍然需要时间消化。整个周末，我连续两夜难以入眠，脑海里都想着这件事。起初，我怒气冲冲，但随着时间的推移，火气渐渐消散，每过一天，坏情绪就少一分，理性就多一分。我开始冷静地思考解决办法。

我在房间里踱来踱去，反复权衡利弊：根据法院判决，利息截至房款结清为止，申请强制执行必然能要回钱款，但这样会让官司继续持续下去，没一两年解决不了，不知什么时候是个头。再转念一想，被强制执行后，法院必然拍卖房产，这样会让人觉得是因为我催债让对方贱卖了房产，显然也违背了我倡导的"包容"的价值观。再说了，即使强制执行，未知的事情也难以预料。我常跟人说："赢官司少打，夜饭少吃。"天上的老鸹再好，也不如手里的麻雀。现在临近春节，如果能把这件事平息下来，起码能过个好年，不用再为此事折磨自己，也不用继续花费律师费，否则官司打下来，又得拖个一年半载。总的来说，多一事不如少一事，冤家宜解不宜结。

隔了两夜，经过反复思考，我开始倾向于和平解决问题。但在做出决定之前，我必须理清思路，算清账目，做到心中有数。

周一上班，我迅速召集财务部门的相关人员及办事人员，对整个事件的来龙去脉进行全面梳理，并形成书面材料，逐一核对账务。此时，经过三四天的思考，我心中的怒气早已平息，能够以冷静而客观的态度直面问题。结合财务数据和我在周末反复思考的结果，我最终决定让大家都过个好年，以和平的方式解决此事。我选择放弃强制执行，这意味着我不得不自己承担这 93 万元的损失，犹如咽下了一口鲜血！事后，我对下属说："怒火是昨天的，官司是过去的，事业才是永恒的；赔，都是过去，赚，才是未来。所以不要在乎过去的赔，而要放眼未来的赚。"

俗话说："天一亏，地一补。"人世间万事万物终究是总量平衡的。有时候，牺牲眼前的经济利益，能换来好心情，让身心健康。经过几天几夜的沉淀、消化和自我开导，我的火气消了，气也顺了，不仅和全体员工一起过了个好年，还给大家准备了年货。尽管经济形势并不理想，我还是给每位骨干发了红包。看到大家喜笑颜开的样子，我的内心得到了极大的满足。钱财终究替代不了精神上的快乐，这不就是"地一补"吗？

第十一节 工欲善其事，必先利其器

1977 年，我参加工作的第二年，单位每周都要组织青年人学习。有一次，会上领导讲了一句话"工欲善其事，必先利其器"。这句话一下子吸引了我，回到家里，我立刻翻开词典查阅，这句话的意思是说工匠要想干好活儿，就一定要先把工具打磨锋利。我是木匠出身，深知工具对匠人的重要性，我的工具包里放着锯子、刨子、凿子、斧子、锤子、墨斗、卷尺等，还有最重要的磨刀石，锯子、凿子、斧子等见天就得在磨刀石上打磨一下，刀刃锋利，干活才轻松。

后来我下海创业，随着年龄的增长，对"工欲善其事，必先利其器"中的"器"有了更深的理解。匠人要干好活儿，离不开锋利的工具；企业要想管理好，也离不开得力的工具。那么，管理企业的利器是

什么呢？我认为是制度。

公司章程、财务管理制度、组织架构等"刚性"制度在公司初创阶段必须建立和完善。随着公司的不断发展，我发现有制度规定的工作总是先慢后快，而没有制度约束的业务，往往是先快后慢。从长远来看，学习制度、落实制度虽然耗时耗力，但能形成规范，保持长期有效。而那些抛开规矩、拍脑袋决定的事情，一开始看似效率很高，但时间久了就会漏洞百出。如果期间发生人员变动，很容易就陷入无人负责、无人推动的困境。

企业在起步阶段，业务变化快，人员流动大，此时不能过度执着于制度化建设。内部实行人治，也就是支配式管理，很多事情全靠老板决策，难以形成规章制度。即使专门花时间制定制度，也会因业务的快速变化而迅速失效。

然而，随着企业规模壮大，业务逐渐成熟，试错过程结束，进入重复劳动阶段，制度化建设必须提上日程。此时的企业已经有了明确的分工合作，老板不能再事无巨细地管理，必须以制度为约束，从人治转向法治。详尽完备的制度就是企业管理的"器"，是提高效率、发展业务的重要工具。

举例来说，我的企业每年年底都要修订管理制度，并形成制度汇编。这项工作耗时耗力，但我要求人力资源部门牵头，每一个制度都要开会讨论。我们会根据去年的执行情况和未来发展规划修订制度，制度涉及哪个部门，其负责人必须到场参会，并且发表意见。

在这个过程中，"死"的制度要变成"活"的规定。参会人员要从实际使用的角度去审核制度的可行性和完善程度，甚至逐字逐句地修订。制度的修订促使更多的人参与制度建设，这也是一次制度培训。在年末紧张、忙碌的氛围下，我们每年都要梳理公司全部现行制度规定。

这样一来，在明年的业务开展前，工具已经被打磨得更加锋利，用起来也就更加顺手了。

"利其器"的过程虽然增加了工作量，却能保证制度与企业发展的实际需求紧密结合，才能"善其事"。它不仅避免了制度的僵化和形式化，还能让每一位员工在参与修订制度的过程中，更加深入地理解制度的价值。通过这样的努力，制度不再是冰冷的条文，而是真正服务企业、服务员工的有力工具。

历年管理大纲

但是，我要强调的是，在任何阶段，管理无定式。严格执行制度并不意味着教条主义，任何时候都要有灵活应变的精神。"器"是死的，人是活的，工具虽然锋利，也还需要人来驾驭。人不能没有工具，但也不能过度依赖工具。只有将制度与人性化的管理相结合，制度才能真正发挥其最大效能。

第十二节　熬成的事业，揉到的面——项目落地五步走：想、说、写、做、改

我在高校进修时，教授讲到项目管理，提到项目流程一般包括 5 个步骤：启动、规划、执行、监控、收尾。对此，我有不同的看法，比如，第一步"启动"就很值得商榷。上手便要启动，可是如何启动呢？又需要哪些条件呢？根据我的经验，项目的第一步绝不是举办启动仪式，而是构思、设计和讨论。我猜想，教授的理论只是默认省略前置步骤，并没有错，只是和我关注的侧重点不同而已。我在用词的专业性和准确性上比不过学术著作，但从实践的角度出发，通过分析个人经验，我有自己更接地气的说法。我喜欢把做项目比作揉面，要经过一道道工序反复地揉搓面团，把面揉到位了，面食才能筋道，才能好吃。所以，我把这些工序通俗地总结为五个字：想、说、写、做、改。

一、第一步：想

好想法能点石成金。1992 年，我在《人民日报》上读到一篇文章，题目叫《何阳卖点子，赚了四十万——好点子也是紧俏商品》，文章介绍了一个叫何阳的人，为企业出谋划策，提供营销策略，因此赚到钱也成了名。他的故事让我大受震撼，没想到一个好点子竟然如此值钱。据说一家企业的杯子严重滞销，企业找到何阳求助。何阳建议将杯子印上京广铁路路线图，然后放在火车上销售。结果，这些杯子很快销售一空。这个故事让我想起了自己在 1984 年 7 月 19 日撰写并刊登在《西安晚报》上的文章《一条信息带来万元生意》。那时候，我就已经强调信息和想法的重要性，这与何阳的好点子有着异曲同工之妙。

> 期四 第二版
>
> # 一条信息带来万元生意
>
> 七月六日,《西安晚报》在二版刊登了《成套家具待售》的信息。见报的当天,就有人前来参观和询问,第二天已是门庭若市。不少的人从咸阳、阎良和户县等地赶来选购,市内的一些木器厂闻讯也派人前来参观学习。在短短的五天内,我们就销售了不少家具,其中大部分还是高档家具,价值万余元。我们利用《西安晚报》传递信息,尝到了重视信息的甜头。
>
> 碑林区商业综合公司 王建试
>
> 编后
> 一条百余字的短信息招来万余元的生意,由此可见信息的作用。信息是财富,是生产力,是经济生活的先导。信息在我国经济建设中正发挥着越来越重要的作用,晚报今后愿为促进产销,搞活经济多"搭桥"、"牵线"。
>
> 1984.7.10日《西安晚报》二版发
> 稿费:1元

《一条信息带来万元生意》

多年后,我总结发现,一个好点子就是一个好项目的胚胎,是一家企业发展的方向,甚至是一项事业的起点。比如,现在有一些年轻人,有了创业的奇思妙想,制作一份PPT,经过几轮演讲,就可能得到投资。在一些新兴的互联网产业,讲故事的能力和拿投资的能力同等重要。所以,"想"就是创业的第一步。

二、第二步:说

"说"即是"听"。企业家可以有五花八门的想法,但不能是拙于表达的人。正如企业家是"成事者"而不是埋头苦干的"做事者",如果自己反复琢磨,藏在肚子不说出来,难以成就一番事业。

说给谁听也非常关键。我认为可以向以下三种人说出自己的想法。

第一种是认知比你高、学历比你高、经历比你丰富的人。这种人见多识广，思考问题更深、更广、更透。你的想法说给他们听，他们一定有反馈，甚至点拨你，给你提出建议或意见，让你有机会修正自己的想法。与这样的人交流，能让你站在更高的视角审视自己的计划。

第二种是专业性强、特长突出的人。他们会站在专业的角度帮助你分析项目的可行性，给你提出建设性意见。有特长的人会发挥自己的优势，在某个环节给予意见或帮助。他们的专业见解能让你的想法更加完善，更具操作性。

第三种是和你观点不一致，甚至平时爱唱反调的人。第三种人最难找，也是最难让人接受的一类。向他们说出你的想法，对方不管是批评还是提意见，绝不会顾及情面。然而，这正是我们在创业之初最需要的声音。耐下性子，压住脾气，一字一句地去分析负面评价，能帮助我们提前规避风险，甚至找到与出发点截然相反的角度，从而完善自己的想法。

向以上三种人说出想法，收到反馈，完善自己的想法之后，再与团队展开讨论。这一步不仅仅是自己说，还要让大家说，集思广益。大家在讨论中各抒己见，互相启发，往往能碰撞出新的火花。通过这种方式，第二步也就顺利完成了。

三、第三步：写

写作即是逻辑梳理。有了好主意，又说出来收到反馈，是不是该大干一场了？错！当务之急是草拟项目计划书，认认真真、一字一句地把想法、说法落在纸上，变成文字。

有人可能觉得这是一种教条主义，甚至要问"非得写出来不可吗？""想清楚不就行了吗？"大家想一想，说话总是容易的，随心所欲，说错了重说，前半句没说到位，后半句还能找补，别人提出疑问，打两下太极也能糊弄过去了。但这些都是缺乏条理的，蒙混过关倒是可以，执行起来寸步难行。再打个比方，建筑施工时，工程师不画图纸，找工人大概讲一讲思路，就要动工，敢这么做吗？我想谁也不敢。即便工程师说得头头是道，也可能存在致命错误没被发现。只有落在纸上，写成文字，才有继续完善的可能。写作是一项需要严密逻辑思维的工作，写作的过程就是梳理思路的过程，走到这一步，才有了项目后续实施的可能性。如果能想、会说，却写不出来，那就说明事情还欠火候，还得再熬一熬，面还得再揉一揉，直到能清晰完整地写下来，再考虑动手。

四、第四步：做

动手去做，是再简单不过的道理，却是最难跨越的一步。"做"，这不仅贯穿了本书的全部内容，更是几乎所有管理类书籍的核心主题。我们脑海中关于创业、经营、管理的一切知识，其终极目的无非是行动，是把事情做成、做好。关于这方面的著作早已汗牛充栋，此处无须赘言。以下仅提出三个关键点。

一是果断。先行动，再完美，准备工作到位，就要果断行动，不能等到万事俱备再动手。

二是迅速。先人一招则优，快人一步则强，抓住机会就要趁热打铁，抢占先机，事半功倍。

三是全面。事业刚起步时，老板、负责人要"眉毛胡子一把抓"，方方面面照顾到，直至企业发展壮大，制度流程成熟，老板才能逐步放手，实现更高效的分工合作。

我见过事事追求完美，却因过度谨慎而不敢动手的人；也见过莽撞无畏，只知拼命硬干但缺乏章法的人。动手去做，是整个过程中最关键、最具挑战性的一步。它可能是最简单的一步，因为只要迈出第一步，后续的一切都有了可能；也可能是最难的一步，因为迈出这一步需要勇气、智慧和决心。

每个人的条件不同，做事的方法各异。学院派注重理论指导，江湖派依靠社会关系，市场派更看重市场反馈。无论哪种流派，具体情况都需具体分析。但有一点是共通的：无论何种背景，无论何种方法，只有真正动手去做，才能让想法落地生根，开花结果。

五、第五步：改

修改是优化，是升级，更是替代。写到这里，想必大家已经松了一口气：项目终于做成了，落地了，有了结果。老板亲力亲为的阶段似乎告一段落，接下来是不是乘胜追击，扩大战果了呢？其实，这是一种常见的思维误区。很多人以为，阶段性的成功已经充分证明了自己的英明，接下来只要延续成功的方法就行。但事实并非如此。

有一个故事：三个人走进电梯，一个人不停地原地跑步，一个人不停地撞头，另一个人不停地做俯卧撑。电梯到达后，三人被邀请分享成功经验："你们是如何成功上来的？"跑步的人说："我是跑上来的。"撞头的人说："我是撞头上来的。"做俯卧撑的人说："我是做俯卧撑上来的。"听起来似乎都很有道理，但实际上，他们快速上楼的真正原因是坐上了时代的"电梯"。如果不能真切地明白自己到底成功在哪里，就不要把成功的原因完全归结于自己，而应该沉下心来，再把事情琢磨琢磨，把细节打磨打磨，看看里面有没有问题，及时发现，及时纠正。

其实，不仅成功之后需要有"修正"的意识，前面的每一步都需要不断改进。如果发现说出来的话有错误，那就再仔细思考；如果写下来的计划有疏漏，那就重新讨论；如果行动过程中遇到挫折，就再打磨方案。这种贯穿始终的修正意识，就是"改"的意识。像揉面一样，面多了就加水，水多了就加面。

六、案例：美食城项目的想、说、写、做、改

为了便于大家理解，我将自己筹建美食城的经历进行剖析，详细阐述上文提到的"五步走"应该怎么走。

1. 第一步：想

在自家楼盘的地下室打造一个美食城的初步想法，大概诞生于2002年。那一年，我刚刚在高新区购置了一块土地。当时，我用远景思维畅想未来这里会是什么样子，该如何规划。初步估算，如果在这块地皮上建两栋写字楼，园区里至少有2000人办公。换句话说，每到饭点，这里就有2000张嘴需要喂饱。于是，我萌生了做餐饮的想法。

楼盘竣工后，租户和业主陆续入住，我观察到这条街上出现了大量的流动摊位。尽管摊位的卫生条件差，但这些摊位依然被上班族围得水泄不通。同时，街边的餐饮门店也座无虚席，家家户户都在张贴招聘收银员和保洁员的广告。这两点观察结果让我意识到，做美食城的想法不仅可行，而且必要。我的美食城不仅要为周边的打工人提供健康、实惠

的"硬饭"，还要解决商户招工难、用工贵的问题。

2. 第二步：说

"想"的步骤基本完成后，我开始拜访做餐饮的朋友和行业专家，向他们说出我的想法，并听取他们的意见。同时，我结合大学中学到的蓝海战略和漏斗效应等理论，召开筹备会讨论分析我的想法。在筹备会上，大家畅所欲言，从股权架构到商业模式，从项目logo设计到装修设计，各个角度的意见都被充分讨论。经过多次讨论，我逐渐明确了项目的整体方向和实施细节。

3. 第三步：写

我使用两种工具将大家的想法落实到纸上。在各个项目小组向上汇报时，我要求他们使用思维导图，尽可能条分缕析地展示各个分项的工作安排。而在各个项目小组内部安排工作时，我要求他们使用甘特图，由执行负责人调配资源，制订时间计划。在实际使用过程中，我的团队将这两种工具打通，实现了随时转换，确保向上汇报和向下传达都能畅通无阻。

通过"写"，我让整个项目像一棵树一样在我眼前展开，任何一个板块的任何一项工作，我都做到心中有数。这为项目的正式动工奠定了坚实的基础。

4. 第四步：做

到了"做"的阶段，事情反而变得简单。兵来将挡，水来土掩，我居中指挥，各项工作皆有专人负责。遇到特殊问题时，就开专题会讨论解决方案。由于前期准备工作做得很足，开业后美食城发展得非常顺利。

5. 第五步：改

美食城开业后的每周例会上，我们都在进行"改"的工作。只要美食城还在营业，最后一步就永远不会结束。我们不断收集顾客反馈，观察市场变化，及时发现问题并做出调整。无论是菜品更新、服务质量提升，还是运营流程优化，我们都在持续改进，确保美食城始终保持竞争力。

通过这个案例，大家可以清楚地看到，从"想"到"说"，从"写"到"做"，再到"改"，每一步都不可或缺。只有将这五步走扎实，才能确保项目的成功和持续发展。

七、"想、说、写、做、改"也是人才考核标准

"想、说、写、做、改"这五个步骤，不仅适用于企业开展项目，还可以作为企业考核员工的重要标准。在多年的创业和管理实践中，我发现这五个维度不仅能衡量一个人的专业能力，更能体现一个人的成长潜力和综合素质。

1. 从项目管理到人才考核

"想、说、写、做、改"是我多年来在项目管理中总结出的一套方法论。将项目拆解为这五个环节，确保每一个环节都有明确的目标和执行路径，从而实现项目的高效落地。在实际管理过程中，我发现这五个步骤同样适用于考核和培养员工。

2. 以"想、说、写、做、改"为考核标准

在培养和选拔人才时，我常从"想、说、写、做、改"五个维度去对照和审视员工的能力。这些能力值中，可以量化的部分纳入人才考核

的蛛网模型，不能量化的则通过实际工作表现进行考核。

想：一个人有没有想法，能否提出创新的思路和解决方案，是衡量其思维能力和创造力的重要指标。

说：能否流畅表达自己的想法，清晰地与他人沟通，是衡量其沟通能力和团队协作能力的关键。

写：写作功底如何，能否将复杂的想法清晰地呈现出来，是衡量其逻辑思维和文字表达能力的重要标准。

做：执行力强不强，能否将想法转化为实际成果，是衡量其行动能力和解决问题能力的核心。

改：最后一点最为关键——"改"即修改，也就是改变，是衡量其发展潜力的重要标准。即使一个新人在前四点有所欠缺，只要他善于纠正和改进，我都会认为他是可塑之才。

3. 领导者必须具备"改"的能力

作为老板，其最重要的能力也是"改"——不仅要善于改变自己，还要善于改变他人。正常情况下，擅长"想"的人适合做参谋，擅长"说"的人适合搞销售，擅长"写"的人适合编文案，擅长"做"的人适合上一线，而擅长"改"的人则适合当领导。只有具有领导才能的人，才能跨行业、跨领域地提出批评和建议。

当人才的能力与岗位不匹配时，老板需要制定改正方案，用人去匹配工作，而不是用工作去匹配人。通过这样的"改"，才能把合适的人放在合适的岗位上，实现人尽其才、才尽其用。

4. 骨干是培养出来的

总的来说，适合企业的人才很少有一蹴而就的，更不是通过拔苗助长得来的。能堪大任的股肱之臣，大多是经过内部培养，一步步成长起来的"自己人"。在几十年的选人、用人和育人工作中，凭借"想、说、写、做、改"为衡量标准的识人法和用人法，我发掘和培养了大量人才。他们才是我创业生涯中最大的财富。

营销篇
营销与客户

第一节　巧用"添柴火"

"添柴火"是一句民间俗语，在生活中，尤其是人与人的相处中，这句话有很多妙用，细琢磨，还真是话糙理不糙。我写下这篇文章，就是想结合个人经验，谈谈如何巧用这句俗语解决生活、工作中的具体问题。

"添柴火"，其实来自添柴加火一词，比喻个人在集体事务上尽一点力量，也就是添砖加瓦的意思。在团队工作中，有很多事儿需要量化但又没法量化。一件事儿办成了，团队成员各有贡献，功劳的大小往往难以界定。分配成果时，做到公平合理更是一个难题。不计较这些，事儿做不成；过分计较这些，别说团队可能散伙，即使一家人可能也要反目成仇。所以，在这个时候，我们需要策略和方法，更需要润滑剂来缓和气氛。"添柴火"就是这样一种润滑剂，它能够以一种朴实而深刻的方式化解矛盾，推动工作开展，促进合作。

一、生活中的"添柴火"

日常生活中，和朋友出去旅游，本是一件愉悦身心的美事，但精神享受建立在物质基础之上，大家最后难免还是要算经济账。交通费、住宿费清晰明了，容易分摊，然而有时是你出力、我费心、他跑腿，还有其他琐碎的开销常让人头疼。中国人是很好面子的，出门在外谁都不愿显得小气，结账时往往还要争抢一番，再加上重义轻利的文化传统，以至于朋友间当面谈钱是件敏感且伤情面的事，所以常常算成一笔糊涂账。一来二去，总有人感觉自己吃了哑巴亏，心生不快，久而久之，朋友间容易产生隔阂。其实，只要活动组织者提前制定预算，对那些小额开销设定一个合理的额度。根据自己的能力，用"添柴火"代替"份子钱"，不仅听起来更亲切，也能传递出一种积极、自愿的参与感，让人感到被尊重，事情也更容易被接受。通过这种方式，朋友间的心意到了，礼数全了，关系也就更稳固了。

二、商业谈判中的"添柴火"

在商务洽谈中，"添柴火"也有妙用。初次合作时，双方心中难免有疑虑，彼此试探。甲方希望成本更低，乙方期望利润更高，找到平衡点并非易事，谈判容易陷入僵局。在中国的商业文化中，建立关系与做生意同等重要，讲究的是买卖不成仁义在，无缘无故地驳了对方面子，可能损害自家名声，所以生意人的一言一行都具有艺术性。寒暄开场，试探得差不多了，场面话也说尽了，谈到戏肉处，就需要有一方展现出诚意，哪怕是稍微让步，就说是为了合作添把柴火，这样诚意十足，对方自然受用。这么一来，双方有了默契，生意也就谈成了第一步。

三、企业管理中的"添柴火"

管理自家企业时，我也常用"添柴火"的方法解决问题。比如，处理差旅费、采购款和招待费等杂项支出时，传统做法是先借款后报销，这种方式虽然规范，但在实际操作中引发不少问题。员工对此多有抱怨，认为流程烦琐、限制过多，甚至感觉公司不信任他们。财务人员也因此增加了大量不必要的工作，既要严格遵守规定，又担心影响业务的灵活性。产生的摩擦、矛盾积少成多，常常是"一尺水十丈波"，最后统统闹到领导那儿打擂台。领导捧着这一碗沸水，又怎么端得平？在我看来，好制度不总是好办法，小企业更需要的是人性化的处理方式。所以我决定采取一种更为灵活的管理方式。我要求所有人员利用自己的信用等办法先行垫付相关费用，明面上为企业"添柴火"，然后根据实际支出报销。这种先斩后奏的方式很受业务人员欢迎，一方面，因为他们感到自己被赋予了更多的信任和自主权,虽然自己得先"添柴火",但遇事儿可以当机立断,该省省,该花花,生意好谈了;另一方面,这种方式减轻了财务部门的工作负担,简化了借款审批流程,减少了资金压力,避免了内部矛盾的激化。用员工自己的钱为公司"添柴火",员工也能及时报账日清月结。真是一举多得。

四、员工关系中的"添柴火"

"添柴火"还有进阶用法。在企业管理中,有效激励核心团队始终是一个难题。基于三十多年的经验总结,我发现传统的薪酬提升和各种补贴往往效果有限。例如,小幅加薪可能被视为小恩小惠,而大幅加薪则可能破坏薪酬体系,引发大范围的不满。其他如岗位津贴、技术补贴、绩效奖金和年终奖励等手段,是一种增加薪酬的办法,但都治标不治本。后来,我从上市公司的期权激励上找到灵感,让小企业也可以运用金融手段为骨干"添柴火"。我创建了一个名为"柴火堆"的资金池,大家自愿参与,其实也只有骨干成员参与。他们每人根据实际情况,提前报出可以随时拿出的"柴火"(钱),公司也预备一部分"柴火",这是一个随时拿出的"隐形的柴火堆",一旦公司和个人需要应急,即可投入使用。作为回报,公司会根据投入的金额给予员工相应的奖励。这么做有几点好处:首先,未向社会公开宣传,在公司内部针对特定对象吸收资金的,不属于非法集资,可规避法律风险;其次,"柴火堆"具有隐形性,是"无中生有"且具有准入门槛,只有有能力且信得过的少数人参与,避免在公司内部引发不必要的风波,这些"柴火"都是额外的收获,是偏财,也不会让普通员工心生不满;最后,这种激励方式是员工自愿投资,从而与企业共同发展,增强了团队的凝聚力和向心力。我的一位工作多年的司机一次性都可以拿出15万元的"柴火",即便按

1%给司机返还"柴火",他也一次可以得到1500元,而且还能循环使用。骨干的信用额度不断增大,在紧急情况下就是一笔应急储备金。员工投入的不仅是金钱,更是对企业未来发展的信心和承诺。俗话说"钱在哪儿心在哪儿","柴火堆"也是多年来我认为除股权和期权外,又一种高效的激励手段,企业不仅能激励核心团队,还能促进员工与企业共同成长,实现双赢。

"添柴火"这一看似简单但意义深刻的行为,在生活中解决了许多看似复杂的问题。它巧妙地将物质利益隐藏在背后,将人情和面子置于台前,从而消除了人们心中的疑虑,化解了矛盾。在商业活动中,"添柴火"同样发挥重要作用。它鼓励我们放下个人的小算盘,将大家的共同利益放在首位。通过这种方式,大家不再需要过多的博弈和试探,合作就是自然而然、顺理成章的事情。所以很多时候,多说这么一句话,人情照顾到了,人心聚拢起来了,事儿也能办成了,企业和个人也都有应急的"柴火"了。

第二节 本小利大利不大,本大利小利不小

经商的本质在于追求利润,即收入超过成本。某些人为了眼前利益,过度压缩成本,短斤少两,以次充好,损害声誉,最终名声、财富两空;某些人则通过大规模投资薄利多销,最后赚得盆满钵满。民间有句俗语将之概括为"本小利大利不大,本大利小利不小"。

一、案例一

20世纪90年代,我在西安市竹笆市的家具一条街上招待客人,选

择了一家刚开业不久的"××轩酒楼"用餐。然而,结账时我发现价格高得离谱。仔细查看菜单,上面写着一只甲鱼重达 8 斤,一只鸡重达 7 斤,这些违背常识,显然是在宰客。但有客人在场,我这个东道主去和店家争论很不合适,只能忍气吞声。不过,我暗暗发誓,这样的"黑店"我一定不会踏足第二次。果不其然,恶有恶报,这家酒楼没过多久就倒闭了。

二、案例二

2015 年前后,我在西安高新区发现一家海鲜酒楼地处交通要道,生意兴隆,顾客络绎不绝。为避免牵扯公款消费的相关嫌疑,酒楼打出的招牌仅是"某某餐馆",显得十分低调。然而,酒楼内却别有洞天——富丽堂皇的装修、精致的餐具,还有专人接待,斟酒倒茶,商务接待时十分体面。但就是这样一家高规格、高消费的高级场所,却因为短斤少两、多出票单等问题而声誉受损,最终倒闭。

一次,我的一位朋友在这家酒楼设宴,亲历了短斤缺两的场面。朋友点了一只帝王蟹。服务人员不把实物拿来当面过目,只在口头上说有 8 斤多。其实,一只适中的帝王蟹通常也就是 5~6 斤,每斤售价在 400~600 元。因是商务宴请,得顾及面子,朋友对斤两没太在意。结果不到几分钟,蒸熟的帝王蟹被端了上来,朋友感到蹊跷,这么短的时间怎么能蒸好一只帝王蟹?况且目测这只帝王蟹也不可能有 8 斤多重,朋友反复质询,店家自知理亏,愿意给餐费打折平息纠纷。这种恶劣的行为,其实已在圈内传开,一传十,十传百,消费者望而生畏,谁还愿意被"宰"?商家想通过以次充好、短斤少两来降低成本,做大利润,但从长远看,本小利大利不大,亏本都是轻的,倒闭也属正常。

三、案例三

共享单车自兴起以来，各个城市都大量投入，相信很多人都使用过，甚至已成日常必需品。但有一个问题我猜很多人没想过，那就是这个生意的利润大不大？首先，它的成本一定是非常大的，一辆自行车的投入，按正常算也得三五百元。但要做这个产业，它不单是车的问题，还有软件开发维护、车辆维修的费用，加起来成本极大而收费较低，即便屡次涨价，定价仍在每小时 4.5～5.5 元，平均单人单次消费的利润只有其成本的 1%。但从整体看，因其受众广泛，使用频次非常高，最后算下来，利润反而一点都不小。

再比如，每逢节假日，国内某些商家会先涨价，再降价，优惠有名无实，实在缺乏诚意。我去国外参观旅游时，看到当地某些商家在节假日往往实打实地打折，有时打折力度很大。例如，一双 100 多美元的鞋子到了折扣期可能只卖 10～20 美元，打一折出售。别说一般人理解不了，就连我这种做批发零售的人也难以相信。我过去做买卖时，贯彻的原则是能省则省，卖不掉的货物也舍不得打折，总担心因此亏损，后来产品更新换代，卖不掉的货堆在库房彻底报废，我这才理解了国外商家的打折策略。他们奉行的是零库存理念，当季的货当季出售，残次、滞销的货物绝不占用库存，这样一来，看似利润下降但资金回笼了，库房管理占用、人工维护等费用也都省下来了，让资金快速周转，及时清理库存，降低成本，变相提高了效益。

四、结语

经商之道，在于精打细算，更在于诚信与远见。"本小利大利不大，本大利小利不小"，这句俗语深刻揭示了商业经营的法则。它告诉我们，盲目追求短期利益，忽视商业诚信和长期发展，最终只会得不偿失。而那些让利的行为，通过合理的成本投入和持续的诚信经营，反而赢得客户信赖，实现了细水长流。

第三节　营销应懂得"留盘菜"

1996 年，我经营一家玻璃钢制品厂，其中一款主打产品是玻璃钢组合水箱，主要用于建筑内的消防和生活用水储存。当时，我们是陕西地区唯一生产此类产品的企业。为了迅速拓展西北市场，公司专门成立水箱销售部，配备 5 名业务员，全力负责跑市场。

有一次，一位业务员向我抱怨，说他遇到了一位特别难缠的客户。该业务员已经把能给的优惠都给了，但客户仍然不满意，坚持要求与我面谈。通常情况下，客户在谈判结束时提出想见老板，无非是想争取更多优惠，但这位客户砍价的力度实在太大，估计是因为之前的谈判过程太顺利，心理上还不满足，觉得我们还有更大的让利空间。了解这一情况后，我立即前往接待室，决定亲自见一见这位客户。一见面，客户果然又开始砍价。我心知这是人之常情，为了照顾客户的情绪，我了解他的诉求后，又给了他一些优惠。客户非常满意，生意也很快谈成了。客户走后，那位业务员有些不满地抱怨："老板，我已经把价格压到最低了，本以为您出面能抬抬价，没想到您反而给得更低了！"我一听这话，顿时气不打一处来，恨铁不成钢地对他说："你以为我是什么身份？官越大，让利越多，古代皇帝出面还得割地呢！怎么可能抬价？"

这件事让我深刻认识到，营销人员必须懂得"留盘菜"的重要性。企业制定产品价格时，不仅要给客户"留盘菜"，还要给客户的上级领导"留盘菜"，甚至给自己的领导"留盘菜"。这不是让利多少，而是一种策略和诚意。千万不能像竹筒倒豆子一样，一下子把所有能给的都给了，反而让人觉得还有余地，想要再次试探底线。

然而，现实中很多营销人员的做法恰恰背道而驰。为了在领导面前表现自己，也为了尽快拿到提成奖励，他们往往急于求成，恨不得把客户紧紧抱住，拍着胸脯承诺各种优惠，一次性就把价格让到底。殊不知，这种做法反而让客户觉得还有让价空间，不容易满足。相反，如果营销人员从一开始就设置门槛，强调自己的权限有限，懂得给各方"留盘菜"，客户反而会更容易感到满意，生意也更容易达成。

举例说，如果营销人员拥有一定额度的让利权限，初次谈判时最多只给客户提供50%的优惠，并强调自己只有这点权限，把剩下的50%作为进一步沟通的"余粮"，这就是给自己领导和对方领导留下的"菜"。当客户争取更多优惠时，销售员可以灵活地与自己领导沟通，但不要轻易让领导出面，否则会被"将死"。逐步释放剩余的让利空间，即便如此，也不能一次性用尽所有权限。例如，客户再次压价时，销售员表示向领导申请可以提供剩下50%中的一部分优惠。随着谈判的深入，如果对方表示需要请示上级，销售员可利用50%中再剩下的优惠作为筹码，进一步给予对方领导面子和支持。这种策略步步为营，不仅能够满足客户的期望，还能在不透露底价的情况下，让客户感受到尊重，从而促成交易，实现利益最大化。

因此，营销人员在销售谈判中，必须懂得"留盘菜"，既能给客户及其领导留下讲价的余地，让他们觉得很优惠、受尊重，心理上得到满足；也能为自己和自己的领导留下谈判空间，兵对兵谈不拢的，将对将谈，必要时进一步沟通调整。甚至在管理层制定营销策略时，也应事先把菜预制好，时机合适，可以立即把"预制菜"端上来。这里需要强调的是，"留盘菜"的策略更适用于大宗商品和批量采购业务，不适用于零售，读者朋友要灵活运用。

总之，营销无定式，这是一门需要所有业务人员深入学习的学问，更是一门人际交往的艺术。"留盘菜"的技巧兼具策略性和灵活性，也有人性博弈的心理战术，能为买卖双方留下谈判的弹性空间，是确保合作顺利进行的关键。在每个环节中留下适当的余地，整个过程宛如一盘精心布置的棋局，最后达成博弈均衡、多方共赢的结果。

第四节　有理不打上门客

"有理不打上门客"是句俗语，指即使自己占理，面对上门致歉的客人也不能动粗。

中国人自古热情好客，凡有客人，不论此行目的为何，都得以礼相待。收拾屋子，装扮得体，笑脸相迎，嘘寒问暖……这些细节构成了我们最基本的待客礼仪。即使双方存在矛盾，一旦有一方主动登门，展现出和解的意愿，另一方更要以礼貌和谦逊的态度迎接，通过沟通解决问题。若协商顺利，双方握手言和，那便是皆大欢喜的结局。

在企业经营中，"有理不打上门客"不仅是待客之道，更是解决商业矛盾的黄金法则。今天，我就和大家分享，我是如何将这一传统智慧运用到企业经营中的。

一、有理不打上门客

2014 年，我在西安高新区开发的商业写字楼破土动工，到 2018 年交房入住时，由于资金紧张，我还欠 A 公司 400 万元的工程款。而三年新冠疫情和国家的经济调控政策，使得我们的贷款申请迟迟未能获批，加之疫情对房屋销售的冲击，使得资金状况愈发紧张。年关将至，各家单位恐怕都在讨债的路上。

我思索再三，与其让对方气冲冲地上门要债，弄得大家都没面子，不如我自己放低身段，主动和人家协商。于是，我带着一位公司副总，去A公司登门致歉，一定要在年前给人家一个交代。

A公司的老总亲自接待了我们，前前后后十分热情，这让我有些过意不去，毕竟，400万元对任何企业来说都不是一个小数目。寒暄过后，我开门见山，直截了当地表达了自己的立场：欠钱还钱天经地义，但我现在一下子拿不出这么多钱，实在对不住，我公司名下的房、车之类的资产，只要看得上，都可以折价抵款。老总似乎被我的真诚打动，连连表示理解。我见事情已有转机，便提议可否将400万元的工程款分割开来，分期付款，每月还10万元直至次年年底，余款在次年年底一次性全部结完。老总听了前面一番话，原以为我是来诉苦以求拖延的，心理预期放得很低，现在真正看到我的诚意，更是意外之喜，便爽快地答应，甚至把欠款利息也免了，当场签订合同。送行时，老总万分感慨地说："王总，我当了半辈子乙方，还从没见过甲方老板因为欠钱亲自上门道歉的，你是头一个。"

按照银行10%的贷款年利率计算，400万元的工程款一年将产生40万元的利息支出。正是我主动积极地上门沟通，以诚意化解了紧张局面，不仅避免了可能的法律纠纷，还节省了一大笔利息开支。

二、有理也要让三分

我有一位租户，做的是装修生意。新冠疫情期间，他在我们这里租了约600平方米的房子，入驻时雄心勃勃，光装修就花了近百万元。然而，疫情的冲击让他的生意陷入困境，资金链断裂，甚至无法支付房租。我的物业公司经理多次向他催要房租，他总是以没钱为由敷衍，后来提出不再续租，愿意推荐一位朋友来接手。物业经理怀疑他是在找借口，坚持要求他出具一份书面承诺书。双方争执不下，几乎要对簿公堂。

物业经理恪守职责，捍卫公司利益，做得没错。但在我看来，这违背了"和气生财"的基本原则。我迅速介入，立即制止了他们诉诸法律的计划，并指派集团内另一位经理全权负责此事。我特别强调，对待老客户要宽厚，有理也得让三分，步步紧逼只会两败俱伤。

随后，经理遵循我的指导，与客户进行了友好协商。客户退租，其推荐的朋友接手。为了表达诚意，我不仅为新租户减免了一部分房租，还按照行业惯例，给了原租户一笔中介费。就这样，原本剑拔弩张、要闹上法庭的冲突，最终化为和气生财的佳话。截至本书定稿时，后来的租户已续租三年，从未拖欠过房租。

三、有理也做上门客

房地产行业表面光鲜，其实有苦说不出，毕竟，这个行业涉及的资金量巨大，无论是盖楼还是买楼，开发商和客户都极易在资金上出现问题。比如，我曾遇到过一位业主，因为经营不善，其无力缴纳大修基金[1]，结果房产证一直办不下来。他也不管是谁的过错，就以此为由拒不缴纳物业费，甚至因为物业收费员连续打电话催收物业费，情绪激动地跑到物业办公室大闹了一场。

物业经理感到既委屈又气愤，请求我出面调解。我首先问她，是否

---

[1] 大修基金，又称房屋维修基金，是商品房、售后公有住房业主缴纳的，用于住宅共用部位、共用设施设备保修期满后的维修、更新和改造的资金，金额较大，且是办理房产证的必要条件。

曾亲自上门与业主沟通，有没有心平气和地和对方商量解决办法。物业经理说："客户因为自己的原因办不下房产证，却把怨气发泄在我们身上，根本不讲道理，我实在没法和他交流。"我知道她心里有气，便解释说："现在企业都不容易，对方遇到难处才会如此。能在西安高新区买房置业的人，不会不讲理。顾客就是上帝，咱即便占理，也要放低姿态。再者说，这还涉及生意人的面子问题。如果你能早早上门协商，对方觉得自己受到尊重，事情才好商量。总之，事缓则圆嘛。"我的这番话打动了物业经理，她带着礼物主动拜访了业主。那位业主虽然非常意外，但是"有理不打上门客"，更何况他也知道自己不占理，连忙为自己之前的无礼行为道歉，并承诺年底前结清所有欠款。

四、有"礼"也是"理"

俗话说，"有理走遍天下，无理寸步难行"，但过分执着于"理"而忽视了"礼"，往往不是明智之举。以为自己得理就不依不饶，或者因为理亏而不敢积极行动，都不是企业家应有的做派。

在中国，礼仪和道德同等重要，商业领域也不例外。商业摩擦往往源于一点点儿利益冲突，远不是什么不可化解的深仇大恨。如果礼数不周、不顾情面，有时有理也会变成没理；反之，如果姿态做足、面子给到，即使理亏也能赢得理解和支持。做生意也是做人，要做生意，先学会做人。

正如前文所述：A公司的老总之所以愿意免除欠款400万元的利息，是因为他欣赏我的光明磊落；我之所以愿意相信欠租的租户能私下协商解决问题，是因为我了解并相信他内心仍存有对"礼"的尊重，即便业主难缠，在物业经理亲自上门时，也会表现出应有的礼貌。

因此，虽然商人逐"利"，但行为举止绝不能逾越公序良俗，更不能违背常理人情。正如那句俗语所说,"有理不打上门客",意思是即使有"理",也不能无"礼"。人不能钻牛角尖,认死理,否则不仅伤了面子,失了人情,长远的"利"也无从谈起。

第五节 赔钱的生意行家做?

人常讲,杀头的买卖有人干,赔钱的生意没人做。但我敢说赔钱的生意行家做,为何?因为所谓的"赔钱生意",可能是外行人凭感觉判断的假象;或者只是短期亏损,从长远看,可能大赚特赚。这是商业领域的高级玩法,所以只有行家能做,也只有行家敢做。但问题是,这么做真的有利于市场和消费者吗?

比如,现在某些企业,为了占市场、抢客户,都在前期不计成本地大笔投入,发福利、打价格战。别的企业开发了新产品,他们就立刻模仿复刻,然后以更低的价格售卖。翻看他们前几年的财务年报,亏损数字惊人,动辄几亿元十几亿元。但过不了几年,他们扫清障碍,压垮竞争对手,很快便成为掌握定价权的业内霸主,消费者这时才发现,前面优惠有多大,现在涨价就有多快,而自己没得选了!我们不难发现,这种所谓的"赔本生意",是一种凭借雄厚资本以大欺小的攻击性策略。

除了带有进攻性的主动赔钱,还有一种防御性玩法。比如,我曾在海外见到,一些大品牌动不动就以骨折价清仓售卖。起初我不理解,后来才想明白:卖不掉的货堆在库房,每一天都在增加成本。而在节假日打折处理,既能降低库房成本,加速资金周转,还能吸引顾客,让顾客持续关注自己的产品,这些都是隐性价值。大品牌往往是行业里的大行家,他们深谋远虑,赔的是眼下,赚的是长远。

无论是进攻性赔钱，还是防御性赔钱，本质都是通过短期的亏损换取长期的市场优势和利润，即在资金充足的前提下，前期赔本赚吆喝，慢慢干掉竞争对手，争取占领更大的市场。同时，该现象也揭示出商业竞争中一个令人深思的悖论：只要舍得砸钱，初期赔得快后期就能赚得多。在行家眼中，那些看似赔钱的买卖，往往隐藏着巨大的盈利机会；而在外行看来，这些不过是烧钱、亏损的无底洞。然而，这种基于信息不对称和短期利益打响的"商业巷战"，本质上就是大鱼吃小鱼，是不义之战。

改革开放初期，因为知识产权保护意识淡薄，市场环境混乱且无序。新产品一经推出，山寨货很快涌现出来。模仿者由于无须承担研发成本，能够以更低的价格进入市场，从而在价格上占据优势。消费者选择商品时，往往只关注价格，这就出现创新者被模仿者打败的怪现象。新产品开发周期长、成本大，如果创新得不到保护，谁还敢研发新产品？在这种"劣币驱逐良币"的环境里，零售商之间的恶性竞争成为一种必然。一条街上，你的商品卖得好，我就跟着卖；你定价10元，我就定价9元。这种恶性价格战，早已背离市场竞争的本质，是对市场秩序的破坏。

多年前，我曾亲身体会到恶性竞争的危害。我刚下海经商时，自家家具店刚有起色，差点就被另一家个体户通过价格战干掉，我使尽浑身解数才逃过一劫，最后两败俱伤，谁也没有得到好处。从那时起，我就认为国家应该采取措施：一方面要加强对知识产权的保护，鼓励创新，让创新者能够获得应有的回报；另一方面，工商注册时进行合理限制，避免过度竞争。我的一位朋友在加拿大开办一家培训机构，去政府部门注册时却未通过审核，因为他公司所在的那栋楼里已有了同类公司。这种做法，从源头上保护市场秩序，避免恶性竞争。

同业竞争是残酷的，赔钱的生意更不可能长久。市场中不能只有"行家""巨鳄"独占鳌头，还应该允许、鼓励"小鱼小虾"翩翩起舞，他们共同激发市场活力，把选择权留给消费者，才能保护市场的多样性。所以，我认为，赔钱生意不是一个能不能做的问题（砸钱谁不会？），而是一个该不该做的问题。一个运转良好的市场，应从源头上避免价格战，避免恶性竞争。只有营造一个公平、有序的市场环境，企业才能专注于创新和提升服务质量，实现可持续发展，更高效地服务社会和消费者。

第六节　熟人圈长精神，生人圈去赚钱

农耕经济时代，人们靠天吃饭，不论是耕地种田、红白喜事，还是修桥补路、建宅盖房，人们互相依靠，互帮互助，所以人情往来密切，血缘和地缘高度重合，因此形成熟人社会。

中华人民共和国成立初期，计划经济体制逐步建立，供销社成为城乡物资供应的核心枢纽。20世纪50年代，物资短缺成为常态，票证经济应运而生。在这一阶段，人们不得不依赖熟人关系来解决物资匮乏的问题，这种现象也催生了"熟人经济"——批条子、走后门。记得姐姐结婚时，我还在上中学，家里请来一位厨师做饭，那个年代大部分人结婚都是在家里请厨师做饭，招待亲朋好友。大厨开了一张清单，上面列着需要的食材。可是家里的肉票远远不够，父亲想办法托关系，找人批了张条子，可以去高陵耿镇供销社买几斤肉，我作为长子，跑腿的任务自然落在我的肩上。那天清晨，天刚蒙蒙亮，我就从西安小南门出发，骑行几个小时赶到高陵耿镇供销社。社主任检查了我递上的条子，确认

无误后，示意销售员迅速为我称了十来斤猪肉。拿到肉后，我一刻也不敢耽搁，立刻踏上回家的路。直到下午2点，我才疲惫地回到家中，往返80多里，耗时七八个小时，早已饿得前胸贴后背。好在当时我也有些挨饿经验，早有心理准备，咬咬牙也就挺过来了。回想起来，如果没有那张条子，肉是肯定买不来的，姐姐的婚礼都不好办。在那个年代，没有熟人，不行呀！

　　改革开放的浪潮席卷中国，带来了翻天覆地的变化，票证制度逐渐成为历史，卖方市场也开始向买方市场转型。在这一历史性的转型期，尽管传统的"熟人经济"模式逐渐淡出视野，但它并未完全退出历史舞台。供方市场的特征依旧明显，这时候，"熟人圈子"的作用不可小觑。例如，外出就餐时，那些受大众欢迎的餐馆往往只有几家，熟客不仅能享受折扣，还能挂账消费，既经济实惠又倍有面子，熟人关系因而显得尤为重要。20世纪90年代，西安东大街上有一家知名的广东粤菜馆，便是我和朋友经常光顾的地方，商务宴请也常常选在那里。我逐渐注意到，这家餐馆总是优先为熟客上菜，尤其是那些在店内预存现金的客人，更是享有最高的优先级。为了以后请客的便利性，我也不得不存入一些储备金，表面上看，是出于对餐馆的信任，实际上，只是一种无奈的选择。

　　随着市场经济的不断发展，特别是我国加入世界贸易组织（WTO）后，经济活力得到了极大的释放，非公有制企业如雨后春笋般涌现，全国上下掀起一股创业热潮。近几年，出现产能过剩的现象，这说明卖方市场已演变为买方市场。这时，社会高度商品化，商品化需要稳固持久、明码标价、童叟无欺。消费者的选择变得多样化，集中性市场逐渐被分散性市场取代。在这一阶段，商品琳琅满目，广告也无孔不入，各类信息爆炸式地加速传播，消费者不再需要依赖熟人获取信息，所以熟人的价值降低。而且，市场竞争越激烈，商品单价被压得越低，利润也越来越少，有的黑心商家为了增加收入，甚至开始"宰熟客""杀熟客"，专挑老客户欺负。所以现如今，无论生熟，货比三家才能确保不吃亏。

  改革开放四十多载，社会主义市场经济体制日趋完善，社会进入"逃避熟人"的时代。随着供需关系的根本转变，主流商业模式随之变化。在当下，"熟人圈子"更多地被视为扩大影响力、塑造个人品牌的平台，而真正的商业交易则在生人圈子中蓬勃发展。以我个人为例，我频繁地在微信群中分享大学课堂的学习体会和个人思考，我的坦诚和谦卑赢得了许多人的尊重，结果，无须推销，生意自己找上门来。因此，熟人圈子是一个展示人文精神的场所，而非营销获利的战场。朋友圈里广告泛滥，却难以转化为实际的交易。

  在商业交易中，熟人之间的生意也面临诸多难以克服的挑战。从技术层面来看，熟人之间的交易往往缺乏真实的售后反馈。由于双方存在社交关系，买家在交易后更倾向于给予赞美而非提出批评，这种反馈的不真实性使得熟人关系在商业交易中的价值大打折扣。毕竟，真实的反馈是企业改进产品和服务的重要依据，而这种依据在熟人交易中是缺失的。从人性层面来说，熟人之间的交易无论价格有多优惠，只要缺少一个权威性的价格参考，买家往往会产生一种不满足感。这种不满足感可能源于对比、期望落差，甚至是对"熟人折扣"的过度期待。而对卖家来说，这种交易也带来了无形的压力。他们不仅要考虑商业利益，还要顾及熟人关系，稍有不慎，就可能引发误解甚至矛盾。在这种一正一反的动态中，熟人关系不仅没有成为交易的加分项，反而可能被破坏，甚至影响双方的日常交往。当然，这些麻烦与矛盾仅限于小规模的买卖，在大笔订单的招商合作中，还是做熟不做生。

  纵观历史，"熟人经济"的发展轨迹清晰可见。在计划经济时代，"熟人经济"盛行，凭借关系和批条子获取资源成为较常见的行为。然而，随着改革开放的推进，市场经济逐步发展，"熟人经济"逐渐式微。在产能过剩的当下，"熟人经济"的局限性愈发明显。随着市场的全面放开以及供需关系的动态平衡，商业模式将迎来深刻的变革。大数据、人工智能等技术的发展，营销已突破地域限制，直接精准地触达消费者，兴趣电商便是典型代表。消费者浏览短视频或者参与直播间时，兴趣被激发后即可直接下单购买，极大提高了交易效率和市场活力。

在新时代背景下，创业和致富不再依赖于关系或熟人的帮助，每个人都有机会凭借自身的能力和创新思维在市场中立足。在市场经济中，"生人经济"更能体现公平竞争和效率优先的原则。

第七节　货不停留利自生

2013年，我在西安某大学读EMBA总裁班。财务管理课上，教授偶然提了一句"货不停留利自生"。短短七个字，信息量颇大，字字都与我几十年的商业经验紧密相连，在理论与实践的交叉印证之下，给我留下了深刻印象。

回顾创业初期，在我的生产线上，无论是沙发、刨花板还是玻璃钢座椅，总有至少10%的产品积压在仓库中。这些积压品中，既有瑕疵品，也有滞销品。在旺季销售时，我们因为不愿折本销售，最终让这些商品变成了难以解决的"老大难"问题。我在本书的其他章节中也提到这一现象：许多企业因为不愿意降价促销，导致新品变成旧品，甚至废品，最终搬迁时还要额外花费搬运费用。也曾因库存积压我目睹利润悄然流失，这些都是沉痛的教训。

我的经历并非个例，身边的朋友也常陷入类似的思维陷阱。有一位老朋友经营服装，经营了五六年后不得不结束生意。我曾开玩笑地问他"是不是赚够了钱，准备提前退休享受生活？"他苦笑着回应，"几年的努力，最终只换来了满仓库的滞销服装。夏装积压到冬，冬装又积压到春，四季更迭，仓库里堆满了卖不出去的货物"。我原本以为他在夸张，直到亲眼见到他的服装店，满屋子的衣服堆积如山，都是过季的积压品。常言道，"舍不得孩子套不着狼"，如今是"舍不得打折就卖不掉货"。衣服还好，卖不掉的衣服还可以自己穿或送给亲友，物尽其用。另一位做毛线生意的朋友就没这么幸运了，他面临同样的问题，因为库存积压，资金周转困难，无钱进货，更无法继续经营，最终剩下的只有满屋子卖不掉的毛线，比起赔本赚吆喝，清不掉的库存才是更加棘手的问题。

谈及自身，我又是如何解决库存积压问题呢？起初，经营规模较小，货物积压所带来的损失尚在我的承受范围之内。但随着企业规模不断扩大，这些小问题逐渐演变成严重的问题。幸运的是，我在海外的经历为我提供了解决问题的灵感。我注意到，儿子经常购买一些国际知名品牌的衣物和鞋子，尽管我对这些品牌不太熟悉，但对其中一些大牌还是有所耳闻的。作为一个习惯了节俭的人，我对他的消费行为感到不满，并批评他过于奢侈。然而，儿子笑着解释，尽管他穿着名牌，实际上他的花费比我购买普通品牌还要少。这让我好奇，原来由于他的身材特殊，合适他尺码的衣物和鞋子并不多，因此常常有库存积压。他不会急于购买，而是等到打折季节才出手，那时的价格往往只有原价的一折到二折，非常划算。他将这种策略称为"早买早享受，晚买享折扣"。按照儿子的建议，我也尝试购买了一双名牌鞋子，确实节省了不少。这激发了我的兴趣，不由得思考其背后的商业逻辑：为什么大品牌愿意提供如此大的折扣？不担心亏损吗？在一家国际知名的服装店里，热心的店员向我解释，他们的商品是按季节或批次销售的，每季的商品必须在当季售罄，尤其是在季末，他们会清仓处理所有货物，甚至不惜低于成本出售，只为尽快清空库存。我顿时明白了：销售利润是按季度计算的，虽然季末价格较低，但总体利润依然可观。这正是"货不停留利自生"的诠释。我意识到，我之前的思维受到了限制，视野过于狭窄。如果企业只关注眼前利益，可能自食其果。减少库存积压就是增加利润，甚至利润就隐藏在这些积压品中。我进一步计算后发现，生产型企业的利润率最多只有15%，这正是积压品的总成本。即使亏本销售，从长远来看，对企业来说也是划算的。

生活中，我们常常因为舍不得放手而让曾经珍贵的东西最终变成无法丢弃的负担。又有多少曾经心爱的物品，如今却成了鸡肋？我还记得有一次抽奖得了一辆自行车，我非常喜欢它，一直小心翼翼地保养，生怕有任何损伤。然而，随着生意越做越大，我买了一辆摩托车。按理说，自行车该被淘汰了，送给朋友是个不错的选择，但我犹豫不决，舍不得放手。最终，那辆曾经珍贵的"二八大杠"成了累赘。随着时间的推移，它的价值越来越低，送人都显得不够体面，甚至连一份人情都换不回来。

在商业和日常生活的各个领域，我们可以发现一个普遍现象——"货物流转迅速"等同于"利润流转迅速"。产品快速生产和销售意味着资金的快速流转。即便产品以七折的价格出售，只要一年内资金能够周转3至4次，亏损的可能性大大降低。财务报表虽然能显示销售利润，但往往无法完全反映库存积压产生的成本。因此，及时清理库存不仅能减少损失，还能带来额外的、不易察觉的利润。旺季促销，淡季更需加大折扣力度，这样不仅能获得利润，还能增加市场份额，提高资金流动性和提升企业评估价值。

一些大型企业为了保持货物的快速流转，甚至不惜亏本销售，凭借超低价格迅速占领市场，吸引客户。一旦客户的消费习惯形成，市场基础稳固，它们便能迅速从亏损转为盈利。这种策略需要强大的资金作为后盾，对小型企业来说可能难以模仿。然而，根据我的亲身经历，许多小型生产企业正是由于库存积压而陷入困境。因此，企业经营者需要在产品开发上下功夫，更精准、科学地进行研发和生产，并在销售环节中迅速出货，实现资金回笼。

"货不停留"的本质在于保持资金的流动性。只有资金快速流动和周转，企业才能形成健康的现金流，确保企业能够持续新陈代谢，保持商业活力。

第八节 机不可失，趁热打铁——凡事要"做过"，不要"错过"

趁热打铁，比喻及时利用时机或条件，迅速做好工作。铁要趁烧红的时机锻打，事情要在有利时机或者条件下去做。

打铁是铁匠的事，但我从小便听说，人生有三苦：打铁、撑船、卖豆腐。我成为一名木匠后，才知道一个"匠"字背后有多少门道。所以，在我看来，"趁热打铁"四个字听起来简单，做起来可真不容易。

一、100把椅子撬开东北市场

1997年，我的玻璃钢家具厂已初具规模，在整个陕西也算是一家独大。玻璃钢家具那时还是时髦新品，我这么一个小老板能够独占鳌头，靠的就是先下手为强。即便已经打下一片地盘，但还不是松懈的时候，我一心想着趁热打铁，赶快把产品推广出去。适逢全国家具博览会在郑州举办，这样的机会我哪敢错过，立刻启程参会，能否把品牌做大做强，成败在此一举。

展会上，我带来的玻璃钢座椅很受关注，但也是咨询的多，下单的少。展会最后一天的下午，终于有大买卖上门了。一位自称沈阳某某商场的女老板，当场要订购50把玻璃钢座椅。看到对方豪气的样子，我感觉机会来了，但火候不够，此时必须添一把柴。我赶紧走上前笑着说："这位老板您一看就有实力，但50把太少了，咱凑个整，100把如何？"

女老板摇了摇头说："新产品卖不卖得出去还两说，100把太多，只要50把。"

"那不如这样，您要是买够100把椅子，我也放一回血，这次送货的运费我包了。"

西安到沈阳数千公里，运费就把利润吃完了，女老板不是省油的灯，虽然猜不透我葫芦里卖的什么药，但只是微微皱眉，有些疑惑地看着我。我赶忙解释说："我也不是白送货，还想麻烦你帮我在贵公司附近找个仓库，再找家旅馆，最好是能长期居住的。"女老板听到这里心领神会，做生意谁不想占便宜？怕只怕便宜来得没道理，这位女老板是个明白人，了解了我的意图，这才放下心，盘算了一阵儿后答应了。

回到西安，我立即安排一位得力干将带着下属共三人，拉上满满一车货开往沈阳。到达沈阳后，货有去处人有住处，又和"地头蛇"绑在同一辆战车上，解决了人生地不熟的问题，何愁销量？100把椅子很快销售一空，东北市场的大门终于向我打开了。我赶紧加大生产力量，趁着市场火热，把椅子卖到大连、长春，又在各地设立办事处，一年时间，从新民到葫芦岛，从吉林到哈尔滨，都在售卖我的玻璃钢家具。谁能想到，仅靠一笔订单，一次趁热打铁，我就拿下了整个东北市场。

二、客户的想法做成自家产品

当我经营钢木家具时，一家餐饮品牌正在筹建门店，他们找到我，要求生产一种定制款座椅。生意送上门，反叫人犯了难。不做吧，就是把上门的客人拒之门外，没有这么做买卖的；做吧，定制的椅子造型新颖还未经市场检验，费劲研发出来不一定有稳定的销路，万一砸手里就赔大了。大家为此争论不休，最后还是我拍了板——做，而且一定要做好！自家没创意，没点子，现在客户给了方向，加了热，就要趁热打铁，不管做成后有多少销量，都是一次新产品开发，这个成本我负担得起。再说打铁还需自身硬，这次就试一试，自己能不能经得住考验。我接下订单后，成立专项小组，从画图纸、制模具再到投入生产，我全程冲在一线，最后产品出厂，正式投入使用，客户也很满意。这家客户后来发展迅猛，分店遍布西安，成了本地知名的大品牌。虽说后来其他店面改用了其他品牌的桌椅，但东边不亮西边亮，我设计的这款椅子在家具市场迅速走红，甚至成了我的主打产品。回过头看，我正是借着外部的东风，使劲鼓风，猛扇炉火，不断加热，又趁着这股热劲才做成了一款热卖的新产品。

三、巧借外部压力提升团队内驱力

在内部不管是通过赏还是罚来推动改革，动力总是不足，老板要善于借用外部力量促成内部的再次锻打。国内一所知名高校的校友会秘书长，经常刷到我的短视频，很喜欢我分享的内容，便邀请我担任讲师去给他们做一次讲座。我一听，这是一次锻炼团队的好机会，便回复说"可以"，但不能只是借校友会的名义举办，你们都是高学历人才，捧我这个"土八路"当"特邀讲师"，我可担待不起。正巧我正在筹备企业家学习会，不如我们携手合作，办一场学习沙龙，我可以讲一点儿内容，但沙龙嘛，大家都能分享，共同学习。事情就这么定下来，我火速组织团队一起研究讨论，决定借着这股东风，把企业家学习会的第一期活动办出名堂。我要求，不但线下要精心准备，线上也要全程直播。我们以前没办过这种线上线下同步的大会，正好借这次机会演练。我对他们说，争取成功，允许失败，更重要的是尝试和探索。他们一听要和985院校的校友会合作，顿感责任重大，都想给自家企业争面子，一个个像打了鸡血一样，所有环节都处在最佳状态。最后，企业家学习会非常成功，一个半小时的讲座，线下座无虚席，线上更是吸引了800位新粉丝关注，企业家学习会的名声一炮打响。

四、打铁也有时效性，错过白费功

以上种种，都是趁热打铁带来的成果。为何非要趁热，深思熟虑行不行？步步为营行不行？可以，但那是事情做成以后的事，起步阶段绝不能瞻前顾后。机不可失，时不再来，察觉到机遇，就要立即抓在手里，绝不能拖拖拉拉。外在的机会有其时效性，有的因他人指点，有的受政策影响，还有的纯属机缘巧合，这些客观因素不会静止不动，而是不断运动变化的，等你准备到万无一失，事态早已千变万化了。客户改变需求了，政策发生调整了，别人捷足先登了，你的机会就消失了，这就像铁料冷却，你就得重新回炉加热，重新等待时机。而从内在来讲，人是情感动物，热情、激情也有其时效性，两人初次见面，总想把最美好、最优秀的一面展示给对方，在双方都有热情、有计划、有想法的时候一拍即合。满怀热情做事情，更能一鼓作气。而一旦拖拖拉拉，耗光心劲，再加油打气也缺乏动力。还有很多人是三分钟热度，原因就在于心理上的紧张无法转化为行动上的紧张，热度够了，铁烧红了，但心态上疲软，抡两下锤子就觉得累，流几滴汗就觉得苦，遇事爱找客观理由放弃的人，也会错失机会。

有一次，我安排短视频团队准备一场培训课程，也叫观摩课。课程是围绕短视频领域的相关知识展开的，由团队成员担任"老师"为报名参加的粉丝提供手把手的讲解。这样的安排有三重目的：一是扩大账号的影响力，二是给粉丝提供实实在在的福利，三是让团队成员在准备和讲解的过程中提高自身能力。可谓一举多得。

  观摩课的准备工作一开始颇为顺利，团队成员热情高涨，积极应对，还拿出一些让我出乎意料的成果。后来我去国外出差了一个月，事情开始起了变化，我回国后发现观摩课相关工作还在原地踏步，原定的开课日期一拖再拖，我看团队内驱力不足，事情要黄了，况且自己已被磨没了心气，干脆叫停了准备工作。一个准备许久，费时费力，眼看就要起步的业务板块就这么胎死腹中。我既生气又自责。生气的是，下属不懂得趁热打铁的道理，因完美主义而做事拖拉，好项目也拖黄了；自责的是，探索性工作必须有老板把关指导，这次我过度放权，也负有一定的责任。如果大家都能独立探索未知领域，那他们也应该当老板了。事情虽说不会一抓就死，但总是一放就乱，这一点我也心知肚明。

  失败这东西，抱怨就是教训，总结就是经验。我相信团队成员通过这次失败已认识到趁热打铁的道理，既然没有趁热打铁地把事做成，那就趁热打铁地在失败中总结经验，也算是对团队的一次锻炼吧。

人才篇
人才与成长

第一节　请来女婿气死儿

企业在创业初期，往往是"打虎亲兄弟，上阵父子兵"，家族成员是中坚力量，老板需要任人唯亲。此时，基于血缘关系的信任和忠诚，亲属在企业中扮演着无可替代的角色。发展阶段，他们无私奉献，是企业快速成长的助推器；遇到困境时，他们不离不弃，是团结一致的安全绳。因为，在他们眼里，企业利益就是家族利益，二者深度绑定。

1989 年，我在西安市土门租了一间国有企业的门面，签订合同时对方提了个附加条件，得雇用他们单位的七名下岗员工。我正缺人，便答应了。没承想，不到一个月，七个走了六个，我好说歹说留住一位管账的，没多久，他也不辞而别。到最后，靠忠心耿耿的妻妹任劳任怨地帮衬着，我才渡过难关。

企业的发展一般会经历三个阶段。

第一个阶段是支配式管理阶段，老板就像村主任，员工是村民，办事靠指挥，指挥靠吆喝。初创企业大多如此，简单直接，但效率有限。

第二个阶段是制度化管理阶段。随着企业规模扩大，人员增多，层级复杂，单纯的吆喝不管用了，必须依靠完善的制度来管理。中型企业大多处于这个阶段，靠制度规范行为，靠流程提高效率。

第三个阶段是内驱动管理阶段。在这个阶段，员工有足够的动力去推动企业发展，而不是等着老板来指挥自己。工作的动力来源于内心，而不是外在压力。每个行业的头部企业大多处于这个阶段，员工和企业相互成就。

当企业发展到每个阶段的瓶颈时，随着业务拓展，需要向下一阶段迈进。这时，企业往往需要引进大量专业人才，实现从家族式管理向规范化管理的转变，从外驱向内驱的升级。在这样的变化时期，亲属与外来专业人才的关系相当于"儿子"与"女婿"的关系，受学历限制，很多忠心有余而能力不足的亲属逐渐掉队，轮到"女婿"掌权，利益分配就成了大问题。公司初创阶段的薪酬体系往往很不完善，给亲属发钱，凭的是老板的感觉，业务顺利就多发点，账上拮据就少发点，没人过分计较，毕竟谁干得多谁干得少，老板心里有数。所以，"儿子"跟着老板一起打江山，是一家人，骨子里就有优越感。一旦企业进入制度化管理阶段，强调人人平等，按贡献分配，过去的功劳便不再被看重。再看招聘来的员工，特别是高管，从制度上讲，他们的薪酬体系必须按照社会标准设计。如果高过社会标准太多，必然引起"儿子"的不满；但要是低于社会水平，好不容易请来的人才也会快速流失。钱的问题处理不好，"儿子"和"女婿"就会互相看不顺眼，聊不到一起去，内部矛盾也会暗中滋生。

　　对老板而言，企业在发展上升阶段，用人必须"不避贤""不避亲"。手心手背都是肉，绝不能厚此薄彼，必须把握好平衡。对能力不足的"儿子"，要给他们制度以外的实惠；对外聘的"女婿"，除了提供有竞争力的薪酬外，还应在其他方面给予尊重和奖励，要在工资之外大大方方地给"肉"吃，以体现对他们工作的认可。一方面，奖惩要适度，赏罚须分明，既不能让他们恃宠而骄，也要避免任何一方受委屈。另一方面，"女婿"的心用钱可以收买，曾共患难的"儿子"，眼见外人后来居上，心理容易失衡。所以，老板得放低姿态，平等地和自家人沟通交流，多做思想工作，心里的疙瘩解开了，一家人还是一条心。以上这些都是规章制度不能写明的"盘外招"，实践起来非常考验老板的领导艺术和沟通能力，稍有不慎就会打击士气，破坏团结。

　　举个例子来说，我的公司高管中有亲属也有外人，他们中工龄最短的至少有二十年。对于这些元勋，我按贡献、按工龄给他们配备了专车，价值从 50 万元到 100 万元不等，甚至车辆的维护和管理费用也由公司负责，这样人人有面子，都觉得公平，后进的高才生看到了奋斗目标，干劲十足。所以，对于高管，老板得为他们提供工资外的价值，要让他们成为公司内人人向往的标杆、模范，体面地生活。不论亲疏，只有让每一位人才都感到被尊重和重视，企业才能稳固内核，形成强大的凝聚力。

企业要实现长远发展，既要建立完善的管理制度，还要聚拢人心，提高士气，充分发挥每个人的优势。领导者得在"用亲"和"用贤"之间找到动态平衡，从而让"儿子"和"女婿"和睦相处，各展所长，服务于企业，避免"请来女婿气死儿"。

第二节　工作不次于婚姻

"工作不次于婚姻"，这是我已退休的常务副总朱总曾经说过的一句话。当初听到时，我感到十分新鲜，内心也深感赞同。随着时间的流逝和人事的变迁，这句话愈发显得深刻，就像陈年老酒，越陈越香。

先说婚姻。如今，有太多的大龄青年找不到心仪的配偶。即便侥幸遇到，也不是都能白头偕老。有的因为性格不合，有的因为生活习惯不同，有的因为价值观差异，还有的因为经济问题或日常琐事，最后双方分开。这不仅给孩子带来伤害，也让当事人陷入痛苦。因此，单身的大龄男女较多。

再看工作。当前，许多企业招不到合适的员工，而社会上有大批失业者找不到合适的工作。这种现象反映出双方需求旺盛，却无法有效匹配。至于双方能否契合，我认为关键在于两点：一是条件，二是心态。

后者往往更重要，也更需要磨合。

在我30多年的企业经营生涯中，我见识过员工对待工作的不同心态：有的三天打鱼两天晒网，有的这山望着那山高，有的欲速则不达，只有少数人能够真正脚踏实地。有三位员工的故事非常典型，让我对"工作不次于婚姻"这句话有了更深刻的思考。

一、第一个故事

一位中年女性应聘办公室主任的职位。看简历，她已经39岁，工作经验看似丰富。她谈及过往工作经历时滔滔不绝，但言语间缺乏逻辑，东一榔头西一棒槌，这让我心生疑惑，先在心里给她打了个问号。经过进一步询问，我才知道，毕业至今她已经换了13份工作，这让我更加警惕，不得不慎重考虑。

一名大学生通常22岁或23岁本科毕业。她十多年的工作经历中，还包括了结婚、生子以及找工作。算下来，她平均每年换一次工作，这实在有些反常。在我温和的追问下，她吐露心声：毕业后，她想找一份体面的工作，工资高的她无法胜任，工资低的她又不愿将就，更不愿忍耐。没有高人指点，没有完整的工作经验，她就这样不断地寻觅，晃晃悠悠，转眼到了不惑之年。青春的流逝让她恐慌，又束手无策。说到伤心处，她甚至当场哭了出来。

我急忙劝慰她：要调整心态，沉下心来，即使岁月不饶人，也不能急于求成；找工作就像找婆家一样，急不得，必须正视自己的长处和短板；工作没有荣辱之分，从哪个岗位都可以入门，只要终身学习，有能力就能步步高升，实现梦想。她冷静下来后，感动地说，工作这么多年，从来没有人像我这样指点过她。这让我感慨万分：人人都知道"不积跬步，无以至千里；不积小流，无以成江海"的道理，但在现实中，大多数人总想一锹挖出个井，急不可耐才是常态。

从这位女士的经历，我想到自己总结的"三六九"人才培养进阶模式。一名新员工入职后，需要时间去适应新单位的业务、环境、流程和制度文化。企业也需要时间了解新员工的优点、缺点，尤其是员工专业以外的人性思维和良俗思维等。如果工作内容是与所学专业相关的，员工相对容易上手；若是跨专业，对员工来说，相当于从零开始，没有3年时间，是不足以把岗位吃透的。熬够3年，才是一个完整的过程，积累经验、掌握规律，员工才有可能获得升职加薪的机会。这就像恋爱，没有足够的时间去了解和考验对方，也就无法看清楚对方。当下流行的"闪婚"往往伴随着"闪离"，而结婚多年的夫妻，还有孩子、财产等纽带，不是说离就能离的。但工作不同，员工说离职就能离职，没有任何牵绊。因此，面对工作，员工更需要沉下心来学习和积累经验。

二、第二个故事

有一天，我面试了一位40岁的女士，她应聘的是人力资源部经理一职。事实上，这并非她首次接触民营企业。几个月前，她就曾参与过面试，但双方因薪资问题未能达成一致。在这次面试中，我了解到她在之前企业的薪资水平，发现虽然我公司提供的试用期工资低于她之前的收入，但转正后的薪资实际上是高出原来收入的。

此外，她并非人力资源专业出身，只是在国企工作了十几年。从她提交的针对我公司的《人力资源改进计划》来看，我很担心她的思维认知能否适应民营企业竞争激烈的工作环境。考虑到她已40岁，根据《中华人民共和国劳动法》的规定，女性55岁退休，她可能只剩下10多年的工作时间。从职场人的职业生涯来看，40岁如果没有成为企业骨干，职场人基本上就会随波逐流。她在这个尴尬的年龄节点，仍然计较眼前的利益，缺乏职业规划，显然忽视了持续学习和自我提升的重要性。她的思维认知并未随着年龄增长而提升，所以才会在40岁的年纪奔波求职，既拿不出亮眼的履历，也没有令人信服的硬实力，反而斤斤计较一两百元的薪资，不能从更长远的角度进行职业规划，实在令人叹息。

三、第三个故事

在招聘中，能找到在行为、方法、态度、意识和观念上与老板契合的人才，其难度堪比寻找灵魂伴侣，可遇不可求。在我经营企业的30多年里，有2位骨干与我配合得十分默契，堪称天作之合。第一位是常务副总朱总，为了将他招至麾下，我足足等了4年。

朱总原是陕西某人造板厂的经营副厂长。20世纪90年代初，我创办人造板厂时，曾多次前往该厂请教学习，因此结识了朱总。当时，我深感朱总谈吐不俗，待人接物的水平远超常人。他是下乡知青，出身书香门第，在生产管理和经营方面有着丰富的经验和卓越的建树，我们非常聊得来。我曾诚恳地邀请他加入我的工厂，却被他果断拒绝。回想起来，当时我的小厂前途未卜，而他已是堂堂国企副厂长，双方的实力和背景差距确实悬殊。用现在的话说，这确实是"门不当，户不对"，甚至可以说是"癞蛤蟆想吃天鹅肉"。

然而，随着改革开放的进一步深入，国企面临改革，我敏锐地预感到总有一天，我会等来这只"凤凰"的。因此，我一直与朱总保持着联系，自家大门始终为他敞开。

4年后，如我所愿，朱总加入了我的公司。又过了一年，在一次酒宴上，朱总对我说，他从国企出来后曾在西安高新区换了3次工作，每次都因为与老板理念不合而离去。最终，他选择来到我这里，一方面是因为我一直以来求贤若渴的真诚打动了他，另一方面也是运气和缘分使然。更重要的是，通过这一年的相处，他已认定我值得追随。在酒桌上，他感慨地说道："工作不次于婚姻啊！"

朱总在国企工作了22年，又与我合作了23年才光荣退休。在共同奋斗的岁月里，我们优势互补，合作默契。他在战略上有远见卓识，我在战术上能灵活应变。他稳健守成，强固根基；我不断进取，开拓新事业。他有出色的风险预判能力；我则有超越常规的创新思维。他着眼有余，着手不足；我着眼不足，着手有余。我们是典型的互补型关系，他就好像上天赐予我的贵人，来补足我的短板。在工作中，我们是亲密无间的伙伴；在生活中，我们更是彼此信赖的朋友。特别是在我焦虑时，朱总总能耐心地劝诫开导我，他对我而言，堪比灵魂伴侣。

另一位是副总郑总，入职时已经42岁，她的到来也是机缘巧合。她原本应聘的是财务岗位，但我发现她能说会道，头脑灵活，很有做销售的潜质。于是，我建议她尝试销售岗，她欣然接受，希望借此锻炼自己。转到销售岗后，她的特质被充分激活，业绩表现非常出色。后来，她升任销售经理，带领团队开拓东北市场，成功将玻璃钢座椅销往东北三省，为公司立下汗马功劳。郑总在我公司工作了20余年，直至退休。

俗话说"好汉无好妻，赖汉娶花枝"。在生活中，我们常常看到夫妻间的差异：一个急躁，一个沉稳；一个丰满，一个纤瘦；一个勤快，一个懒散。这种差异性，正是双方互补、和谐共处的体现。同样的道理也适用于工作。如果我们能正确认识自己，看到自己的特点、优势和不足，并能和同事、领导形成互补，那么这种相辅相成的关系会使工作更加稳定，也更长久。

工作的重要性不亚于婚姻，在某些方面甚至超越了婚姻。本质上讲，婚姻就是一男一女搭伙过日子，牵扯双方利益。因此，即使存在矛盾，许多人也会选择妥协，尤其是有了孩子之后，多数人会为了下一代继续维持婚姻关系。然而，婚姻可以凑合，工作却不能。无论是什么岗位，不看性别，不论年龄，无法胜任就会被淘汰——这就是现实。

现在许多年轻人将找工作看成谈恋爱，认为"合则聚，不合则散"，这种想法是万万要不得的。年轻人更要用心工作，珍惜机会，抓紧一切时间学习提高自身。在精力最旺盛、最有干劲的年纪积累优势，方能为成就事业奠定根基。否则，人到中年，一事无成又无一技傍身，后悔也来不及了。

第三节　"五心"有余，则能力有余

大家常说人才要"德才兼备"，但我从企业经营者的角度看，此用人标准未免太模糊。在社会上，尊老爱幼是德，舍己为人是德，温良恭俭让都是德，企业怎么考察呢？难道要家访一番，看看他孝不孝顺长辈？尊不尊敬兄长？这当然不是一个老板该做的事情。职场上的道德与才能，另有标准。

在30多年的创业生涯中，我始终把用人当作头等大事，项目可以失败，只要人马还在，总能东山再起，正所谓"存人失地，人地皆存"。但用什么人才，以及如何鉴别人才始终是个难题。我曾依赖亲属，靠自家人渡过难关，后来又推崇学历，引进一大批高学历人才，经过这么多年实践检验，我终于总结出一套识别人才的标准，关于"德与才"孰重孰轻的问题，也有了自己的观点。其中，从职业道德的角度讲，最重要的，我认为当属"五心"，即忠心、用心、热心、操心、交心，这是我原创的理论，也是我的亲身体验。我发现，先用"五心"考察一个人，再决定他的任免调动，往往能做到不偏不倚。

一、忠心

首先，我敢断言，如果团队中的成员普遍没有跳槽的想法，那么这个团队一定不够优秀。为什么这么说呢？员工产生跳槽想法，往往反映出一些积极的信号。

员工想要跳槽，通常有两种原因：第一，员工自身能力强，目前的工作环境已经无法满足他的发展需求，他渴望更大的舞台和更多的挑战；第二，员工不适应当前的工作环境，或者团队发展速度过快，个人已经跟不上团队的步伐。无论是哪种情况，跳槽都是一件再正常不过的事情。在任何规模的企业中，跳槽、选拔、培训的循环都是常态。

但从老板的角度看，其是否害怕骨干员工跳槽呢？我的观点是，既怕，也不怕。怕的是，自己可能在某些方面做得不够好，却浑然不觉，从而导致优秀人才流失；不怕的是，真正忠心且被企业重视的员工，是不会轻易离开的。

我所说的"忠心"绝非愚忠，也不是梁山好汉式的忠义。这种"忠心"并不依赖于简单的"胡萝卜加大棒"，而是首先建立在一个重要前提之上——适配。

企业需要什么样的人才，取决于企业的规模和岗位的层级。什么规模的企业，就用什么层级的人才；什么级别的岗位，就用什么层次的人才。这种匹配关系至关重要。只有当员工与岗位和企业高度适配时，他们才会真正爱岗敬业，忠于职守。

"鸡窝里养不了凤凰"，同样，"滥竽"也不该充数。适合企业的人才不会嫌弃老板，也不会被老板嫌弃；他们不会嫌弃岗位，反而可能以3年为周期，在企业内部不断调岗，熟悉各项工作。这样的人才起初可能并不显山露水，甚至让人觉得平庸，但他们经得住考验，耐得住"泼烦"。当他们的利益与企业利益一致，他们的目标与企业目标一致，能够同进同退时，企业也会回报他们的忠心，给予他们发展空间。他们以3年为一个台阶，稳步上升，成为企业不可或缺的力量。

二、用心

忠心之上，是用心。对企业忠心，是一种态度；而是否用心，则体现在实际行动中。只要敢于付诸行动、勇于迎接挑战，无论身处何种岗位，都能游刃有余。

我们公司有一位总监级别的高管，工龄长达23年。她是人力资源专业本科毕业，毕业后先到深圳打拼，后来加入我们公司。起初，我并没有特别看重她，只是安排她轮换到档案、财务、人力资源、资金运营等岗位工作。没想到，她从不挑拣、不推脱，始终任劳任怨，工作用心细致。经过多年相处，我认定她是一位不可多得的人才，于是提拔她为集团总监，并为她配备了一辆保时捷Macan作为奖励。23年过去了，她帮助了我，我也成就了她。

当然，我的这位总监还拥有很多优秀品质和才能，但她最让我印象深刻、助她脱颖而出的，还是她的用心。在忠心的基础上，她不仅是一块砖，哪里需要哪里搬，更关键的是，她无论被搬到哪里，都能迅速适应并发挥出色。

三、热心

忠心和用心更多是针对个人的品质，但个人的力量终究有限，企业真正依靠的还是团队的力量。仅从理性角度出发，员工只想做好本职工作，自扫门前雪，固然无可厚非，但如果想担任管理层、独当一面，只计较个人得失是不行的。

因此，对骨干人才更高一级的要求是热心。热心是一种感染力，它不仅是发自内心地对工作的热爱、对企业的热爱，更能影响他人。热心的人，脸上总是洋溢着热情的笑容，无论谁有困难，都会主动上前帮忙。他们不仅帮助同事解决工作上的难题，在生活中也愿意给予关照。同事生病了，他们会帮忙买药送水、嘘寒问暖；同事情绪低落时，他们愿意谈心开导。他们的热心和热情温暖着他人，也激励着他人，深受周围人的喜爱，能够有效调动团队的热情和动力。热心的人就像一颗亮眼的星，很容易被老板发现，往往能在短时间内升任班组长，进入管理层。

我在温哥华的一家木器厂有过一段短暂的打工经历。在那里上班时，我每天都比别人早到半个小时，晚走半个小时。早上，我会打开车间的窗户，打扫卫生，给机器上油保养，提前准备好一天的工作；下班后，我会检查开关是否关闭，设备是否安全，确认一切无误后才离开。就因为比别人多过了一遍眼、多过了一遍手，我就被老板发现了。他知道我只是临时来工作，没有升职意愿，甚至因此觉得对我有所亏欠。于是，他时常会把自己外出打猎得到的野鸭等野味送给我，以示感谢。

我的这份热心收获了一份亲密，而这种亲密感，不是冷冰冰的劳动合同能够给予的。它超越了理性，已经达到人性的层面。

四、操心

俗话说，"心有多大，舞台就有多大"。操多大的心，端多大的碗，也就能成就多大的事业。如果只操心自己岗位上的事情，那就只能端基础岗位的碗。但如果心系企业发展，想领导之所想，急领导之所急，帮助企业排忧解难，自然会得到领导的器重，能够端起管理层的碗。然而，操心并不是与生俱来的，有的人爱操心，有的人不想操心、懒得操心，甚至不屑于操心。这里并没有是非对错，只是一种意识上的差别。

我发现，一个人爱不爱操心，往往和家庭教育或家庭出身有很大关系。那些早早脱离父母、独自生活的人，对任何事情都得亲力亲为，自然养成了操心的习惯。而那些一直在父母和家人呵护下生活的人，往往缺乏操心的意识。

爱操心的人，往往在做好本职工作的同时，还会操心一些本不属于自己职责范围内的事情。比如，下班离开时检查水电，及时补充办公区域的公共物品，利用自己的专长帮助同事等。这些看似微不足道的小事，都体现为一种勤奋。可以说，爱操心的人都是勤奋的人。勤奋可以弥补很多不足，正所谓"一勤遮百丑"，即便他们在工作中可能出现一些小失误，但是会因为这份勤奋而被原谅。

操心是在前3个层级——忠心、用心和热心——的基础上才显得弥足珍贵。先有忠心，对企业不离不弃；再有用心，工作上做出成绩；还有热心，团结同事，帮助他人。只有具备了这些品质，员工才会站在更高的角度思考问题，操心企业的整体发展。这样一步步走来，员工的主人翁意识会越来越强，最终把企业当作自己的家：企业的困难就是自己的困难，企业的成功就是自己的成功。

从老板的角度来看，这样的人才绝不能辜负，绝不能耽误。他们应当被委以重任，给予信任。这样的人不仅能干，而且心系企业，是企业的左膀右臂、中流砥柱，足以挑起大梁。

五、交心

五心之中，拥有前四心的人，已经算是德才兼备的人才，在任何企业都会是骨干力量，但最后这个"交心"很特别，能做到的寥寥无几。

和谁交心？和班组长、部门经理等直属领导交心，交的是私心，目的是拉帮结派，自立山头，形成"非正式组织"，这是老板最反感、最反对的团团伙伙，对企业和自身有百害而无一利，迟早会被打击。我所说的交心，绝不是派系之间政治斗争式的交心，交心只有一个对象，那就是老板。很多能做到前四心的人，足以胜任职业经理人的职位，甚至CEO，但他们可能不认同或者不理解老板的思想，他们会与老板保持距离，公私分明，是上下级关系，永远不可能达到一种亲密无间的境地。在这种前提下，老板不可能完全信任他们，本质上仍是用与被用的关系。而那些与老板交心的人，往往与老板在思想理念、价值观、世界观和人生观上保持一致，能同频共振，心有灵犀。达到交心的境界后，老板甚至愿意放权，把企业交给其打理。

比如，我公司的常务副总朱总，和我搭档23年，一起经历过风风雨雨。他曾建议我，"如果您心情不好，最好只对我一个人生气发火，因为对我发作，过去也就过去了，而对别人发火，可能就要造成人才流失"。为什么他能做到这一步？因为他能理解我，他知道我的脾气，知道我的处事风格，知道我对事不对人，知道我性情急躁。了解这一切的基础，就是交心。他和我无话不谈，亲如兄弟，在工作上是好搭档，在生活中更像一家人。朱总的妻子和我的妻子以姐妹相称，经常走动，时常聚在一起，结伴旅游。在这种关系中，他离不开我，我也离不开他，职位上我是总经理，他是副总经理；身份上我是老板，他是员工。但在心里，我们是朋友，而且是一生的挚友。所以，只要他还想上这个班，公司的大门永远为他敞开，即使他早已过了退休年纪。他主动提出退休后，我特地安排专人制作纪念册并在上面题词；又举办退休宴会，在企业全体高层的面前对他表示感谢和祝福；还特别给予他功勋奖励，每月给他发放额外津贴。谈到朱总，我从不计较他的忠心、用心、热心或者操心，他早已达到最高标准，根本不需要考察。反过来讲，正是因为这么多年里他做到了前四心，最后的交心才弥足珍贵。没有前四心作为基础的交心是不单纯的，甚至是试探、巴结、拉拢、献媚的一种手段，只有以前四心为基础，才能交来真心。

综上所述，一个人孤身入职一家企业，在没有背景，没有亲属帮助的情况下，只靠自己从基础岗位干起，想要一步一个脚印干到高层，就必须拥有"五心"。有忠心，才有资格在企业中生存；用心工作，用行动展示自己的专业技能，成长为优秀员工；如果热心助人，积极影响他人，建立良好的人际关系，则具备升职管理岗位的潜质；操心自己的岗位，更操心整个公司的发展，以企为家，为公司排忧解难，就足以担当企业栋梁；最后一步，与老板交心，与老板目标一致、思想一致、理念一致，他不重用你才是怪事。

回到文章开篇所谈的"德与才"的问题，我认为这两者从来不必分开辨析，完全没必要去争论德行更重要还是才能更重要。在我看来，"五心"不是一种能力，而是一种职业道德，但拥有"五心"，比才能更重要。比如，其中的用心，世界上怕就怕"认真"二字，事情又怎会做不好？工作中没有几件事是需要超高智商人才才能胜任的，更多的则是需要理解老板意图，忠诚且用心执行的人，外加发挥一些创新能力，就足够了。对于"五心"有余的员工，老板自然重用，员工自然得到锻炼，提升能力。所以德与才是一个先后顺序的问题，而不是两条路线的问题。"五心"有余则能力有余，而"五心"不足，即便学历再高，可能也得不到重用，只会一辈子在基层打转，又有什么能力可言？反过来讲，如果没有这些具备"五心"员工的打拼和支撑，再大的企业也只是一个空壳子，我能自豪地说自家企业如何如何地发展36年，绝对离不开骨干的付出，他们始终与我同行，和我共同成就了一番事业，我衷心地感谢他们。

当下，社会快速发展，一切以结果为导向，虽然我们的物质生活逐渐丰盈，但精神生活逐渐匮乏，理想与现实存在强烈的撕裂感。我强调"五心"，呼唤"五心"，培养"五心"，推崇"五心"，就是为了让中华优秀传统文化进一步与现实接轨，让更多人以全新视角学习和理解中华优秀传统文化中的精华，在物质的海洋中找到不竭的精神动力。

第四节　一把尺子，六个刻度——影响职场升迁的六个思维

在企业中，老板如果主动辞退员工，一定存在异常情况，至少在我创业三十多年的经历中很少发生主动辞退员工的事情。通常，对于那些与所处岗位不相匹配的员工，我多采用调岗的办法，给他们多次机会去匹配更合适的岗位。但是，员工辞职另谋发展则属于正常现象，我应该尊重、祝福辞职员工，也力争做到好聚好散。

2024年，一位在我公司工作六年多的基层员工突然主动提出辞职。她办完离职手续后，新上任的人事经理向我提议，这名员工工作期间认真负责，期间经历了恋爱、结婚和生育，也算是在公司度过了青春年华，最后公司给予其一笔经济补贴，也算有个圆满的结局。我遇事总爱看人长处，回想起来，她将六年青春奉献给公司，没有功劳也有苦劳，再考虑到人事经理的建议出于操心和热心，我更不愿挫伤其积极性，便答应了。由于那名员工已主动离职，再以公司名义转账不符合规定，于是我使用个人资金，通过微信将5000元转给了她，算是一个大红包。之后，她平稳地完成了工作交接。

原以为是好聚好散，但没想到事情又有转折。因国家社保政策调整，公司在她离职后需要退还500元的社保押金。这笔钱仍要以我的名

义转账。然而，当我尝试通过微信向她发送一条问候信息时，却尴尬地发现她不知何时已将我删除，再一检查，原来人事主管、人事总监等人的微信都已被她删除。又是一次热脸贴冷屁股，弄得我好没面子。无奈之下，人事经理打电话联系，再次申请添加微信好友，才把这500元退还给她。从头至尾，她一句谢谢也未曾说过，事情办妥后，更是迅速地将我的微信再次删除。

这名员工在基层岗位干了六年之久，我虽没有额外照顾她，但自忖未曾亏待过她，没想到临别之际弄得如此难堪。琢磨了一阵，我大致想通了。我和她之间出现这种交流障碍，既非她有意失礼，也不是人事经理考虑不周，而是她和我们的思维方式存在巨大差异。前文写道，人才需要具备"五心"，即忠心、用心、热心、操心、交心，客观地讲，这"五心"她皆不具备。在这件事中，她仅以自我认知做出判断，而我则更多的是从人性与人情的角度出发考虑。在以往的工作中，她的理性表现为拿一份钱做一份工，从不迟到早退，但也不会有突出表现。所以她有她的认知，企业也有企业的判断，她不愿展示任何额外价值，那么老板也没有晋升或奖励她的义务，就这样一个不亏一个不赚，在基层岗位埋头干六年，能学到多少东西？白白浪费了自己的时间和机会！

回想过去，这样的例子还有很多。有些员工说好听点是勤勤恳恳，说难听点就是当一天和尚撞一天钟，当然，企业从道德、法律角度出发绝不能亏待他们，应给予足够的薪资福利。但换个角度讲，企业也没有义务鼓励和褒奖他们。比如，某位员工多年未能展露出才干，在企业调整战略后，企业不得不选择让其离开，在离职阶段，闹得很不愉快。她觉得自己没有功劳也有苦劳，但多年得不到重用，她认为这是不公平的。部门负责人给出的说法是此人多年没有进步，难堪大用。对企业来讲，发展是硬道理，新的人才要进来，老的员工得培养，但对于那些没有进步或者不肯进步的人呢，占着岗位不能发挥作用，对他们就得做出别的安排。从老板的角度看，他们不是不想进步，而是没有以一种恰当的思维模式去思考问题。他们仅仅是为了追求温饱而工作？还是有计划地去提高自己？出发点不同，得到的结果截然不同。所以，我对这些加以总结整理，形成一套理论和用人方法。我形容它们为一把尺子，上面有六个刻度，不同的刻度代表不同的思维层级，创业者用这把尺子去衡量员工，谁在什么思维层级，该给予其何等职位和待遇，一目了然。

一、理性思维

借着那位离职员工的案例，我总结出了职场思维的六个层级，她正是第一层理性思维的典型代表。只有理性思维的人，对待本职工作较为负责，工作中很少出现差错事故，但这种理性走向极端，个人就会秉着"不求有功但求无过""当一天和尚撞一天钟"的心态工作，在工作中绝不多做一事，多发一语。除此之外，他们还有一个弱点，就是不懂得人性与人情。拿上面例子来说，都说人走茶凉，前老板还愿意给予经济补偿，这已是额外的情面，作为前雇员，其有两种选择：要么自视清高，不屑承情，一文不收，一拍两散；要么承了情，收下礼，客气两句，好聚好散。她似乎不懂这一点人之常情。不过我倒能理解，其实就是缺乏人性思维。理性是她本能的自我保护，对社会、对人际交往，她还很不成熟。更大的可能是，她不知如何回应公司的好意，不知道如何表达才得体，为了不说错话做错事伤害自己，干脆不说不做。我猜想这六年里，她必不是全然不想上进的，也想被重用和赏识，但她担心出错，担心被批评，所以选择沉默，干脆一言不发。她如果继续处在第一层级的思维中，即使到其他公司就职也只会得到相同的结果。

二、人性思维

理性是自我保护，但过度理性可能成为前进的阻碍。意识到人与人的相处不是简单的你输我赢后，开始注重人性，洞察人心，那么就已来到了职场思维的第二层——人性思维。掌握人性思维的人都有一颗七窍玲珑心。他们注重人际交往，熟悉人情世故，能游刃有余地与人相处，遇事能圆融变通。但这种聪慧走向极端，个人很容易漠视原则，只想靠关系走捷径，发展成面熟心不熟的"笑面虎"，看似热情周到，但没有真情实意，因此会失去他人的信任。

三、良俗思维

如果掌握人性又不致偏激，还想谋求进一步发展，那就必须掌握良俗思维。良俗是公序良俗的简称，意味着公共秩序与善良风俗。人是社会性动物，不能脱离社会生存，一个人能洞悉人性是优点，但如果钻营于此，时间久了，人们就会与之疏远。因为从社会的角度讲，他违背了公序良俗。企业要良性运转，自然有其规章制度和文化传统要遵守，企业中没有聪明人不行，但如果全是自私自利、两面三刀的"聪明人"，企业很快就会在猜忌和欺诈中毁灭。所以，一个人掌握人性思维后，还得端正发心，秉持善念，遵从公序良俗才能长远发展。掌握这种思维的人做事总能顾及别人。比如，案例中的人事经理，她向我提议给予补贴，对她本人没有任何好处，完全是从社会公序良俗的角度考虑，所以我非常赞同，也不后悔。

四、营销思维

一个人拥有前三层思维，已能在企业中担任中层管理者职位，但如果还想更进一步，就必须掌握营销思维。这里有许多人有误解，认为营销的本质是吹牛，是造假。但实际上，营销思维本身是一种自我认可、自由竞争和积极奋进的精神。这里我讲一个自己的案例。我在第一个教师节主动敲开单位一把手的大门，提出计划方案，希望单位借教师节的机会主动上门，到各大高校推销家具，领导采纳我的建议并推行后，这一颠覆式创新取得重大成功（在当年计划经济的思维中，上门推销已是一次跃进），后来我也得到重用。那时我只是一名小小的物价员，但分析起来：我提出建议首先基于理性，是利己更是利于单位的；其次我了解人性，预感到以中国第一个教师节为旗帜，会吸引大众及媒体的关注；更重要的是，我具有营销思维，大部分人可能想不到借教师节之机搞营销，能想到这一点的人又想不到可以借此越级上报，营销自己。所以，这次成功的营销带来三重好处：广大教职员工感受到了尊重和荣耀；单位扩大销售，找到了营销的思路和模式，业绩大涨；我的才能被发现，得到提拔重用，后来被提拔为副科长。一次营销，三全其美，三方共赢，完全没有虚假夸张的成分，反而产生了健康积极的社会效应。我的经历说明勤勤恳恳的"老黄牛"可以得到众人尊敬，能说会做、善于营销的人才会得到重用，甚至走上领导岗位。

五、政治思维

拥有营销思维的人才已是独当一面的骨干，但此时，继续发展的空间也不足了。在一般的私人企业，不是创始人或领导亲属，没有家世背景，总监基本就是职位的上限。想要突破瓶颈，我认为只有一条路，就是培养自己的政治思维。

身居高位，很多成绩已不能为你提供资本。遵守纪律？根本不值一提。人情往来？一不小心就是拉帮结派，很容易犯忌讳。营销自己？过度营销只会让人觉得你华而不实。在这种情况下，更需要的是政治头脑和手腕。

这一点同样有人心存疑虑，并且简单地认为，政治是国家大事，与自己无关。我认为大错特错。有人的地方就有江湖，就有政治生态。无论在哪里工作，首先要搞清楚自己的政治立场。我不是在教读者厚黑学或整人害人的办公室政治，而是告诉大家一个现象，不管在哪种组织，只要超过三个人，就一定存在派系，谁也不能独善其身。政治思维中没有对错，只有"可能性的艺术"，当你处在管理职位，便拥有政治能量，这也是客观存在的。在这种情况下，说什么话，做什么事，都会被人记录、放大甚至解读。当然，这种思维不宜过度分析，否则容易变为阴谋算计，有相关生活体验的读者朋友自能心领神会。

六、哲学思维

一个人掌握以上五种思维，其实已能在职场叱咤风云，无往不利，但对老板、领导者而言，我认为还有一门必修课，也就是最高层级的思维，即哲学思维。前五种思维，说白了是在俗世中挣扎的技巧，你方唱罢我登场，都是一城一地之得失，出人头地又如何？只有哲学思维，思考的维度囊括整个人类、社会和历史，超越功名利禄、功过得失，追求的是价值、理念和永恒，最终能说服内心，找到归属的，只有哲学思维。在这一层级，没有高低上下，没有成败荣辱，一切都可以拿起，一切都可以放下。我还在这种思维中学习，谈不出什么高深的见解，点到为止。

一位员工辞职，一次小小的不愉快，竟引出这么一番"长篇大论"，真是坏事变好事了。以理性思维思考，她的所作所为无可厚非，劳动合同终止，双方再无瓜葛；以人性思维思考，她做事欠考虑，更缺一点人情味；以良俗思维思考，她的不礼貌会影响企业对员工的观感，其他员工的离职关怀可能因此取消；以营销思维思考，离职见人品更见能力，与前老板对话的机会就在眼前，即便从负面角度考虑，她也错过了一次机会；以政治思维和哲学思维思考，她的事给我灵感，让我厘清了职场思维的六个层级，写下这样一篇大文章，实是意外之喜。书成之后，我还得提着礼物去谢人家，至于会不会第三次热脸贴上冷屁股，那就难说了！

第五节　女靠娘家，男靠舅家——娘家人为企业服务更长久

公司的人事总监是土生土长的陕西关中人，从小耳濡目染，深受地方文化熏陶。在日常谈话中，她常会巧妙地引用一些民间俗语，有的诙谐幽默，有的一针见血，令人印象深刻。某次闲聊时，她接连提及侄子，给人家又是送礼物，又是拿主意，显出非比寻常的亲近。我有些好奇，便请教她，为何总对侄子如此上心？她神秘一笑，说道："女靠娘家，男靠舅家，我是为日后铺路呢。"

"女靠娘家，男靠舅家。"这句话真是通俗又不失深刻，我急忙请她进一步解释，结果发现这句话不仅承载着丰富的传统文化智慧，而且说明了娘家人在企业中的重要作用。

一、"女靠娘家"源自周礼传承

陕西关中是周礼发祥之地，民间生活中有许多古代礼节、仪式的痕迹，也是中国人血脉相传的习俗。这些听起来像老古董，但我认为有些至今仍未过时。关中地区流传着的"女靠娘家"这一说法，也是过去习

俗的延续。

在过去，虽说嫁出去的女儿被贬低为"泼出去的水"，但婚姻大事凭的是父母之命、媒妁之言，嫁出去的女儿在婆家能否受尊重，很大程度上取决于娘家的实力。如果娘家有钱有权，叔伯兄弟俱在，女儿自然底气足，婆家没人敢欺负。但如果女儿嫁得太远，则会失去娘家人的支持和庇护。

每年大年初二是嫁出去的女儿回娘家的日子，这一天不仅是骨肉团聚的时刻，也是女儿与娘家人联络感情的重要机会。在平时，如果女儿生病，按规矩婆家必须第一时间通知女方娘家。娘家派人看过生病的女儿，才算合了规矩。女儿去世，如果父辈或者同辈的兄弟不在人世，侄子就要来给姑姑送葬。至于丧葬事宜，侄子的意见至关重要，甚至起到决定性的作用。

"女靠娘家"的背后是血浓于水。从小养大的女儿要离开父母去别人家生活，娘家必然时常关照，看着女儿在婆家生活安稳，才能踏实放心。由此可见，"女靠娘家，男靠舅家"，不论从家庭伦理、人情道义，还是公序良俗上讲，都是合情合理的。

二、婆家人说，"公司是咱家的"

这句俗语源于民间认知，但我基于商业思维，很快联想到了企业经营。在北京大学光华管理学院上课时，有位教授分享了一个有趣的发现：在中国的家族企业中，娘家人往往更操心，最终留用的娘家人也占多数（娘家指老板妻子的娘家），而婆家人更容易另谋发展。教授分析认为，这是因为婆家人有很强的主体意识，而娘家人正相反，这就导致前者往往认为"企业是我哥（弟）家的，也就是自家的，啥都得有我一份"；后者则不这么想，他们会认为"企业是我姐（妹）家的，我得帮她守着"。这种心态差异与"女靠娘家，男靠舅家"的说法不谋而合。结合我三十多年的创业经历来看，这种现象确实存在，企业想基业长青一定要处理好两家人的关系。

我在《请来女婿气死儿》一文中提到过：家族成员是企业的中坚力量，老板须任人唯亲。那么，任用哪些亲人呢？有个朋友曾给我讲过他的故事，他有个弟弟，创业初期曾与他一同共事，弟弟仗着特权，不但经常迟到早退，还总是摆出一副高人一等的姿态，事事搞特殊，优越感十足。朋友说得了别人，却唯独不能批评弟弟，因为是亲兄弟，他不得不包容、忍让。但在企业经营中，偏袒只会带来副作用，造成人才流失、制度混乱，甚至会形成山头派系。朋友见事不可为，便把一部分产业送给弟弟，让他自立为王，也算是扶上马送一程。他只希望弟弟能好好经营，把日子过好，也就不枉费自己的一番苦心。但没想到的是，家业分割后，弟弟不但毫无感恩之心，还与他越来越疏远，至今已不相往来。弟弟曾对自己的儿子说"这企业是咱们家的，当然有我一份"，可见其心态。结合朋友的遭遇，不难明白，婆家人能共患难，却不能共享乐，同属一个姓氏，就敢自诩为主人，心态上不是雇员而是东家。但在企业中，哪能养得起这么多"食利者"。

还有位搞建筑装修的朋友，创业成功后给自己和亲弟弟买了一模一样的两套别墅。即便如此，弟弟仍不满意，甚至要求哥哥把企业股份也分给自己一份。最终，兄弟俩断绝了关系。可见，自家人的优越感使他们不能摆正自己的位置，不能服从管理。因此，企业在初创阶段即使任人唯亲，也要谨慎选人，避免家族关系影响企业的正常运营和发展。

三、娘家人说，"公司是我姐（妹）家的"

听了朋友的遭遇，反观自家企业，娘家人始终是我的坚强后盾。在创业初期，我就与老婆的娘家人共事，他们跟随我几十年，妻妹甚至从19岁一直干到退休的年纪。几十年来，他们兢兢业业，遵守制度，事事上心，在危难之际，也会果断伸手援助。我的企业能发展至今，很大程度上依赖于他们的支持。妻妹常说："我得帮我姐看好这个摊子。"可见，她本着娘家人的心态，真心希望姐姐过得好，自己能帮上忙，也能得到实惠。

我提到"五心"——忠心、用心、热心、操心、交心，经过多年观察发现，很多娘家人往往一进企业大门就具备这些品质，不是股东，但具有股东的"勤勉义务"。而对婆家人来说，能摆正自身位置就很难得，能再有"五心"而不搞特殊的，寥寥无几。自古以来，兄弟一起打江山的，有的半道分家，自立山头；有的分配不均，反目成仇；善始善终的较少。反而是娘家人，界限分明，忠诚可靠，往往能提供更长久的支持。

第六节 三六九往上走，周期制培养人才

万事万物都有其生命周期。物件用久会损坏，生命衰老会死亡。对企业而言，选人、用人、育人也有其周期性。一名新员工入职一家企业，就是一次双向选择，在一个短周期内，有一方认为不合适，关系结束，双方再无瓜葛。而一个人想在一家企业中晋升发展，就要经历一次次的中周期，甚至长周期。我遇事常说"事不过三"，再结合民间"三六九往上走"的说法，我提出了三六九周期制，既是人才选拔机制，

也是人才培养模式。三六九包含三天、六天、九天的小周期，三个月、六个月、九个月的中周期，以及三年、六年、九年的长周期。

一、"三天、六天、九天筛选基层"

三天、六天、九天的试用规则适用于基层一线员工，如保洁、保安及各类工人等。以车间工人为例，短周期就是金科玉律。当年我办工厂时，每年要招聘大量工人，我发现三天、六天、九天基本就能决定一名工人的去留。工人到了车间，头三天会向周围人打听企业基本情况，如工资是日结还是月结、会不会拖欠、劳动强度如何、食宿条件怎样等现实问题。工人师傅最关心的是眼下，即便是技术工种，回老家过完年可能也要重新找工作，至于什么晋升机制、发展前景，一概不放在心上，打听清楚了，觉得满意就会干下去。过了头三天，就该用人方考虑，新来的工人是否遵纪守法、是否偷奸耍滑、是否诚实可靠等，这些也都是一望即知的问题。所以，过了第九天，双方都比较认可，新来的工人干到过年前基本不成问题。接下来就会进入三个月、六个月、九个月的周期。

二、"三个月、六个月、九个月选拔中层"

但对坐办公室的员工来说，短周期就不适用了，至少得通过一个中周期来考核。一般基层岗位的员工，试用期基本是一到三个月（要严格执行劳动法规定）。新员工上岗，会在短期内先熟悉自己的工作岗位，认识周围同事，了解公司组织架构及业务情况。能坐在办公室里的员工，普遍是有学历、有发展需求的，工人用三天即可了解的，他们一般要用一到三个月，基本和试用期同步。这期间，企业也会考核员工，包括业务能力、个人品行、工作主动性、劳动纪律等，考核通过后员工方可转正。这三个月的时间，也是一次双向选择，初步筛选后，双方进入第二个阶段。三到六个月，企业安排员工操作具体业务，更多地了解他们的品性、认知、理念及价值观是否和公司一致，是否具备理性思维、人性思维等。老板也会观察员工的优点、特点、缺点等，考量他的长期用人方向。如果能干够六个月，那么第一个风险期也就过了，到第九个月部门领导基本掌握员工情况，知道该把他或她放在何等位置。

三、"三年、六年、九年培养管理层"

"工作不次于婚姻"，其实对企业来说，选拔人才比婚姻大事还麻烦。员工在一家企业干够九个月，就算挺过一个周期，这不算完。接下来又是三年、六年、九年的重要阶段。在这样一个长周期里，只要不是存心"躺平"的庸才，都会有上进心和自我追求，人人都想干出点名堂，都有关于晋升路径的自我规划。但现实是，管理岗位永远是"供不应求"，只有极少数人能脱颖而出。所以，在一个长周期里，决定的是员工能否晋升，或者适不适合进入管理层。三年时间，一名员工已基本熟悉公司的全部业务流程和运营模式，即便做着最基础的工作，也不再是一种"新人"的状态，三年时间即便其不得提拔，也应该能在领导那里得到指导，明确自己的晋升路径。三年到六年的时间里，员工对于所负责的业务应该已是炉火纯青，至于工作中的沟通能力、内驱力和发挥能力也都接受考验，甚至已经经过几轮"调岗"，如果有了这种变动，那说明领导要培养重用，此时员工和企业互相押注，都已投入大量成本，非特殊情况不会有变动。进入六至九年阶段，员工没有功劳也已积累了苦劳，企业应该予以重视，即便能力不足，忠诚度也已通过考验。再之后，就是长期的平稳阶段。三年、六年、九年的长周期不是定数，反而有许多变数，能不能被提拔重用还有其他因素，企业用人也不会只用时间维度衡量，但根据我的经验判断，三六九是客观存在的。我的许多骨干，都是在三年、六年、九年中经历重大岗位变动：有的弃我而去，另谋发展；有的节节高升，成为中流砥柱。所以，如果非要较这个真，研究三六九有没有什么科学因素，我认为是没有的，从本源来说，改成二五八往上走，也没什么差别，但这种意识既然已在民间形成，那么大家会无形中受此影响。比如，员工到了一定的时间节点就会犯嘀咕，"三年还原地踏步，是不是领导不看重我？"领导也会想，"三年还不见这个人有什么作为，是不是他的上限就是如此？"这种心理是存在的，虽然无法用科学原理解释，但对具体实践有着真真切切的影响。

以上都是从功利角度分析，但实际上，员工和企业还有情感联系。能干满一个长周期的员工，和企业已是"情投意合、双向奔赴"，员工在企业有归属感，企业对员工有认同感。这时候，企业要给予员工更多的关心，不仅关心其工作状态，也要关心其情绪，关心生活，给予员工更多的温暖和关怀。在这期间，企业要善于挖掘员工身上的其他优势，给员工充分展示和发挥的机会，也要善于发现员工的优点特长，让员工有决心长久干下去。对能力突出的员工，领导应适当放权，给予他们更多的发挥空间及锻炼成长的机会。公司根据发展需求，对于着重培养又愿意接受调岗的员工，可提供在不同岗位锻炼的机会，让员工充分了解公司各业务部门的情况并积累工作经验。

对于企业决定长期培养重用的员工，我通常用"五心"来考量，观察员工能做到几心，一般干满三年的员工，基本上具备"五心"中的前三心，对于这类员工企业可以晋升其职位，如升级为部门领导，主管某项业务等，或者加薪。这时候晋升为企业中层管理者的员工，身上更多的是肩负责任，上对老板负责，下对普通员工指导示范，更要操心部门业务，确保按时按期完成，成为老板的左膀右臂。

对于工龄超过九年的骨干，老板都要给予充分尊重，尊重他们的意见建议，尊重他们的坚持与付出，除了给予他们相匹配的薪水外，也要想办法照顾他们的生活，让他们体面地生活。比如，在我的企业，工作满 20 年的员工，基本上配有专车。副总级领导配有 100 万元的车，总监级也配有 50 万元的座驾。对工龄九年以上的骨干员工，我非常注重提升他们的综合能力，尽可能地给他们提供学习机会，不管是付费安排他们去高校进修，还是内部培训，我认为都是老板应负的责任。

人才成长是一个漫长而复杂的过程，领导者除了慧眼识珠外，还应建立系统的人才培养计划。这就像怀孕分娩，一定要经过一个完整的周期，发育成熟，一个健康的婴儿才会呱呱坠地。除了对员工有能力要求外，企业还负有相应的责任，培养过程呈现三六九的规律，在薪资待遇上应该有三六九的区分，要让员工在成长过程中一方面自我成长，有明确的发展路线，另一方面要有明显的物质鼓励，每进一个台阶薪水也要有对应的提升。这样，对有上进心、有能力的员工来说，一份工作就具有持续的吸引力，员工既有职业生涯规划，也在经济收入上持续有竞争力。员工活得体面，企业也能保持稳定。

第七节　整体思维与零担思维

这世上千人千面百人百性，但据我观察，企业骨干行事作风往往存在两种极端：一类人思维缜密，三思而后行；另一类人敢想敢干，刀下见菜。我认为他们不同的风格背后存在两种思维模式，即前者的整体思维和后者的零担思维。

一、整体思维的大局观意识

具有整体思维的人，考虑事情着眼全局，计划周全，心思缜密，成竹在胸。这种思维需要经验和知识支撑，往往越老越"妖"。平时，他们很少发表意见，遇到重大问题，才会在深思熟虑后给出建议。我很佩服他们的大局观意识，但做事情如果万事俱备还要非等东风，很容易错失良机。所以，我把他们定义为谋士型人才，适合在战略层面出谋划策。

比如，我公司的常务副总朱总，他就是谋士型人才的典型代表。他出身书香门第，学的是机械制造专业，曾担任国企副厂长。20世纪90年代初，赶上国企改革，他这只凤凰才飞落到我的"鸡窝"。他自幼饱读诗书，出口成章，在工作上既有专业能力也有管理才能，遭遇突发情况时，总能提供最冷静、最全面的分析，在最关键的时刻帮我拿主意，所以我把他奉为企业的"定海神针"。

他的这种能力是天生的，更是通过日积月累的思考、学习和训练得来的，一般人很难模仿，所以我的这位常务副总不可取代，他也补充了我的短板。我甚至尊称他为"半仙儿"，至于为什么是"半仙儿"，也是因为人无完人，事事追求周全，就会导致不敢承担风险，不敢果断行动，更不敢在未知领域做出选择。

比如，在2008年前后的房价低谷期，我曾建议他放弃股市，抓紧机会买房投资，但他没有听从。几年后，听从我建议的另一位同事通过买卖房产获利240万元，而他还在股市中沉浮，错失了机会。他后来主动提及此事，后悔当初没听我的建议，少买了2套房，至少损失500万元。深思熟虑、谋定后动是他的特点，假使要买房，他也一定比一般人多做许多准备工作。比如，这个楼盘是哪家单位开发的，物业公司是哪家，甚至电梯是哪个品牌，都会被他纳入考察范围。等这样一轮轮地调查下来，至少也得花一两个月时间，即便如此他可能因为没有十足把握而下不了手，错过时机。这就是他的弱点，体现出整体思维中敏于谋划而弱于行动的一面。他具有领袖的潜质和能力，却一辈子都在辅佐他人。

二、零担思维的灵活机动

与整体思维相反，还有一类人拥有的是零担思维。零担是物流运输领域的专业词汇，指的是托运一批次货物数量较少时，装不足或者占用一节货车车皮运输在经济上不合算，而安排和其他托运货物拼装后运输的方式。我把这种方式总结为一种思维，也是形象地说明这种思维灵活机动、行动力强的特点。拥有这种思维的同样是特殊人才，他们逢山开路遇水架桥，总是专注于眼前，说干就干，以一种线性思维方式看待问题，走一步看一步。我认为这类人在企业中可担任先锋官，或者冲在一线的突击队员，专门负责解决眼下的具体问题。

我在创业初期，眉毛胡子一把抓，所以那时我也是零担思维。据我观察，具有零担思维的老板在创业初期更容易站稳脚跟，甚至占领先机。比如，我在早期从批发零售的经营模式转变为前店后厂的过程中，没有经过太多的分析、考察，就是看准一个发展方向，稍加考虑就立即动手，同行还在观望、犹豫或者瞻前顾后之时，我已调整了战略。当然，那也是时代赐予的机会，市场上需大于供，干什么都有机会。但是，这种思维不是万能的，当我的企业规模越来越大，业务越来越复杂时，我必须全盘考虑，零担思维就不合时宜了。

从用人的角度看，特别是一线员工，零担思维往往更容易脱颖而出。比如，我的一位会计，她就是零担思维的典型。她接到一项任务，就想立即把它办好，所以毫不犹豫地动手，从不拖泥带水。我交代她办的事，很快就有回应，一周内就会有进展。在许多事情上，她不怕苦不怕难，当别人还在观望的时候，她已经开展工作了。我非常赏识她这种"急先锋"式的性格，但同时，她也存在缺乏大局观念和长远眼光的问题。比如，有一次，她刚从银行办事归来，就想归还出发前借来的印章，在人事总监的提醒下她才想起还有一项业务也需使用印章，如果当即归还，用时还需要再走一遍借出手续，既费时又费力。从这一件小事可以看出，她办事急躁，遇到多线程任务，往往手忙脚乱，重复劳动而不见效果，甚至出现差错事故。这类的事例还有很多，这方面我没少批评她，她总是虚心接受，但一遇到复杂工作，很快又被打回原形，焦头烂额而又不知在何处下手。所以，零担思维不是万能的，也有其明显弱点。

三、老板必须"既要又要"

总结以上两种情况，似乎一个人要么偏向整体思维，要么偏向零担思维，很难兼顾两者。但我认为，想当好一个老板，想办好一家企业，必须"既要又要"。制定战略规划时，要顾头顾尾，深思熟虑；发展新兴业务时，要下手果断，敢想敢干。老板必须把整体与零担两种思维融合，在整体中找到主线，以线性思维打通，围绕一个个问题构建整体思维，而所有的问题，也要在一个整体中被重新审视，这个整体不是企业本身，甚至有时不是所处行业，老板要将眼光放大到国家政策、国际环境等方面上。这就要求老板的思想要时时刻刻地跟上企业发展，跟上时代发展。这才是最大的难题。

我从零担思维到整体思维再到两种思维的融会贯通，经历了很长的学习过程，进步最快的方法还是系统学习。我在常务副总的建议下走进校园，是以"走一步看一步"的心态开始系统学习。然而，这改变了我的人生，我将理论与实践结合后，我的思维如蛛网一般，向四面八方延展，以往很多无法洞悉的问题我都能想通了，很多不知何处着手的事情也能很快找到抓手。

在这一过程中我还发现，整体思维和零担思维都有天性使然的成分，但后天可以通过训练加强。所以，我认为企业家应该先有零担思维，再向整体思维发展，从零担思维到整体思维的转变，需要企业家坚持学习，日积月累，但想在整体思维中兼顾零担思维，就很难实现。我想这也是"秀才不能掌兵"的缘故。

第八节　高人指路，贵人相助

很久以前，我就听过这么一句话"读万卷书不如行万里路，行万里路不如阅人无数，阅人无数不如高人指路，高人指路不如贵人相助"。这句话落脚在了高人指路和贵人相助上，这里我无意讨论如何识别高人和贵人，我想读者朋友自有判断力，不管是从身份地位还是从举止谈吐来判断，谁是高人、贵人显而易见。但问题是，高人的指点、贵人的帮助，你真能虚心接受吗？很多人可能无法理解，想当然地以为高人只要发话自己一定愿意遵从，保证指哪儿打哪儿。实际上，高人的话在很多情况下从你的角度是难以理解的，甚至超出你的认知范围，高人指的路往往崎岖坎坷，是艰难困苦之路，你还敢走吗？这时候是不是会犹豫动摇，高人会不会骗我？贵人是不是在利用我？这些想法都会滋生出来，导致高人的指点听不进去，甚至还会不自觉地走向反面。我认为这就是难处所在。如果你的认知和高人相同，一点就通，甚至不用提醒也知道该怎么做。高人之所以为高人，就是因为他的认知在你之上。他的建议你听不懂，不能接受，按照自己的想法来，只会误解。所以，很多时候，不论是高人的建议还是贵人的帮助，都改变不了一个人的命运。自己不理解，神仙开导也无济于事，但如果自己领悟了，高人的话就像醍醐灌顶，铁锅热油。

一、42岁换职业，你敢不敢

　　Z 入职公司时已经 42 岁，是从国企下岗的。相处一段时间后，我发现她办事干脆利索，落落大方，性格开朗，说话很有底气，这正是顾客喜欢的类型。她不像会计，倒是有销售精英的做派。当时公司正处于业务扩张阶段，急需销售人才。这种岗位招聘并不难，大浪淘沙总能淘到金子。但我还是起了爱才惜才的心思，想给 Z 一个机会，看看能否把她培养成营销人才。

　　一次工作汇报后，我留下她单独谈话，说她的潜质更适合做销售员。她的财务工作固然出色，但有些屈才，开疆拓土的工作更能发挥她的潜力。她听完后沉默了。俗话说"三十不学艺，四十不改行"，我的建议让她既要改行又要学艺，这显然不是一条容易的路。我以为她会拒绝，心里正准备放弃，没想到她抬起头，严肃地说："事关重大，领导您容我考虑几天。"

　　几天后，她给了我答复，决定听从我的建议，尝试新职业，转行做销售。这让我有些惊讶——她竟然真的敢改弦易辙，难道不会后悔吗？她还特意解释："我认定您是高人，听您的没错。"

　　于是，我安排她从最基础的销售岗位做起。在工作中，我有意培养她，每次和客户谈业务都带着她，让她在一旁感受学习。Z 很善于学习，上手很快。半年后，她开始独立接待客户。有一次，她笑着对客户说："我得请示一下老板。"没想到客户说："还请示老板？我看你就是老板。"可见她那时已有了不凡的气度。

在销售岗位锻炼 8 个月后,她可以独当一面。看到她业务能力突飞猛进,我将她升任为销售组长。当年,她带领小组成为年度销售冠军。后来,我提拔她为销售经理。经营玻璃钢家具厂时,她带领销售团队风风火火地开辟了东北和华北市场,为公司业务发展立下汗马功劳,堪称公司的顶梁柱。

可以说,公司成就了她,她也为公司的发展贡献了重要力量。退休时,她已是公司的副总经理。看着她事业有成、家庭幸福,我心里既欣慰又自豪。她的职业生涯可谓前二十年选错行、蹉跎岁月,后二十年跟对人、扶摇直上。但想想也真让人后怕——如果她听了我的建议却没混出名堂,我得多自责啊!

二、学徒工自学成为工程师,你行不行

Z 总的成功可以说是与我互相成就的结果。她的潜质得以充分发挥,因此在事业上一马平川、势不可挡。另一位 X 工的故事则不同,他是在高人点拨后,凭借自身的努力和下苦功夫才得以改变命运的。

经营玻璃钢家具厂时,厂里有一位 X 工,专门负责桌椅家具的绘图工作,技艺精湛,不仅在厂里备受尊重,在行业内也小有名气。但是,很少有人知道,X 工最初加入我创业团队的时候,只是一个十几岁的毛头小子,小学毕业,既无技术也无学历。他最初的工作是打磨沙发架,干的是粗木匠的活。然而,我发现这孩子年纪虽小,但头脑灵活,沉稳干练,干活细致,记忆力惊人,还喜欢一个人琢磨问题。

当时厂里正缺工程师,我突发奇想,让他跟着厂里的绘图师傅学习绘图,说不定能有所成就。没想到,这一小小的调整却激发了他的雄心壮志,他发誓要学会工程绘图。20 世纪 90 年代,电脑绘图刚刚兴起,

CAD 制图软件只有极少数人能够熟练使用。这孩子一心要闯出名堂，省吃俭用买了一台电脑，利用业余时间刻苦钻研 CAD 制图技术。这在当时绝非易事，即便是某些大学生，也得在学校跟着老师学上一两年才能熟练掌握，而他仅用几个月就自学成才。

他向我展示了他的设计图，我一看，确实像模像样。经过几次尝试，我发现他真的掌握了这门技术，于是让他担任见习制图师。经过一段时间的实践，他绘制的图纸准确无误，车间工人对他赞不绝口。后来，他一直是厂里受人尊敬的工程师。当我决定产业转型时，干脆把工厂整体盘给了他，让他独立运营。他从此摇身一变，成为一家中型家具企业的老板。

从一无所有的小子到一家企业的老板，他认定我对他的成长有知遇之恩，但我并不愿意接受这份感激，因为这一切都是他凭借自身努力得来的，是他应得的。

三、既当老板又当学生，你肯不肯

读者朋友可能觉得我在前面的案例中指点这个、点拨那个，有些以"高人"自居，其实并非如此。我只是陈述事实。在我眼里，"高人"只是一个称呼。当那些阅历比我浅、经验不如我的朋友或同事处于迷茫阶段时，作为局外人的我往往能看得更清楚，于是提出一些主意和建议，让他们有了"如蒙高人点拨"之感。然而，我也有迷茫的时候，也需要高人来为我指点迷津。

2011 年，我的事业陷入瓶颈期。家具行业的利润越来越薄，发展越来越缓慢，我也越来越提不起劲。总感觉哪里不对劲，需要改进，又抓不住重点，找不到问题的症结所在。想调整战略吧，不知该往何处去；想抓管理吧，团队已是精兵强将，问题显然不在他们身上，看来责任只能在我这个老板身上。但我又该如何调整呢？

就在我毫无头绪、一筹莫展之际，公司的常务副总给我提出了一个建议。他说，"你的事业干得久了，生意做得大了，但学习没有跟上，所以才会心有余而力不足，实践有余而理论不足"。他建议我放下架子，静下心来去高校系统学习。

他这一番话，戳中了我的要害。创业之初，我是"野蛮生长"，多亏有了这位常务副总的辅佐，我才改掉身上的"山大王"习气，企业才开始走向科学化管理。我平时对他敬重有加，甚至称呼他为"半仙儿"。但他这次的建议实在有些忠言逆耳。我知道他说得有道理，可心里又有些不情愿。距离我上次在学校学习已有三十多年，现在让我重新回学校上学，我真有点儿拉不下脸。但经过反复思考，我最终决定听从"半仙儿"的建议。他平时话不多，但只要说出口的，一定是真知灼见。在这方面，我确实不如他，更何况"忠言逆耳利于行"，再不情愿也得听从。

于是，五十多岁时我重新踏上求学路，从西安交通大学开始。一开始我有些许不适应，但很快发现，系统学习简直是一剂良药。企业发展中遭遇的困难和问题，我在课堂上都找到了答案；以往创业中犯下的错误，我明白了原因和改正方法；以往稀里糊涂却做对的地方，也有了相应的理论支撑。书本上的知识与我几十年的创业经历相结合，新问题和老问题都迎刃而解。我对每一堂课都充满期待，对教授的每一句话都全神贯注地去理解。就这样，我的企业转危为安。

后来我常说，我的企业能生存36年，"半仙儿"的那次指点功不可没。

从这些经历来看，我似乎是Z和X的"高人"，而"半仙儿"则是我的"高人"。那么，是不是只要想成就一番事业，就可以简单地去"抱大腿""攀高枝"，寻求高人指点、贵人相助呢？其实不然。这种想法大错特错。

求得高人或贵人的帮助，并非走捷径，更不是投机钻营的借口。高人和贵人之所以愿意出手相助，根本原因在于你自身的品质。

以 Z 为例，她那种干脆利落、落落大方的精气神，是她自身的特质，我只是发现了她的潜力而已。X 虽然年纪小，但表现出的成熟稳重、细致认真和积极进取，远远超出他的年龄，让人不得不欣赏。我只是给了他一个机会，而他凭借自身努力抓住了这个机会。至于我和常务副总，我们早已超越了普通的老板与雇员关系，亦师亦友，虽不是亲人，却胜似亲人。他在关键时刻拉我一把，是基于我们长久以来的信任与欣赏，这一切再自然不过。

在这些案例中，没有任何一次高人的指点是靠钻营、谄媚或心计得来的。相反，每一次帮助都源于个人的优秀品质和真诚努力。

所以，归根结底，"打铁还需自身硬"。高人可以为你指路，但路还得靠你自己一步步走；贵人可以为你助力，但事情还得靠你自己一件件完成。只有当你自身的德行和品质足够出色，高人和贵人才会主动为你出谋划策、提供帮助。而之后的路，依然需要你凭借自己的努力，一步一个脚印地走下去。

第九节　三个十年，三种人才标准——我对人才认知的三个阶段

1989 年，我辞职下海创业，到 2025 年，历经 36 年风雨。回首过往，我在选用人才方面大致经历三个阶段，每个阶段大约持续十年，各阶段的评判标准各有侧重，算是关于人才认知的三次变化。

一、初创企业的用人标准

1989年前,我的职业生涯颇为丰富:当过营业员、保管员和科室干部,还掌握木匠手艺,并自学了文学写作,在西安当地的多家报刊上发表过作品。怀揣对未来的憧憬,1989年我下海创业,在西安创办了一家家具店。借着改革开放的春风,十年间,生意逐渐壮大,创办了沙发厂、刨花板厂,后来还涉足玻璃钢制品厂的生产经营。

在企业初创的十年里,我对高学历人才并不看重。那时,我相信学历并非关键——自己仅有高中学历,不也把企业经营得有声有色吗?企业规模小,事务相对简单,我自然能够亲力亲为,从宏观战略到微观细节都能一手把控,不需要高学历人才也能驾驭企业。工作环节少,决策迅速,有问题即刻解决,管理模式近乎农村村主任式的直接与高效,我在"村口"一敲锣,员工便能迅速响应。那个年代,市场供小于求,商家有货不愁销路,生意好做。人力补充简单,直接去劳务市场招工。没有法定双休日、社保和劳保福利,不用制定复杂的管理制度和绩效考核,一切都装在老板的脑袋里,吆喝着管理即可。企业需要的是,身体好、能吃苦、听话且服从分配的员工,以及业务能力强、技术能力强、执行能力强的"三强型"人才。

在第一个十年,做生意的本质就是简单地买进卖出、赚取差价。从广州采购家具,运到西安批发零售,生意模式非常直接。后来创办沙发厂,依然不需要精细化管理和高精尖人才。因为我本身就是木匠,既懂技术,也懂管理,清楚如何招聘和培训工人。

创办刨花板厂时,虽然对人才的要求有所提高,但也仅限于建造厂房和采购设备,阶段性地临时聘请工程师。在设计人造板设备时,我只需简单画个草图,再把自己的想法讲出来,机械厂的技术人员就会帮我完善图纸。我签字确认后,采购20吨钢板,拉到加工厂加工。这一过程我全程参与，也完全在我的掌控之中。

刨花板的主要原材料是各木器厂生产过程中产生的废料——刨花。每天有几十个民工蹬着人力三轮车在西安各个木器厂收购刨花，再运到我的厂里卖给我。刨花原料堆积在库房里，像小山一样。加工刨花的过程也不需要高学历，只需将刨花烘干后拌入树脂胶，搅拌均匀后就能铺装压制。

当时市场供不应求，产品早上生产，晚上就能把钱收回来。第一个十年的经营状态基本就是这样：生产工艺简单，技术含量低，用人主要靠熟练工，不需要复杂的管理制度，我一个人就能管理。这正是我在第一个十年排斥高学历人才的根本原因。

二、发展型企业的人才认定

随着企业的发展壮大，企业的战略方向也在持续调整。我深知，买进卖出赚取的差价微薄，且行业竞争激烈，单纯依靠这种模式，难以持久；刨花板业务也非长久之计，企业若不变革，结局唯有被淘汰。因此，我始终积极探寻新的产品与机遇。

后来，我在西安机场候机室偶然发现了一款玻璃钢座椅，这种产品在市场上很少见。我敏锐地察觉到其中的商机，开始筹备转型。我依然秉持"先有市场，后建工厂"的理念，先从四川厂家进货打开市场。看到市场反馈良好后，我便把其他厂家的产品拿来做模具，进行模仿性微创新。我请来技术人员，沿用生产刨花板的模式，很快就投入产品的生产中。之后，我将玻璃钢座椅组合开发成完整的课桌椅和餐桌椅。当时高校对桌椅的需求大增，工厂里的数台机器都是 24 小时运转，产品依然供不应求。

然而，当公司规模从几十人迅速增长到几百人时，我发现自己应接不暇，常常忙得顾不上吃饭，即使全身心投入工作，但问题依然频出。生产、销售、财务等环节复杂，产品质量不断出问题，交付受阻，资金回笼困难，物流调度也漏洞百出。每日都有新题、难题待解，工厂表面风光，内部实则乱成一团。

那时，工厂每日生产300多张座椅，同时还要接收全国各地数十上百种原材料，配件繁杂，普通工人难以胜任。而且，在化工行业，如果原料成分比例稍有差池，生产就会前功尽弃。这时候就需要专业人才了！

为了解决这些问题，我从一家大企业挖来高分子复合材料专业的高级人才，给了他5万元的安家费——在那个年代，这算是重金了。这位员工入职后，又请来两位专业技术员加入。他们在各自领域都有着扎实的知识基础和快速的适应能力，为企业注入了强劲动力。

我逐渐意识到，生意做大了，需要更专业的管理人才。我的常务副总是个有远见的人，他建议我去高校系统学习，否则没办法带领企业长久地走下去。我接受了这个建议，前往西安交通大学、西北大学、北京大学、清华大学等知名学校学习，攻读EMBA，学习经营管理的相关知识。

每次上课，我都全神贯注，为了巩固学习效果，还会把老师的讲课内容录音录像，利用业余时间反复复习，并且带动员工一起学习。在第二个十年里，这样的学习经历彻底改变了我对学历的偏见，让我认识到学历背后代表的专业素养和基础教育的重要性。

我不仅自己学，还带着全体员工一起学。为了方便组织集中学习，我让员工每天少上半个小时的班，积攒时间，每两周组织一次培训学习。坚持几年后，人人都在进步，企业面貌焕然一新。

当业务逐渐稳定，市场基础牢固后，生产和推广无须过度投入精力，服务环节的优化变得至关重要。这时我发现，高学历背景的人才往往能更好地处理复杂问题。他们在专业领域的深厚功底和系统的思维方式，让他们能够快速适应并灵活解决问题。

相比创业初期的"眉毛胡子一把抓"，在这个阶段，战略规划、系统执行和过程管理变得更加重要。这也是我在企业发展第二个阶段开始高度重视高学历专业人才的原因。

三、攻守兼备型企业的人才需求

企业发展到第三个十年，规模进一步扩大，业务趋于稳定。为了避免企业衰落和养活团队，我们仍需进一步发展，但重心逐渐转向"守江山"。这一阶段的"攻"与"守"有着截然不同的要求。

我在三十六年的创业历程中，见过许多创业者因失信而企业倒闭的，创业者为此甚至抑郁、自杀。到了企业发展的第三个阶段，要让企业长久发展下去，关键在于防止出现生死攸关的大问题。在这个阶段，企业需要能够迅速解决日常运营中各种预料之外问题的人才。从战略层面到具体执行细节，都需要专业知识扎实和实践经验丰富的人才。不仅是老板，包括中层乃至基层员工，都要具备快速判断、果断解决问题的能力。一旦犹豫不决，企业就可能出现大问题。

同时，受传统观念"万般皆下品，唯有读书高"的影响，大家往往过于看重学历。但现实生活中，那些见识广博、经验丰富、技术过硬的人，在关键时刻更能解决突发问题。

因此，在第三个十年，我所认为的人才，必须具备综合能力和多方面的专业技能。这个阶段的决策与早期完全不同，每天都会冒出各种预料不到的问题。面对这些突发状况，需要的不仅是专业知识，更是实操经验。无论是制定战略方向，还是处理具体细节，都需要那种既有扎实理论基础，又能灵活应对实践挑战的人才来解决问题。我也因此更看重那些既有理论知识，又能实际操作，且能在复杂情况下游刃有余的全能型人才。

例如，我在转型短视频行业后，所需要的部门负责人不能是单一领域的专家。他必须拥有强大的学习能力，时刻紧跟互联网热点，还要能承担策划选题、编写文案、拍摄、剪辑、运营等工作。最终，我仔细权衡后，调任总经理助理主抓短视频工作。他本是长安大学工程机械专业的研究生，但未受限于专业，曾在公司内多次调岗，是个一专多能型人才。他的逻辑思维很强，工作中很有钻研精神。短视频对他来说虽然是一个陌生领域，但他通过短短几个月的自学，已经形成一套行之有效的工作模式和方法，迅速带领整个部门快速发展，账号数据飞速增长。在很多问题上，我刚有想法，他就能准确落实，甚至还能拓展延伸出我都未曾想到的方法。凭借这样的学习和适应能力，他很快就独当一面。

正是从他身上，我对学历文凭有了全新的认识：能在一流高校拥有研究生文凭的人，大概率拥有更大的潜力和更强的学习能力。随着他们的加入，已处在攻守同步状态下的企业更是如虎添翼。

从不看重高学历，到推崇高学历，再到重新审视学历，我对学历的认识，或者说对科班出身的人才的认识经历了一个螺旋式上升的过程。我在每个阶段的选择都有相对应的现实原因，也都是由具体的经营实际决定的。回过头看，如果不是我自身坚持学习，积累和总结经验，那么我的企业将无法和人才匹配，一定会出现"人才脱轨"的状况，好在我没有放弃学习，也没有因循守旧，反而一直跑在自己企业的前列，当好了这个"火车头"，才带动着这辆火车越开越快、越开越稳，从1989年一路改道，不停地行驶到未知的未来。

资金篇
财务与资金

第一节 "解扣松绑"，再次点燃民营企业的引擎

改革开放以来，国家出台一系列法律法规和政策促进民营经济发展。截至 2025 年 1 月底，我国民营企业数量已达 5670.7 万家。国家高新技术民营企业的数量从 2012 年的 2.8 万家增长至如今的 42 万多家，占比由 62.4% 提升至 92% 以上。经过 40 多年的发展，民营企业在社会发展中有着重要的地位，发挥重要的作用。近年来，民营经济为中国经济贡献了 50% 以上的税收、60% 以上的国内生产总值、70% 以上的技术创新成果、80% 以上的城镇劳动就业，90% 以上的企业数量。

可见，民营企业是市场经济的活跃细胞，它们的健康发展对促进就业、激发市场活力有着重大意义。民营企业获取充足的资金支持，是推动国民经济发展的关键。近些年，国家正在逐步出台和完善与民营企业融资贷款密切相关的法律法规，这是宏观层面的进步。

作为企业家，我在 30 多年企业经营的过程中观察到某些问题，其中最为突出的就是有的金融机构对民企的信贷支持相对滞后。以下，我将结合自己的两段亲身经历阐述这一现象。

一、经历

1. 第一段经历

1991 年，我带着 5 万元现金前往湖南华容县钢木家具厂采购儿童床。我带的钞票面额为 10 元（那时国家已发行百元大钞，但市面上较少流通），5 万元现金连同随身物品满满当当地装了一个小行李箱。

我先从西安乘坐火车前往湖南岳阳，再转乘长途汽车前往华容县。长途汽车上，售票员提醒乘客看管好贵重物品，我并未放在心上。然而，车上的报纸和刊物有长途汽车被打劫的消息，我不由得紧张起来，

忐忑地看了一眼座位下的行李箱。为了安全，我将行李箱拉出来紧紧抱在怀里。汽车摇摇晃晃地行驶了几个小时，车上的乘客也都在议论抢劫的事件，我听得毛骨悚然。

下午五六点，汽车终于抵达华容县城，家具厂已经下班。我当即找了一家旅馆，登记入住，带着装满现金的行李箱，心里实在闹心。办理入住手续时，服务员再三叮嘱我将贵重物品存放在服务台，但我觉得还是钱不离身更放心。

第二天一早，家具厂一上班，我便赶了过去，二话不说，先让厂家财务收下现金，我拿到收据才松了一口气。

回到西安，我心想一定要办张信用卡，既安全又便利，出差带钱也不会担忧。我先后前往几家银行办理信用卡，都因条件不符无法办理。最后，我来到西安最大的G银行，柜员说我必须先存入3000元的定期存款，才能获批一张3000元额度的信用卡，即便如此，还得找一个亲戚签字担保。这哪是信用卡，这是不信任卡！我对柜员说："我相信你们未来一定会主动找我办信用卡。"

2004年9月，我突然收到一家股份制银行Z行寄来的一封信，信里附有一张信用卡申请单，声称填好寄回就能办卡。起初，我半信半疑地填写信息后寄回。没想到两周后，真的收到一张信用卡，额度5万元。长期使用并保持良好信用记录，这张卡的额度逐步提升至10万元。现在，我已是这家银行21年的老客户了。

有了这张Z行的信用卡，我果断注销G行的信用卡，取出之前预存的3000元。随着市场经济的发展，一些银行开始提供信用卡服务，我陆陆续续在其他银行申请过几张，但手续十分复杂。我必须亲自前往银行柜台，填写好几张表格，还要耐心等待十多天才能拿到卡。

2020年，时间距离1991年近30年，信用卡早已走进千家万户，成为人们生活中不可或缺的一部分。办理信用卡再也不需要烦琐的抵押和担保手续。银行的工作人员会主动上门服务，拍照、填写资料、签字，整个流程下来不到20分钟，申请信用卡当天就能获批，实体卡最迟第三天就能寄到手中。

从最初的困难重重到如今的便捷高效，我在办理信用卡这件小事上经历了银行态度的天壤之别。然而，30年了，这种改进的步伐是否过于缓慢？

2. 第二段经历

有车的朋友想必都对ETC（电子不停车收费系统）不陌生。有了它，车辆通过高速公路收费口时能够自动扣费，畅行无阻，不必停车排队，极大提高了出行效率，十分便捷。过去，我曾对这种小型电子设备心存疑虑，担心存在被盗用的风险。看到身边越来越多的人使用ETC且未出现任何问题，我也逐渐打消顾虑，决定去指定的某银行办理一个ETC。

让我意想不到的是，办理过程并不顺利。原来，办理ETC需要申请并绑定一张新信用卡，而我年过六旬，不符合申请银行信用卡的年龄要求，因此无法办理。

2025年春节前，我终于还是用上了ETC。不过，这并非因为银行改变了规定，取消了年龄限制，而是源于一次偶然的机会。在某商场楼下的车库出入口电梯前，我看到几位工作人员正在摆摊推广ETC，声称绑定微信就可办理。这正是我需要的，不到20分钟，现场办理成功。谁能想到，去大银行办不下来的事，却被深圳的一家小科技公司搞定了。

我的这两段经历表明，只要敢于创新，以客户为中心，就能赢得市场。同时，这也给金融机构提出一个问题：金融机构如何与时俱进，跟上市场发展的步伐。我认为，金融机构应当积极为市场经济提供支持，保障资金供给，绝不能因循守旧、故步自封，落后于市场发展，否则就无法发挥其应有的作用。

依我之见，如果金融机构与民营企业能在以下方面改进创新，解开三道"绑绳"，点燃三组"引擎"，我国经济及民营企业的发展将有望进一步加速。

二、三道"绑绳"束手脚，降风险不能误发展

1. 第一道"绑绳"：短期贷款无法匹配长期项目

改革开放初期，商品匮乏，供小于求，商品从生产到销售的周期短，回款快。进入 21 世纪，经济处于高速发展阶段，如今，产能过剩，供过于求，市场回归理性状态，经济平稳发展，一个好项目前期需要大量投资，资金回本周期与之前相比变长，运转周期也一同拉长。但遗憾的是，现有的贷款产品大多以短期为主，期限通常为一年，有的甚至更短。比如，我的某一笔贷款期限仅六个月，几乎是前脚刚拿到贷款，后脚就得准备还款。一个正常的项目通常需要三至五年的时间才能收回投资，多数民营企业在短期项目与长期生产之间采用"混合滚动"发展模式。一个项目结束，并不意味着其中的资金就能抽调出来，通常情况下，企业需要不断地投入资金到生产、销售等环节，保持长期运营，贷款期限到了，采购、生产、销售却不能停。短暂的贷款周期迫使企业刚获得资金便需要早早筹划还贷，原材料、半成品、成品、交付验收、在途资金等在运营中，不可能抽出资金归还到期贷款。创业者不得不频繁地在融资与还贷之间周旋，将过多精力投入研究借新还旧、还旧借新、过桥资金还贷、高利贷等手段中，以求按时还贷，费时费力在所难免。关键是某个环节一旦出现问题，企业就会遭到罚息、加息、限高、限

飞、黑名单等惩罚，如展期、续贷会导致利息上浮。短期贷款不仅分散了企业发展的精力，企业还可能因资金周转不灵而陷入危机。有些创业者被迫追求短视的盈利策略，形成恶性循环。一位海外朋友告诉我，当地贷款的规则是，只要抵押物还在，钱款就能长期使用，直到企业自愿还贷，这么一来，企业就可以放心大胆地扩大生产。这样的贷款模式，我们是否也能学习呢？

2. 第二道"绑绳"：征信不良，再难翻身

为归还短期贷款，有些民营企业不可避免地使用民间借贷、网贷等手段筹集资金还款，当然风险是如影随形的。企业一旦办理了展期、借新还旧、还旧借新业务，贷款形态会被调整为"关注类"，征信记录会出现"关注"的字样。打上这样的标签，企业就相当于进入金融机构的"黑名单"，很难翻身，也很难在其他金融机构贷款。有的过桥资金踩空，先还贷款后无法续贷，抽贷、断贷屡屡发生。这样一棒子打死的模式，让某些本就困难的民营企业很难有精神和底气再去拼搏。

我的企业与一家金融机构合作 30 年。不是我不愿意找其他金融机构合作，而是我的企业在人民银行系统被打上"关注"的标签，其他金融机构上网一查征信，我的贷款申请便被一票否决。因此，我不得不"从一而终"，不管这家机构给我定下多高的利率，我只能接受，最高时年利率达 11%。金融机构的工作人员照章办事，无可指摘，所以我有苦说不出，只能默默承担。

3. 第三道"绑绳"：追加无限连带责任

大部分民营企业成立时多采取有限责任制，旨在为创业者提供风险缓冲，确保个人生活不受企业经营状态的影响。但实际情况是，在抵押物足值的前提下，贷款仍有可能引入个人无限连带责任，个人及全家人的资产都被追加无限连带责任。这就意味着创业者需要以家属及个人资

产作为贷款担保,这样一来,企业想借钱发展,创业者就得冒很大的个人风险,可能一不小心就得赔上全部身家,让创业者"望贷兴叹""望贷生畏"。也因此,有些创业者得到贷款机会时会犹豫不决,容易错失发展机遇。在法制越来越健全的当下,金融机构已具备足够的手段应对"老赖",而对于普通的创业者,金融机构至少应当区别对待。

三、火箭离不开助推器,民营企业也需推一把

1. 第一组"引擎":国家扶持民营企业发展

"优良资产=低风险"应是共识。优良资产有评估,在合理的负债范围内,应该能贷款才对,背后的关联问题不应成为阻碍。固定资产狭义上说是企业的、个人的,广义上应该是社会资源。如果把社会资源释放出来,实际上会推动经济发展,有利于社会和国家。所以,优良资产就是低风险的代名词,我相信这一点未来会成为金融机构与民营企业的共识。

抵押物足值的条件下,允许顺位再抵押,有利于企业发展。出于风险考虑,金融机构一般不允许企业顺位再抵押。明明企业资产完整充分,资金状态良好,但金融机构出于降低风险的考虑,仍不愿意提供二次抵押贷款。金融机构求得安稳,民营企业的发展活力可能被遏制。其实,公司名下的固定资产从法理上讲,至少一半属于国家,也就意味着这一部分资产被固化,不能贷款使用。只要在抵押人偿债能力范围内,顺位再抵押有何不可?

民企老板终身制,年龄早已不是问题。2025年1月1日起实施驾驶证年龄限制新规,小型汽车取消70周岁的年龄上限。我看这就是一项社会性进步,金融机构是否能借鉴。据我观察,民营企业老板很少到法定退休年龄便退休的,往往是超龄工作,"自动续航"。金融机构应该放宽贷款年龄限制,给奋斗者"创业执照",让他们继续生存、经营和

发展。我创业 30 多载，年过花甲才自信拥有足够的经验。时代在发展，企业家自己不能退休，也必须让企业继续发展，尝试新项目、新领域和新模式。所以，我认为，申请贷款前需要考核审查的种种要素中，年龄恰恰是最不重要的一点。

2. 第二组"引擎"：政策接地气，才能真落地

每当新闻中传来国家出台扶持中小微企业政策的消息，我们看到久旱逢甘霖的希望，现实却可能是"雷声大雨点小"，政策的实惠难以落地生根。尽管国家整体利率已大幅下调，但中小微企业的贷款利率依然居高不下。以我自己的企业为例，最高时贷款年利率达 11.44%，截至 2025 年 5 月，仍维持在年利率 9% 的高位。相比之下，国家的基准利率已处于历史低位，这之间的差距令人咋舌。

所以撰写本文时，我最担心的仍是政策的落实，民营企业叫得再响，政策不能落实好，一切都是零。2025 年 5 月 20 日，《中华人民共和国民营经济促进法》正式施行。这部法律共九章七十八条，围绕公平竞争、投资融资促进、科技创新、规范经营、服务保障、权益保护等方面建立完善相关制度机制，全力优环境、疏堵点、破壁垒、解难题。如果说这是大方针、大条文，后面紧接着就是接地气、办实事的具体措施和办法。5 月 21 日，《中华人民共和国民营经济促进法》正式施行仅一天，国家金融监督管理总局、中国人民银行、中国证监会、国家发展改革委、工业和信息化部、财政部、国家税务总局、国家市场监督管理总局联合发布《支持小微企业融资的若干措施》。若干措施着重发挥监管、货币、财税、产业等各项政策合力，从增加小微企业融资供给、降低小微企业综合融资成本、提高小微企业融资效率、提高小微企业金融支持精准性、督促落实监管政策、强化小微企业贷款风险管理、完善小微企业融资的政策保障、做好组织实施等 8 个方面，提出 23 项工作措施，

进一步改善小微企业、个体工商户融资状况，做好普惠金融大文章。

这说明，我看到的问题，国家能看到的更多；我想到的方法，国家早已着手落地。国家有法律，金融机构有办法。只要金融机构百分之百地落地实施这些措施，提供支持，民营企业的春天，就真的来了。

3. 第三组"引擎"：不做害群之马，民营企业当自强

国家出台利好政策，金融机构大开方便之门，民营企业只管坐享其成就行吗？当然不行，民营企业还得扛起重担，自立自强。

当今社会中，正常发展、积极进取的企业占绝大多数，但也有不良企业不讲信用，恶意骗贷、赖账。正是这些"老鼠"害了一锅汤，其恶劣行为导致政策收紧，也让合规经营的企业跟着"陪绑"，深受其害。

因此，民营企业老板更需要学习，全面提升管理水平，跟上时代的步伐。只有这样，企业才能具备贷款条件，也才能与金融机构"门当户对"。

换个角度讲，不论为了个人、为了家族还是为了回馈社会，民营企业绝不缺少动力源。2014年至2025年2月底，我的企业所借银行贷款总额为7300万元，支付的利息高达7000万元，其间，企业不裁员、保交付、稳税收、守法律，咬紧牙关拼命坚持，既是为自家事业，客观上也为国家做出了贡献。

四、结语

2025年5月，我一边修改本书内容，一边关注民营企业保护法的相关信息，一边写一边看，越写越觉得有动力，越看越觉得有希望。我相信如果千千万万的民营企业家也像我一样被点燃、被鼓舞，民营企业也会再次点燃引擎，开足马力，随着伟大祖国一同踏上新征程，谱写中国梦的华美篇章！

第二节　关于贷款的喜和忧——"能让你更富，也能让你更穷"

对于大部分生意人，或是对有一定规模的企业来说，贷款让人又爱又恨。有了它，企业可能生存和发展得更好，但也因为它，不知有多少个夜晚企业的老板不能安眠，特别是资金链即将断裂的时候。它如蜜糖，也似毒药；它是用来救命的稻草，同时也可能是压倒骆驼的最后一根稻草。如果你还对它心存疑虑，请听我贷款的喜和忧，也许对您有帮助。

一、朴素的偏见

从1989年辞职创业到2005年，我对贷款一直抱有偏见，总觉得银行就是靠贷款收利息赚我的钱，因此对其敬而远之。20世纪90年代初，开户银行注意到我的企业资金流动频繁，多次建议我考虑贷款，我都果断拒绝。有家银行负责人劝我要为以后的企业发展考虑，建议我与银行建立借贷关系。当时我的企业正处于发展瓶颈期，我不由有些心动。后来，我听从了他的劝说，拿着房本去银行贷款，成功贷了30万元，结果这笔钱在账户上放了两个多月都没有用到。那时候，我的旧观念虽然松动了，但还是不敢随便用钱，生怕贷款到期我还不上。可是钱贷出来了，就算放在账户上不用，每天还是会产生利息，于是我干脆提前还清了贷款。

二、经营一扩大，资金就紧张

起初，我依靠自有资金经营，每年的净利润基本在5%～8%。20世纪90年代初，我做起了家具买卖，当时西安竹芭市的某条街自发形成家具一条街，我就在那里开了家分店，并将经营重心向竹芭市家具市场倾斜。1993年，我又在西安南郊开了工厂，工厂规模逐渐扩大，仅靠利润滚动发展工厂，资金显得捉襟见肘。慢慢地，我发现只靠口袋里的现金别说把生意做大，连守住摊子都不容易，每年房租涨价、设备更新、人员工资、库存积压等都是自然增长的成本。企业必须发展，但是要想发展和扩大规模就需要更多的资金，这就进入了一个死循环。这期间有很多次，因为资金短缺企业错过了大订单，到手的鸭子飞走了。

2000年初，有家外商来洽谈合作，问及我在银行是否有贷款，我很自豪地表示自己从不在银行贷款。岂料，外商笑呵呵地说了一句话，翻译过来就是"我不是企业家，只是个小生意人"。这件事像一根刺扎在我的脑海里，至今记忆犹新。

三、道理都明白，我就是不愿意贷款

通过阅读金融书籍、与业内朋友的深入交流，我慢慢理解了贷款的价值。我认识到，银行信贷其实是国家促进经济发展的一种工具，合理的负债能推动企业发展。一般来说，银行贷款的年利率维持在5%～8%，周转一次就能还掉银行一年的利息，如果企业能实现信贷资金每年周转三到四次，那么成本将大大降低。企业贷款占总资产的30%到50%，这是合理的范围。正所谓"无账不成生意"，与金融单位保持良好的信贷关系，企业一旦面临资金短缺的问题，仅凭信贷就能解燃眉之急。

虽然我逐渐理解了借贷的好处，但是我对贷款还是持保留态度，这说明我的旧思想还在作祟，关于贷款的观念并未占据主导地位。

四、第一次盖厂房非贷款不可，也尝到了甜头

2000年，西安市高新技术产业开发区启动"新材料产业园"项目，招商引资工作如火如荼，非常欢迎有发展潜力的企业入驻园区。恰好我带队研发生产的高分子复合材料曾填补陕西技术空白，因此成功获得入园资格，获批30亩工业用地。但受"有多少钱办多少事"的固有思想影响，我坚持只接受一半的土地面积。在招商引资大会上，我一次性支付300万元现金购买了13.2亩土地，这让在场的许多领导十分惊讶。

入园后，管委会不断地催促我尽快动工。但我要建设一座一万平方米的厂房，现有资金不够。我撤回了所有外地办事处，尽力回笼资金，缺口仍然巨大。这时，我才意识到，把钱攒够再建厂是不现实的。在工作在金融机构朋友的劝导下，我尝试申请了200万元的贷款，随后又陆续增加了贷款额度，总计达到了1700万元，终于把一万平方米的厂房盖完了。令人惊喜的是，次年厂房的估价就显著提升，这让我亲身验证了"房地产增值速度永远高于储蓄利率"这句话。这座自建厂房不仅成为公司的背书，更成为我在金融领域获得贷款的坚实基础，公司由此进入发展的快车道。

五、抓住新机遇，凭贷款再盖一栋楼

随着城市的发展，原来的西安市高新技术产业开发区产业园升级，国家要推动落实"退二进三"政策，也就是说整体要从第二产业向第三产业转型。园区内工业用地性质的转变，为我的企业开辟了转型的黄金通道，我敏锐地捕捉到这一历史性机遇，迅速采取行动。有了贷款盖厂房的经验，这次我在项目启动前就申请贷款，凭借过往良好的信用评价和稳固的资产基础，我顺利得到数千万元的资金支持。结合我的实践管理经验，项目推行非常顺利，最终成功建成一幢总面积达4万平方米的

综合性商务楼。迄今为止，这幢写字楼的估值已高达 4.3 亿元。

自此之后，无论是物业管理还是餐饮业务拓展，我都选择贷款启动资金，由于公司信用记录良好，银行也给予我充分的支持。

六、贷款的痛和忧

可能有人说，你用贷款把企业盘活了，只是个案，还有很多人贷款后破产倒闭甚至家破人亡，贷款远没你说得那么美好。我要说的是，这种顾虑很有道理，贷款就是一把双刃剑，你能撬动多少资金，就要承担多大风险，这一点创业者必须时刻牢记，尤其是在企业一帆风顺的时候，要不要或敢不敢加大投资？对这个问题要慎重、慎重、再慎重，三思而后行，切不可拍脑袋做决定。

贷款到手了，你会不会用？好钢能不能用在刀刃上？如果有钱了就大肆开支，没钱了再去拆东墙补西墙，一定会捅大娄子。创业者往往都会经历这样一个阶段：手里没钱的时候，到处借钱（还很难借得到），等钱借到手，却不知道怎么用。对贷款的深层次理解，不仅是对其重要性、必要性和特殊性的认识，更是对企业财务管理、预算控制和产品策略的全方位把控。如果你贷款了，在以下方面你没有提高，贷款就可能带来风险。

一是资金运营管理。是否建立了清晰完整且便于执行的财务制度？是否有详细的资金运营规划？能否确保产品销售后迅速回笼资金？是否明确了每分钱的去向，减少预算外开支？

二是营销管理。增产的目的是扩大销售、拿订单，那么你的团队是否具有签单能力？客户关系是否稳固？产品能否顺利进入市场，避免滞销？是否开发新产品？如何降低创新风险？

三是质量管理。产品质量是赢得市场信赖的基石，但扩大生产后，还能否对产品质量进行严格把关？面对突发情况时，有没有管理原材料和生产工艺的预案？能否确保供应链稳定，质量不受影响？

四是领导力与团队发展。在企业快速成长时期，老板作为领航人，如何确保自身的专业性？如何开展跨界学习，成为团队的全能导师？如何建立一套系统的方法提升团队的学习能力？

五是高学历人才的引进。在知识经济时代，企业如何吸引高层次人才？企业能否充分激发出人才的价值？企业又该采取哪些管理机制和激励机制留住人才？

六是股权架构管理。贷款关乎公司，也关乎每一位股东，股东的信用状况如何？他们是否愿意提供担保？未来是否因为本次贷款产生权益纷争？

七、终身学习才能驾驭贷款

回顾过去，我意识到自己在关键决策上出现过失误。

第一，我没有把握好时机迅速降杠杆，结果让银行贷款的利息长期保持高位，增加财务负担。

第二，由于财务报告中的数据误差，我做出错误判断，选择提高房价而并非及时出售，错失了收回资金的最佳时机，导致后来很长一段时间内负担高额利息。

人人都渴望财富，都向往美好的生活，但实现这些目标还需要智慧和文化。上述这些问题发生了，企业应该如何解决？其实很简单，打铁还需自身硬，学习能力是关键。2012年，我第一次踏入西安交通大学的校园，开始学习EMBA课程。课堂上，教授鞭辟入里的讲解让我醍醐灌顶，为什么成功，为什么失败，过去种种，都在课堂上找到了解释。所以，每堂课我都全神贯注地听课，认真做笔记并录音，回到公司就把记录内容与团队分享，组织员工一起学习。直至今日，我仍保持这种学习习惯，也会将课堂上学到的很多内容、工具融入公司管理之中。

正是这种持续的、全面的学习提升了我的管理水平，拓宽了我的视野，特别是在战略规划和人力资源管理上，我有了更深刻的洞察力，这些都为我驾驭价值4.3亿元的项目提供了强有力的支撑。所以，贷款会不会用，还得看你会不会学、学得好不好。

综上所述，我对贷款的认识，从最初的误解、回避到后来的理解、拥抱，直至现在的精通、善用，经历了一段摸着石头过河的实践过程。贷款不仅是重要的资金来源，更是对企业战略眼光、管理智慧的考验，它能让你更富，也能让你更穷。所以，敢贷款是一种胆识，会贷款是一种技能，甚至是一门专业，贷款的前前后后，都需要企业家拥有强大的学习力作为支撑，需要企业家提升个人管理水平，甚至带动团队发展，只有这样企业家才可能驾驭贷款这头猛兽。

第三节　哪里黑哪里歇着？——资金管理绝不能有商贩思维

我年轻时曾卖过西瓜。盛夏时节，拉一车西瓜在农贸市场叫卖，什么时候天黑了，什么时候收起摊位，算算收入，结束一天的生意。做这种小生意，赚多赚少取决于自己是勤快还是懒惰，赚不赚钱，天黑收摊时再算账，这就是典型的商贩思维——哪里黑哪里歇着。在企业管理中，生产、销售、采购也是如此，不论是多是少是快是慢，都有回旋余地，不至于出什么大乱子。但资金管理截然不同。会计对账，少一毛钱也是天大的事，银行贷款，晚一天都会损害征信，没有商量让步的余地，没有讨价还价的空间。部分企业倒闭破产，败就败在资金管理上"掉链子"，哪里黑哪里歇着，导致"一文钱难倒英雄汉"。

因此，我要求企业资金必须像流水一样，始终流动，不能中断、停滞，更不能堵塞。绝不能像过去做小生意那样"哪里黑哪里歇着"。例如，财务人员每天下班前，必须整理并汇报当天的资金收支情况，确保近三天、六天、九天的资金周转。在正常情况下，资金一旦发生变化，必须随时汇报。每年11月开始，财务部门要着手编制下一年度的收支计划，并在12月15日前正式签发相关文件。这一点不仅是对财务人员的要求，作为企业领导人，我也有相应的义务和责任。创业初期的老板需要"胡子眉毛一把抓"，全面负责各项事务。但对于资金问题，不论企业发展到什么程度，老板必须亲力亲为。如果对几个应收未收的款项毫不在乎，对几个客户的投诉毫不警惕，最终可能导致千里之堤溃于蚁穴，资金链断裂，全军覆没。到那时，再想力挽狂澜，可能为时已晚，企业也会因此倒下。

一、资金管理从预算开始

有些老板认为，预算年年做，早已轻车熟路、胸有成竹，但实际上，预算的偏差往往引发巨大的问题，可谓"失之毫厘，谬以千里"。借用经济学的概念来说，预算可以类比为货币供应量中的M1，而实际的资金流动是M2。M2包含M1，但比预算更为复杂、更为灵活。尤其是在实际工作中，往往出现"想到的都不会发生，发生的都想不到"的情况。这里少赚一点，那里多花一点，看似微不足道的偏差，最终可能引发连锁反应。等到资金链出现问题，才发现去年精心制订的预算计划早已成为一纸空文。

这种情况在企业中屡见不鲜：银行账户里虽然有闲置资金，但账上挂着大量应收款，库房里堆积着残次商品，同时还在大笔大笔地支付预算外的支出。这样的企业其实是在"流血"，只不过伤口不在外表，而是在内脏深处。内脏的大出血往往更为致命！只有通过严格的预算监督管理，才能尽可能避免突然"暴雷"，尽可能在问题发生前察觉、应对。

二、资金使用必须合规

为了防范企业内资金层面潜藏的风险，我借鉴了美国给某公司指派"合规员"的案例，特别安排成立资金运营合规部。这个部门的职能不仅包括资金管理、运营管理，更重要的是合规管理。我们不仅要制订预算计划，还要进行预算控制，甚至对全部资金进行管控。这种管理方式可以概括为"化整为零"——开始以三个月为一个周期，后来缩短为一个月一个周期，将管控分解到月。每天安排专人监管资金运转情况，并进行统一梳理。这样一来，公司的明天如何，本月如何，至少资金运营合规部负责人是心知肚明的。这就是提早准备、未雨绸缪。如果企业未来缺钱，老板可能提前三个月就能得到信息。今年缺多少资金，在预算做完时就已经掌握了。每个月都划出红线，制订计划，提前准备，为企业运转提供资金保障。

有人可能问，这些事让财务部负责不就行了吗？何必专门设置合规部呢？我认为，这两者完全不是一回事。资金是资金，财务是财务，二者不能混为一谈。资金管理涉及的内容非常广泛，包括营销、生产、采购、公关、融资贷款等，绝不仅仅是财务工作。财务经理和会计都无法胜任如此复杂的任务。从战略规划层面看，合规部经理的职责比财务经理高半级，直接向老板负责，就像民航的指挥塔一样，居中指挥，起调配作用。

三、靠资金运营盖了一幢楼

2014 年，我开始涉足写字楼开发项目，资金管理成为核心问题。这个项目的资金规模高达 4.6 亿元，远超我之前所有产业的资金总量。资金如何运转、如何计划，都是关乎成败的关键问题。但幸运的是，从 2014 年开工到 2018 年竣工，整整四年时间里，项目从未停工，也没有发生过围堵事件，工程款全部按计划结算。回想起来，这四年过的就像走钢丝，最危险的一天，账目上的余额仅有 400 元，简直不敢想象。但正是凭借毫不松懈的资金调度和运营管理，我成功渡过难关。当时，周边有 4 家房地产企业同时动工，只有我一家按时完成项目建设，并按计划为业主办完房产证。资金管理功不可没！

有了这次盖楼的经验，我更加重视资金管理。任何项目启动前，先做资金规划；任何工作开展前，先有财务人员介入。我们付出如此多的努力，就是为了尽可能地保证资金安全，确保资金管理没有任何死角，对每一笔收支都做到心中有数。

2020 年，新冠疫情突发，有些企业受此影响较大，还不上贷款，但我的企业挺了过来。即使在管控期间，我也会召开电话会议安排资金周转工作，动用一切手段确保员工工资照发、贷款利息照还。当时，我的美食城刚开业，面对突发状况，经营却未受到太大影响。新冠疫情结束后，美食城立即恢复营业，销售额很快恢复到疫情前的水平。

四、钱的问题无大小

以上是公司级别的资金管控。我相信很多人都有风险意识，也明白资金管理马虎不得，即使做不到一百分，八十分总该有的。但资金管理的难点在于牵一发而动全身，金额不分大小，一元钱的事与一万元的事同等重要，这一点很容易被人忽视。

比如，有一次，资金运营合规部经理审核每日资金状态时发现，我的信用卡账单少还了3元钱。当时临近下班，经理还是立即召开财务会议，要严查这次"事故"。区区3元钱的误差，怎么还上纲上线地定性为"事故"呢？其实，这并不是经理小题大做，而是此事性质严重和后果恶劣。少还3元钱，如果低于最低还款额，就会记入征信系统，我的个人信用记录受损，未来公司贷款可能因此被拒绝。一笔小钱的问题，可能引发后续一系列严重问题。从这个角度看，差3元钱和差300万元本质上无区别，召开紧急会议是非常必要的。更难得的是，在层层审核下，3元钱的误差无所遁形。这只是我企业资金管理模式的一个缩影。

每年年底资金预算编制完成后，我都会举行签发仪式。之所以搞得这么正式，是因为我想让全体员工，尤其是全体财务人员，深刻意识到以下几点。

第一，资金管理关系企业的生死存亡。资金就像一个人身体里的血液，是企业的生命线，资金的运转必须比血液循环还要高效。

第二，正因为资金管理如此重要，老板会亲自抓落实。资金无小事，财务无小事。

第三，资金管理是一项超越会计、出纳能力范围的工作，甚至一般的财务经理也难以胜任。它就像积木一样，不是孤立存在的，涉及营销、公关，甚至体现着企业的生存哲学。

第四，财务工作是实际发生制，只要发生了就不可挽回。信用卡少还3元钱如果未被发现，后续可能酝酿出一场经济危机，谁也承受不起。因此，财务人员一定要有责任意识，遇到差错或事故，首先要上报，绝不能因为担心被批评而隐瞒。

资金一旦出问题，就会"内爆"，造成"内伤"。资金藏问题，就一定藏在阴暗的角落。老板如果想避免突发的内伤，就应该目光如炬，事无巨细地审查资金情况。如果自己没有精力去做，必须安排有能力且靠得住的人来管理资金。无论如何，对企业而言，资金至关重要，绝不能"哪里黑哪里歇着"。

第四节　网络段子也能启发商业灵感——货币叠加资产化成就4.6亿元项目

多年前，我看到网上流传这样一个段子：

又是炎热小镇慵懒的一天。太阳高挂，街道无人，这里的每个人都债台高筑，靠信用度日。这时，从外地来了一位有钱的旅客，他进了一家旅馆，拿出一张1000元钞票放在柜台，说想先看看房间，挑一间合适的过夜，就在这位旅客上楼的时候——

店主抓起这张1000元钞票，跑到隔壁屠户那里支付了他欠的肉钱。

屠夫有了这张1000元钞票，立刻横过马路付清了猪农的猪肉本钱。

猪农拿了这张1000元钞票，马上出去付清了他欠的饲料款。

那个卖饲料的老兄，拿到这1000元赶忙去付清他召妓的钱1000元。

这名妓女拿到钱后冲到旅馆付了她所欠的房钱1000元。

民间管理智慧

　　旅馆店主忙把这 1000 元放到柜台上，以免旅客下楼时起疑。此时，旅客正好下了楼，拿起这 1000 元，声称没一间满意的，他把钱收进口袋，走了……

　　这一天，没有人生产什么东西，也没有人得到什么东西，可很多人的债务都付清了，大家都很开心。

这个段子流传很广，很多人看过，但大多只是当作一个有趣的笑话，一笑而过，没有深入思考其中蕴含的商业智慧。故事中，小镇中的一群人一分钱没花，但每人身上的 1000 元债务全部消失了。这让我陷入思考：如果每个人身上的债务是 2000 元呢？是不是再转一圈就能解决？进一步想，无论债务多少，理论上只要多转几圈，不就能解决了吗？区别只在于转多少圈。

　　基于这一点，我深受启发，思考这个故事中的道理是否可以应用于现实商业实践。经过仔细分析，我认为这个故事在法律、逻辑和流程上都是合情合理的，理应能为实际商业活动提供指导。

一、交易结构

　　2010 年，我开始筹备一生中最重大的项目——B 座写字楼的开发。项目预估值达 4.6 亿元，总建筑面积接近 4 万平方米，对我来说这是一次前所未有的挑战。生意越大，杠杆就加得越大。我回想起小镇的故事：1000 元未增未减，却通过货币的叠加流通消除了几个人之间的债务关系，问题迎刃而解。盖楼相比之下要复杂得多，但其中的道理是相通的。

　　在房地产开发行业，一般情况下，对于施工单位的工程款，开发商通常拿房子抵账，施工建设单位对这种做法抵触颇深。资金垫进去了，活干完了，却拿不到现金，房子还不知道什么时候能交付。但我设计的交易结构成功解决了这一矛盾。

我用房子交换，但交易方式有所不同。施工方的工程款对应着房款的一半，就可获得百分之百的产权，如 100 万元的工程款对应价值 200 万元的房子。为什么这么做？且听我解释。

首先，我方发起付款。先给对方转账 10 万元，这笔钱是工程款。对方收到后，再将这 10 万元转回给我，这时这笔钱就成了房款。如此往返叠加，直到他锁定房款的一半。相当于他没有掏一分钱，就已经支付了一半的房款。此时，根据合同约定，他已支付首付，剩下的 50% 房款可以通过银行按揭解决。当然，当房款高于工程款的两倍，货币叠加至首付款即总房款的 50% 仍不够支付工程款时，我会等按揭贷款批下来后，再将剩余工程款支付给施工方，问题也就解决了。

通过这种方式，施工单位没有垫资，开发商也没有直接支付现金。通过货币的叠加流通，借助社会资源（即贷款），完成了支付流程。施工单位拿到了工程款还得到了房产，开发商也完成了项目建设。双方互利互惠，皆大欢喜。

为什么会有烂尾楼？开发商资金链断裂是主要原因。传统开发商往往依赖卖房还债或者回笼资金，这种模式在市场不稳定时极易出现问题。然而，通过"货币叠加内循环"的方式，可以有效解决资金链问题。

在"货币叠加"的过程中，开发商与供货商、施工方合作，更便于申请贷款。这种方式不仅能增加项目的成功率，即便对于供应商、施工方来说，贷款利息也低到几乎可以忽略不计的程度，社会资源得到充分利用。一旦资金问题得到解决，项目成功也就有了更大的保障。

相比之下，那些"爆雷"的开发商往往抱着"赌一把"的心态：在

183

政策宽松、市场好的时候，房子好卖，他们还能勉强支付供货商和施工方的费用；但当市场不景气、房子卖不掉时，资金链就会断裂，项目烂尾也就成了大概率事件。

二、说服合作

想清楚这一切后，我开始行动。在建设项目中，主体设计、室内设计、总包、消防、给排水、公共区域装修、水箱、机械车位、弱电监控等环节都需要招标。我将这种"货币叠加资产化"作为核心，为每一位投标者细心讲解后，将其作为合作的前提条件。愿意相信并接受的，可以继续开展下一步。这是一个考验双方头脑和认知的过程，许多老板习惯于传统的"干活拿钱"模式，从未考虑过如此复杂的操作。一部分人压根儿就不接受，直接退出；有的虽然很感兴趣，但因为没做过，感觉有点摸不着头脑。他们听说过那个小镇故事，但不敢承担风险。

其中，有一位做机械车位改造的老板，他的公司位于一个民宅小区里，这严重影响了企业形象。他有改善的需求，于是我决定先拿他公司做试点，并向他详细介绍了操作流程。机械车位的工程造价是400万元，我建议他对应购买一间价值800万元的房子，先支付一半的钱，剩下的一半通过贷款解决。接下来，他先打给我10万元，作为房屋订购款，我当即把这10万元作为工程款打回去给他；他再把这10万元作为购房款打给我，我再作为工程款返回去……如此反复叠加，他支付房产的50%作为首付，剩余部分通过按揭解决，工程款也正常支付了。账务上明明白白，清清楚楚。整个过程走完后，他惊讶地说："王老板，还真是这样子！"

一家成功之后，我便以此为案例，与其他施工单位继续沟通。对于那些胆怯的，我手把手地教他们；对于不敢操作的，我先给他们钱，但他们必须签订合同，并在当天返款，让货币叠加运转起来。就这样，我与大部分参建单位按照这种办法展开了合作。

三、成功落地

所有板块的建设单位都已确定后，按照我提出的方法顺利开工。我和各家单位之间都进行了多次的货币叠加循环操作：我打给他们的工程款，他们收到后再返还给我作为房款，如此循环……就这样，一个预估4.6亿元的项目，以一种"轻量化"的低成本模式运作起来。再加上预算管理和工程管理的紧密配合，项目得以平稳推进。

2018年交房时，恰逢房价上涨，所有参建方都获得了远超预期的收益。我以最小的成本成功建成了这座大楼，他们则获得了不断升值的优质资产，实现了共赢。2025年，我站在楼顶张望，看到和我一起动工的邻居们——有一家还只是个坑（从动工起已过去11年了），另外一家的楼还没封顶，对面竣工的还在打官司。而我运用货币叠加的办法，楼盖完了，房产证也办完了，一切顺利。

这个项目的成功，让我深刻体会到创新思维和灵活运用资源的重要性。在商业实践中，我们常常受限于传统模式和思维定式，而忽视了那些看似简单却蕴含巨大潜力的创意。有时候，跳出常规，用一种全新的视角去看待问题，即使从网络段子里，也可能发现商业智慧。

第五节 马不吃夜草不肥，人无偏财不富

20世纪90年代初，我们这群创业者通过生意结识后，常会轮流做东组织聚餐。这种聚会既为了社交，也为了互相交流和学习。在饭桌

上，我结识了一位汽车修理厂的厂长，我俩年龄相仿，一见如故，时常在一起谈天说地。记得有一次，我们讨论"如何发财"的话题，他总结性地说了一句"马不吃夜草不肥，人无偏财不富"。这句话让我醍醐灌顶。我突然意识到，民间智慧的伟大之处可能就在于易懂易记，它与我们的日常经验息息相关，又能带来新的启发；它们既陌生又熟悉，似与个人经历相呼应，让人回想起过去的人和事。

1977年，我高中毕业，被分配到西安市碑林区的一家土产杂品店当营业员。在那个年代，物资短缺，生活用品都得在供销社凭票购买，使得营业员成了大众眼中的香饽饽。然而，我所在的土产杂品店是个例外，店里主营的是锄头、铁锹、笤帚、扫帚等农具产品，生意冷清，更别说有人来巴结，在那儿做营业员只会让人瞧不起。我那时拿着一个月32.5元的死工资，虽然足够个人开销，但帮不上父母的忙，这让我既愧疚又焦虑。

那个年代，个人从事商业活动和投机倒把挂钩，工作之余想多打份工也无处可去。幸好我是木匠的儿子，在父亲的严格要求下，从小练就了一身木匠手艺，靠自己的一双手，也能赚点外快。业余时间，我为街坊四邻上门做家具，也会将做好的家具拿出去卖。我清楚地记得，自己花一个星期精心打造的床头柜，送到西安市北大街一家国营寄卖所卖了13元钱。那时候一袋面粉才8元钱，我这一番功夫总算没白费。逢年过节，我上门给人做家具。做一个大衣柜，不管饭的45元，管饭的32.5元，至少相当于我一个月的工资。这便是我凭双手赚到的工资以外的第一笔"偏财"。

人的时间和精力毕竟有限，单靠勤奋劳作，或许能换来温饱，但若想积累财富，却远远不够。好在我还有些"小聪明"。20世纪80年代，小规模商业活动兴起，我的心思也活跃起来。

记得那是一个傍晚，我在排队打水时偶然听到前面两人议论着什么，他俩你一言我一语，称赞山西汾酒物美价廉，又抱怨这酒在西安卖得太贵，山西本地的才便宜。我以为发现了商机，激动不已，晚饭也顾不上吃，次日一大早坐上火车直奔山西运城。在当地，我以一瓶 9.3 元的价格买到两箱共 48 瓶汾酒，回西安后，又以 13.5 元每瓶的价格出售，一下子就赚了几百元。只是利用信息差倒买倒卖，就赚到相当于几个月工资的"偏财"。这使我强烈地意识到：想赚钱，还是要做买卖。

　　过了几年，我在一本书中读到"房地产的增值率永远大于银行的储蓄利率"，于是以理论指导行动，开始找机会买进房产。刚好自家附近有一对夫妇正在闹离婚，要出售一间独院房，我找到他们，一番谈判之后，价格从 11700 元压到 11300 元。我从朋友和家人处总共借了 11300 元，买下房子之后立即去附近的一家公证处办了一份公证，然后在《西安晚报》上刊登出售独院房的广告，最后以 17000 元的价格卖给一位个体户。这又让我赚了一笔不小的"偏财"。

　　这些大大小小的"偏财"，一次又一次地刺激着我，增加了我下海创业的动力。

　　这两次低买高卖都有运气成分，真要靠生意发财，哪有那么容易，更多的是靠细水长流，一步一个脚印地摸索。1989 年，我辞职下海经商，开始做家具生意，也只是比上班多赚些，离发大财还差得远。那时我有一间门面房，但随着经营规模扩大，家具品类的增多，其空间已远远不能满足需求，我亟须再购置一间库房。

　　多方打听下，我得知西安市小南门马道巷里有一间房子正在出售。过去一看，原来那房子有前院和后院，出售的屋子在后院，因房主与前院屋主不和，常因用水用电的问题起冲突，这才急于出手。我还注意到，这间房子的入口在一条背街小巷，人流稀少，汽车可以开进院内，上下货很方便，无论当作办公室还是库房都很合适。房东出价 7.5 万元，我当场答应，迅速办理过户手续，并将此处登记为公司注册地址。

几年后，政府规划拆迁，马道巷被划入拆迁范围。我的那间小房子属于营业用房，拥有完整的工资、税务记录，因此在拆迁补偿中，我不仅陆续获得了约 10 万元的员工工资补偿，还得到了一处新房产。10 年后，新房划分下来，正好赶上房地产的繁荣期。我立即将其以 63 万元的价格出售，加上之前补偿的 10 万元，总计收入 73 万，这笔不动产投资 10 年翻了 10 倍，为我带来了丰厚的回报。

常言道，"君子爱财，取之有道"。我因为头脑灵活，反应迅速，靠勤奋，靠聪明，又或者靠商业头脑无师自通地吃过许多"夜草"，赚了很多次"偏财"。但我逐渐意识到，靠勤奋是吃"青春饭"，靠小聪明也是一时的，只有靠智慧与策略，合法合规地经商创业，收益才能长久。

有趣的是，做生意曾被认为是投机倒把，随着时代发展，其摇身一变，成为发家致富的康庄大道，也成了我奋斗一生的事业。

我转型房地产之后，先是盖了一幢 8 层高的写字楼，总投资约有 1700 万元，恰好被一位大老板看上，出资 3500 万元收购。这是天上掉馅饼，只要我同意，现金立刻到账，当场就能发大财。在巨大诱惑面前，我又想起发"偏财"的理念。3500 万元虽好，但这么大的短期收益该如何消化？一方面，不知有多少人发了横财便花天酒地，事业也扔到一边了，这是人性，我恐怕不能免俗。另一方面，多年前我就学到，房地产的增值率永远大于银行的储蓄利率，所以在我眼里，这幢楼还会持续升值，3500 万元远远不够，未来它可能有更大的增值空间。思考再三，我选择继续发展，拒绝了对方。现在，这幢楼 10 年升值 10 倍，估值已达 1.7 亿元，成为我最重要的资产背书之一。

从我的经历来看，不光人无"偏财"不富，企业没有"偏财"也不行。按部就班，朝九晚五，小富即安，是一种人生；竭力尽智，创造财富，造福家人，也是一种人生。偏财的"偏"不是捞偏门，也不是动歪脑筋，而是工资以外的收入和财富，不仅如此，通过学习、思考，从而收获的思想和知识，也是一种"偏财"，甚至是最大的"偏财"。正如《孙子兵法》中的"以正合，以奇胜"，偏财从来不"偏"，它像一支人生的奇兵，发现它、运用它，往往能帮助你在关键时刻出奇制胜，创造更大的价值。

第六节　成功方法各异，失败大致相同

在我三十多年的创业过程中，接触到的功成名就的企业家屈指可数，但破产倒闭、锒铛入狱甚至家破人亡的较多。成功者，如八仙过海，各显神通；失败者，往往是在财务和安全两个方面出了问题。

一、财务管理

20世纪90年代，西安市雁塔区有Z姓兄弟三人，开了一个家具厂，专门生产各类茶几，效益相当不错，我也是他们的客户。他们的生意越做越大，但就因为一笔业务，家具厂一夜之间陷入危机，货物被骗，兄弟阋墙，不久家具厂就倒闭了。

一切都要从山西运城的一个客户说起。这是三兄弟的一位老客户，每隔一段时间就从山西来西安批发一批家具，拉到运城零售。一来二去，他和三兄弟混熟了，彼此之间也有一定的信任。有一天，这位客户联系他们家具厂的业务经理，说有辆顺风车可以拉货，想拉一车茶几到运城，等茶几送到了再结货款。业务经理将此事汇报给老板，三兄弟一

合计，毕竟是老客户，就给客户行个方便，何况还派业务经理跟车押货，这还能出什么问题？于是爽快地答应了。

运往山西的货物装满了一辆整车，总价也有数万元，这在当时可是一笔不小的数目。按说出这么大金额的货物，肯定得通过一系列财务审批手续才能发车，但那时的私企根本没有严格的财务管理制度，只要老板发话，下面的人就会低头照做，谁也不会多个心眼。货车到达山西是傍晚，这位客户安排将货物卸在一个国营百货商场的仓库里，入完库房时间已晚。客户对厂家经理说："时间太晚了，我把入库票据给你，明早来结账，今晚先好好休息吧。"

那位押车的经理见这是国营商场，又是厂里的老客户，心里特别踏实，收好票据就去宾馆休息。隔天一大早他到业务室结算货款，却迟迟不见人来，就去找晚上收货的保管员，保管员让他找经理，结果被告知商场单位里根本没有这个人，经理一下慌了神，原来送货人欠这家商场的货款，以物抵债，他们当晚卸完货物，人和车都走了。经理意识到上当了，立即给老板打电话说明情况，又到派出所报案。

那时候法律尚不健全，又没有购销合同等手续，经济纠纷很难解决，嫌疑人都找不到，更别提追回货款。遭受这样一笔巨额损失，兄弟三人与那位负责押货的业务经理之间相互责备，货款收不回来，无法给原材料厂家结款，又因材料短缺无法继续生产，好端端的一个家具厂，只因这一笔业务，最终不得不停产。

三兄弟的失败不是个例，犯同样错误的还有西安边家村一位J老板。他也是一家家具店的老板，因为业务上我们有过合作，就成了朋友。有一天，我去找他时，发现他的店已经关门，人去房空。经过了解，才知道他不久前因为上当受骗，收不回来资金，供货商堵门要账，家具店无法经营，已经关门了。

骗J老板的是陕西镇安县的一个小老板,这人从J老板店里进货,再将货物拉到镇安售卖。他先是一点点在J老板店里订货,建立了信用以后,直接赊账了一车货物,拉走货后立即消失不见,只留下一张没有任何用处的借条。

J老板意识到自己被骗,多次去骗子老家追债,到地方后才发现骗子家里只有媳妇和小孩两个人,一张席子和一个土炕,媳妇说好久也没见人回家。

冤有头,债无主,J老板即使多次前去要账,但当事人不见踪影,J老板也无可奈何,只能心灰意冷地回到西安。很快股东之间矛盾四起,家具店无法经营,不久就倒闭了。

二、安全管理

20世纪90年代中期,我有位朋友经营一家海绵制造厂。海绵是易燃品,任何轻微的摩擦都可能引发火灾,现在国家相关部门有严格的消防检查,预防火灾发生,但在那个年代,全靠经营者自我监督。就因为管理者没有将安全问题放在心上,有一天工厂失火,6名员工不幸葬身火海,最后,朋友作为企业责任人,被判处了有期徒刑。

还有一个例子。我的一位员工离职后自己开了个家具厂。喷塑车间的烘干房需要高温油炉才能运作。家具城的管道长时间燃烧加温,没有定期清理,更没有安全管理制度。日积月累,管道内部存有大量积炭,油管堵塞,在一次生产过程中高温油炉突然爆炸,他的父亲在这场事故中不幸丧生。

我认识的四位老板:一位做家具,一位做商贸,还有一位做印刷设计,这三人都是因为酒后驾驶发生了车祸不幸丧生;有一人的公司,因为管理团队集体辞职,收不回来货款,他因此抑郁,我曾经三次长时间打电话安慰他，但最终他还是选择了轻生。

还有一个老板，他的一名员工不慎从高空坠落，伤势严重，住院多年，事故给伤者本人和家庭带来了伤痛，给企业也造成巨大损失。

这些事故的发生，源于安全管理意识淡薄。安全事故的发生，不仅给企业带来不好的影响，而且造成人身伤害、残疾，甚至死亡。所以，企业或企业老板要增强安全意识。

企业在经营过程中，容易在财务和应急安全管理两个关键领域出现问题。在这两个方面，再多的谨慎也不为过，所有创业者一定要牢记教训。

学习篇
学习与自悟

第一节　外行看热闹，内行看门道

中国人素来有看热闹的习惯，无论大街小巷，只要发生点儿新鲜事儿，好事者就可能聚在一起，七嘴八舌只是为了打发时间。其实，看热闹中也蕴含着大智慧。以我为例，我从小就爱看热闹，也看出了许多门道。这些经历不仅增长了我的智慧，还被我运用到企业管理中。在这里，我就给大家讲讲我从看热闹中学到的智慧。

一、看热闹学来滚杠理论

二十世纪六七十年代，我还是个调皮的孩子，经常钻到人多的地方看热闹，目睹了不少新鲜事。那时候，西安城内的一些背街小巷大多是用砖块铺就的路，而一些工厂院内连砖块路都没有，仍是土路或石块路。因为没有起重机，移动重型设备就成了集体力量的壮举，往往十几个搬运工赤膊上阵，齐心协力，声势十分浩大，我常常跑过去看。搬运工移动设备时，会在下面铺几块木板，上面再放几根铁棍，这种铁棍被称为"滚杠"，人们推动上面的设备，滚杠就像轮子一样在下面转动。当后面的滚杠退出后，会被重新放到设备前面继续滚动，如此前后交替循环，最终将庞然大物成功移动到指定地点。若是遇到凹凸不平的路面，就换上比较粗大的滚杠。这个过程在我看来既有趣又令人惊叹。有趣的是，通过简单的滚杠滚动，沉重的设备就能被轻松移动；而令人惊叹的是，这些原本毫不起眼的铁棍，通过巧妙的使用，竟能发挥巨大作用。

几十年后，我成了老板，经营着自己的公司。我发现，企业的发展同样需要类似的智慧。重点培养一两名骨干，就能推动整个企业的发展。这一两名骨干独当一面，能够推动各项工作顺利进行。这让我想起了小时候看到的滚杠——骨干就是支撑企业前进的"滚杠"。

　　由此，我总结出了人力资源管理的"滚杠理论"：不同的人才就像不同直径的滚杠，承载能力各有强弱。精准投入资源培养关键人才，就能产生巨大的效益，这就是"四两拨千斤"的妙用。我听说古埃及建造金字塔时，运输石料时可能也采用了类似滚杠的方法。这种方法虽然古老，但是高效，极小的投入就能产生巨大的效益。

二、看热闹看出新事业

　　我在2023年创立短视频账号，几个月的时间粉丝就突破数万，许多人很好奇，为啥我一把年纪了还要玩自媒体短视频呢？其实，这最初源于一种"看热闹"的心态。

　　2022年3月，我在筹备新餐饮项目"云景树"时，需要买一棵桂花树，准备栽种在写字楼的楼顶。按照以往的经验，我开车前往一处花草树木的交易集散中心，到了那儿一看，偌大的交易集散中心门可罗雀。我十分纳闷：人都到哪去了？回来向朋友打听才知道，如今谁还去集散中心买树？大家都在抖音平台下单，还能送货上门！我有些惊讶，原以为抖音只是个娱乐软件，没想到还是个商业平台，虽早已下载却从未使用。我打开一看，里面热闹得不得了，五花八门的直播间里，卖花鸟鱼虫的、卖日用品的、卖电子产品的应有尽有，卖树苗的也不止一家，听着主播的解说，我很快就挑好了一棵树，数天后树就送上门了。这次购买桂花树的经历，让我意识到，商业模式已经发生根本性的改变，过去坐店等客的时代一去不复返，互联网时代一定是线下和线上相结合，两条腿走路，才会走得更远。于是，我果断决定在公司内成立新媒体事业部，入驻抖音、视频号等短视频平台，打造个人IP，就这样一边创作一边培养团队，粉丝迅速增长，企业的战略发展甚至因此发生调整。我现在每周至少开一次直播，看到直播间的观看人数噌噌地上涨，我心里好不得意，原本只是看个热闹，不承想，自己也成了热闹中的一分子，还因此开创了新事业。

三、看热闹也能培养人才

近些年，我不仅自己看热闹，还带领公司团队一起看热闹。

2024年8月，我带领团队一行四人前往乌镇参观，游览了乌镇、南浔、西塘三大江南水乡，收获颇丰。南浔四大家族的乐善好施、卓远见识和善始善终都给我留下深刻印象，让我在经营、管理和人脉方面有了更深刻的认识。当地背街小巷的繁华景象再一次印证了"宽街无闹市，窄巷存旺铺"的道理，还有景区的引流思维也很值得学习。返程后，我和同行骨干交流看法，令人欣喜的是，因视野不同，大家的收获各有不同，但都有长进。最后经过总结，得出十点感悟。

第一，企业家一定要有博爱、利他、向善的品德！南浔的刘家老夫人乐善好施，承诺帮助邻村修路，言出必行，后代履行承诺，回报乡里。

第二，门当户对。南浔四大家族相互结亲，消除思想错位，强强联合，合作共赢。

第三，有文化支撑的商业才能长久。刘家嘉业堂藏书楼至今100多年，文化引领，资本推动。

第四，预判风险能力，危机发生前撤离。

第五，经商。南方人选宅依山傍水、门前码头。风水学讲究"天人合一"阴阳平衡理念，人与自然和谐共生。

第六，此行再一次验证古人"宽街无闹市，窄巷存旺铺"的理念！不仅广东、福建如此，浙江也是如此。

第七，西塘、西湖景区免门票，引流思维很值得学习。

第八，对"人脉"的深度理解。人脉不次于血脉，人脉就是生命力。

第九，差异化定位。刘家的银子、张家的才子、庞家的面子、顾家的房子，各有所长！

第十，中国制造业的生态链无法被取代。

这次乌镇之行让我感受到，外出旅游有三重境界：第一重，纯粹看热闹，走马观花，边看边忘；第二重，观赏美景，放松心情，愉悦身心；第三重，边看边学，提炼总结，培养人才。我把无意识的见闻升级为有意识的思考，把个人学习转化为团队学习，不再给下属灌输什么，而是让他们自己观察、领悟，再通过交流分享，互相学习，培养人才的效率大大提高了。

俗话说，外行看热闹，内行看门道。社会就是一所大学，蕴藏着大智慧，等待着我们学习探索。重要的是，我们要学会看热闹，通过看热闹的过程，集看、听、闻、问、触、思于一体，进行深刻的、难以磨灭的思考，看到悟到学到了，可以收获无穷无尽的智慧，运用到生活中，丰富我们的人生经验，这也是古人常说的，"世事洞明皆学问，人情练达即文章"。

第二节　自古宽街无闹市

1985年，我第一次去广州出差，在朋友的陪同下参观了几条窄街小巷，这些窄街小巷给我留下深刻印象。巷子的小市场里，人流熙熙攘攘，非常拥挤。朋友当时对我说："自古就有'宽街无闹市，窄巷存旺铺'的说法，你看这不就是。"这句话我是过耳不忘。

一、书中自有黄金屋

小时候，父亲常对我说："书中自有黄金屋。"当时我似懂非懂，并不明白这句话的真正含义。

1996年，我带领团队开发了一种不饱和聚酯复合材料的座椅，通称"玻璃钢座椅"。这种座椅填补了陕西地区的产品空白，为便于销售，我向陕西轻工业局申请，获批了"陕西省新产品投产鉴定合格证书"。产品进入市场后受到大众的喜欢，生意异常红火，车间里几台液压机要全天候运转才能勉强完成订单。后遇全国高校扩招，课桌椅、餐桌椅家具的需求暴增，我抓住机会，不仅在西安各高校开拓了市场，还在银川、兰州和包头拓展了业务，生意做到东三省。订单源源不断，销量越来越大，但可用资金越来越少，企业运转困难，发展遭遇瓶颈。

玻璃钢座椅合格证书

玻璃钢座椅生产车间

就在那段艰难时期，我读到一本关于金融学的图书，从中详细了解了"布雷顿森林体系"及美元与黄金的关系。我恍然大悟，企业面临的困境并非资金技术或者管理上的缺陷，而是缺少稳固的资产基础，犹如建在沙子上的城堡，一有风吹雨打，就会垮塌。我下定决心，要为企业建造最坚实的地基——固定资产。

经过深思熟虑，我认为土地和房产就是企业的"黄金"，要想基业长青，企业必须有优良的固定资产做背书。

是的，那本书让我对商业有了全新的思考，企业战略也随之改变。这让我第一次真切地领会到"书中自有黄金屋"的深刻含义。

二、机会只留给有准备的人

确定战略方向后，我着手开展买地计划。1998年，《西安晚报》上刊登了一篇新闻，说西安高新技术产业开发区计划开发一处"新材料产业园"，招商局正在开展招商引资工作，欢迎有发展潜力的企业入驻。经过招商局的考察，我企业的产品因为填补了陕西省产品空白，刚好符合条件，因此顺利地通过申请，被批准进入园区。

招商结束后，相关部门根据企业规模大小划分土地。个别企业尽管规模不大，但资金实力雄厚，又有关系人脉，多跑动一下也能争取到比较好的地段。然而，对于没有这类"隐形"资源的我来说，只能捡别人挑剩下的。我一没人脉，二没关系，所获批的土地在路宽只有九米的科技三路上。

有好心人劝我再努努力，活动活动，把地买到宽阔街道。但我又想起广州的那条热闹小巷和朋友的那句话——"宽街无闹市，窄巷存旺铺"，我笃定未来城市发展，这条街必将繁华。

三、实践验证了传统文化的智慧

我是这条街上第一家动工建设的企业，一开始就按照未来的商业考虑，建设标准的写字楼，并前瞻性地设计了地下停车场，这在当时颇为罕见。我的判断没错，事实也证明了老祖先的智慧。二十多年过去了，西安市高新区科技三路这条窄街道热闹繁华，在早中晚上下班高峰时段，路边甚至连停放自行车的位置都没有，各类企业竞相入驻，我的房地产业务与餐饮业务也蓬勃发展，尤其是当年设计的地下停车场，发挥了巨大作用。"地主""房东"梦实现了，企业也有了殷实的固定资产。

企业大楼

2024年，我带领团队前往乌镇考察，目睹了当地旅游业的繁荣景象。乌镇，既有"中国最后的枕水人家"之称，又是世界互联网大会的永久会址，展现了历史与现代的完美融合，吸引大量游客前来参观游玩。我特别留意到，古色古香的街道狭窄逼仄，但热闹非凡。游客似乎更偏爱这种拥挤的热闹，都想去摩肩接踵的窄街里挤一挤，有时拥挤不动，被迫驻足，周围的商铺就来了生意。相比之下，宽敞的主干道略显冷清，行人匆匆走过，很少有购物热情。我再一次想到，这不正是"宽街无闹市，窄巷存旺铺"吗？果然道理是相通的，不论北方还是南方，不论过去还是现代，都体现了智慧的普遍适用性。

　　我认识的一位人力资源专业博士生导师说过：大学里所学到的专业知识，只占人一生中知识总量的20%至25%，绝大部分知识还需要在社会实践中，随时随地、随人随事地学习，并且个人还要具有学习的能力和智慧。"宽街无闹市"的道理很多人都懂，但能用好的人寥寥无几，这正是人与人之间拉开距离的重要原因之一。对我而言，正是对这句俗语的领悟，彻底改写了我的企业乃至家族的命运。

第三节　读书破万卷，不如读懂现实一卷——企业家多从实践中学习

　　我常说：终身学习是实现梦想的推动力。学习的重要性尽人皆知，我的话也只是着重强调而已，真正的问题是，如何学和学什么。在我看来，只有一个答案：从实践中学。

　　很多人都知道，读书是学习，上学是学习，甚至聪明的人在旅行、考察中也能学习，但在我看来这些还只是起点，就像拉弓射箭一样，都

是张弓蓄力的过程，更重要的是，靶子在哪儿？答案一样很简单，在实践中，在现实中，在生活中。从书本中记住的知识，不会应用，等于零；在课堂上学到的方法，没地方用，等于零；生活中积累的见闻，不能指导行动，还是等于零。也就是说，如何认识现实，没那么重要，如何改变现实，才更重要。

一、美金的启发

"布雷顿森林货币体系建立于1944年。44个国家在美国布雷顿森林召开会议，美国提出由美元承担国际货币的重任，即美元与黄金挂钩，其他货币直接与美元挂钩的主张，并得到认可。从此，布雷顿森林体系下的国际货币体系正式确立，通过美元与黄金挂钩，美元正式成为世界储备货币。"以上是我二十多年前在一本金融学书中读到的内容。美元之所以值钱，是因为它与黄金锚定。那自家企业的锚点是什么呢？我想大部分人看到上文，记性好的也能记住一段历史，酒桌上多了一些谈资，仅此而已。还会有很多人觉得，六十多年前美国乃至国际金融的事情，与我有什么关系？不值得一看。但在当年，我读到此处时，如拨云见日，豁然开朗。

那时我还在办工厂，因为国际、国内甚至本市的市场情况发生变化，竞争日趋激烈，营业状况一年不如一年，利润也在大幅下滑。我表面上是个老板，每年为国家上缴税款，也为社会提供几百个就业岗位。但实际上，我总感觉如履薄冰。让我担忧的是，短短几年内，因为城市化改造，厂区拆迁，我的工厂被迫搬了六次家。每次拆迁，补偿款发到房东手里，而我呢，搬家就代表要承受损失，这对举步维艰的企业来说是雪上加霜。

布雷顿森林货币体系中的美元与黄金挂钩给了我启示，虽然美国的崛起促使美元与黄金挂钩，但是这也保障了美国在世界上的地位，在金融层面，以黄金为地基，美国经济稳如泰山。那我呢？我企业的地基是什么？再想想搬家的痛苦经历，答案不言而喻，就是土地。一旦发生经济危机，有工厂无土地，工厂倒闭；有土地无工厂，土地恒存。企业的背书是优良资产，是土地资本。于是，调整企业战略，调整发展方向，一定要锚定房地产，后来就有了购买工业土地建造厂房的故事。经过十多年的发展，西安市高新区又开始了"退二进三"的城市化建设，后面买地盖楼等一切事业的根基，就孕育在这一刻的思想转变中。后来，新冠疫情期间，有些店铺，甚至中小企业都关门了，我即使关掉其他产业，靠房租物业费也能继续发展，甚至还有余力进军文化产业，这些都是靠地产支撑起来的。布雷顿森林货币体系启发了我，如今我的企业也有了自己的资产体系。

二、54岁进课堂，今天学明天用

2012年，创业的第23个年头，我已经54岁，基本完成了地产的战略转型，企业发展到了一个新阶段。自改革开放以来，中国经济经历了翻天覆地的变化，我所担心的问题从利润能否增长，变成我能不能跟上时代发展的节奏，知识的匮乏让我对新事物的理解受限，我深知，不学习不行了。但此时，仅靠读几本书无法满足我的需求。在高人的指点下，我走进高校，开始系统学习。

在随后的几年里，我先后走读于西安交通大学、西北大学、北京大学和清华大学。平日里，我全身心投入公司事务；到周末学习日，便匆匆奔赴校园，继续我的学业。这样的学习频率保持在每月一次，每次两至三天。一个知天命的老汉，一个事业有成的企业家，为上学把自己逼得这么紧，为什么？因为我有着清晰的目标——带着提升自我认知、推动企业发展的使命去学习。我深知，学习的最终目的就是应用，这种强烈的使命感让我时刻保持紧迫感。

好在，知名学府确实名不虚传，我一边在课堂上系统性学习理论知识，一边结合自身创业经历揣摩理论知识。思维导图、漏斗效应、蓝海战略、金融互联等知识都是在课堂上学到的，回到公司后，我还召开培训会，把所学的知识与员工共享。然后，我就趁热打铁，尝试把这些理论付诸实践，转化为自己的实践经验，美食城就是理论成功落地的典型例子。

就这样，今天学明天用，学得快，用得也快，我的经营理念从野蛮创业的思维中走了出来，后来选择紧跟时代潮流，进入自媒体领域，开设抖音、微信视频号账号，打造个人IP等，都得益于那段宝贵的学习经历。

三、生活是企业家的大课堂

2024年8月，我带领团队前往北京与出版社洽谈合作事宜。工作之余，我们一行三人参观了首都博物馆，又去当地有名的一家面馆吃了一顿炸酱面。休息间隙，我问同伴有何感想，他们的回答不外乎是看展览开眼界、餐饮有特色之类。我听后笑着说，"你们还只是教条思维，看山是山，看问题停留在表面，我想到的和你们截然不同"。例如，博物馆不仅是文物展览，很多书本上读一遍记不住的内容，对照着历史文物再看，就能印象深刻了，所以实地参观往往比书本学习更为深刻。这就是"读万卷书不如行万里路"，这还仅是初步认识，进一步思考，我们要办学习会，是否可以将此地作为游学活动的一部分？是不是就和实践联系起来了，那么再深入一些，我们可以考虑规划行程、预订酒店，甚至与博物馆探讨商业合作的可能性。至于那家炸酱面馆，一碗面卖

35元，是西安物价的3倍，我用手机上的测量仪测了整个店面的面积，又在网上查到附近地区的地价，初步估算，一家面馆的地皮价格就是一个亿，这样算下来，店面不管是租的还是买的，在这寸土寸金的地界，一碗面卖35元还是太便宜了些。这不就是"本大利小利不小"吗？我的这番分析让同事惊讶不已，他们没想到一次简单的出行竟然蕴含了如此多的商业洞见，这就是"生活也是企业家的大课堂"的写照。

其实，这正是我所倡导的——随时随地、随人随事都可以学习。还有一次去乌镇旅行，我就从人力资源、经商之道等角度总结出十点感悟。对大众而言，外出旅行是放松身心、增长见识，但对企业家来说，出一趟差、旅一次游，甚至吃一顿饭，都是获取知识和灵感的源泉。

四、学以致用和用以致学

在古代，"书中自有黄金屋"指的是读书人考取功名就能升官发财，当代哪还有这种好事？读书人遍地都是，其附加值已降低。在义务教育阶段，我们从书本中汲取基础知识、常识和广泛的知识，努力学习，进入好的学校，学习好的专业，这无疑是个人成长的重要途径。而一旦步入社会，许多人才会意识到，纯粹的理论知识往往难以满足实际工作的需求，理论与实践之间存在鸿沟。

学历只是敲门砖，不是万能钥匙。尤其对创业者而言，理论和实践完全是两码事，如果有人试图仅凭理论来经营企业，就必死无疑。我没有上过大学，这丝毫不妨碍我做成事业。在三十多年的创业经历中，我能够随机应变，凭借自学和实践解决问题，这些能力都是"社会大学"赋予我的。有位作家说过，学问与幸福没有关系，我认识的许多饱学之士并未在商业上取得成功，而大量像我这样的"野路子"，反而把生意做成了。那些课堂、书本未能教会我的，我在现实生活的熔炉中找到了答案，甚至获得了更深刻的理解。

我听说，以色列有些孩子高中毕业后可能去世界各地旅游，其目的是从书本中走出来，先了解现实，再回到课堂。虽然国情不同，但我想这样做是有意义的，值得借鉴。就我自身而言，当我事业有成，重返校园时，我发现自己就像海绵吸水一样，"贪婪"地吸收课堂上的知识。所以，我相信，先实践再学习，并将所学应用于实践，循环往复，也是成功之道。

第四节　人教人百言无用，事教人一遍入心

我公司的培训制度明文规定：员工每天只工作 7.5 小时，剩下的 0.5 小时积攒起来，每半个月利用周六上午集中培训 3 个小时，全体员工必须参加，非紧急事情不得请假，即便请假也得报总经理批准。因为有这样的硬性规定，员工都特别重视培训，迄今为止，这项制度已实行十多年。

之所以定下这样的制度，缘于我的亲身经历。2012 年起，我持续在某些高校学习，每次课堂上听到教授讲授的管理学知识，我都有一种似曾相识、与经历相互印证的感觉。回顾自己经营企业的历程，教授说的道理，原来我早已践行。以前是凭感觉在做，系统学习后才意识到内在的逻辑——借鉴的民间智慧，也是成就我的重要因素之一。我深刻感受到，学习永远不晚。不但个人要学习，团队也要学；不只领导者要学，管理层要学，一线员工也要学，这才有了全员学习的安排。

但学习这件事儿，走过场易，出效果难。我有几十年的实践经验，每次听到专家教授的理论，我总能从个人经历中找到案例，交叉印证之

下，和老师同频共振。员工哪有我这种经历？即便强制学习，他们也可能是做做表面功夫，应付差事。如果放任自流，不但浪费大家的时间，团队也难以成长，甚至耽误整个公司的战略发展。

所以，我把两周一次学习的意义提到人才培养的高度，谁马虎，谁掉队，谁就在公司没前途。我要求人力资源部门购买线上课程，负起第一责任，组织全员学习，从国际局势到政治经济，从管理知识到逻辑思维，从社会心理到商务礼仪，必须让每一堂课都物有所值。

看视频学习终究是填鸭式教育，我想起有位教授说，自己当老师教别人，比听、说、读、写更有效果，知识吸收率可以达 90% 以上。鉴于此，每年我都安排两名骨干去高校学习，他们结伴而行，相互激励，相互帮扶。每次开学前，我会交代一个任务，课不能白上，利用周末回公司当老师，上讲台给全体员工讲课。不但他们要讲，每位员工都要轮流发言，分享学习心得，检查学习效果。这下他们头大了，课堂上全神贯注地当学生，回到家还要全力以赴地备课。一次课程至少得学两遍，还要经得住同事的提问和点评，有位老员工培训回来就说："王总，我每天上课一点都不敢分心，比我上学时还认真，生怕回去讲不好，丢人。以前总盼着您派我出去培训，远离工作，能轻松轻松，现在一听就害怕。"我对他说："这就对了，学习是逆人性的，要是把培训当放假，不但钱白花了，你的时间不也白费了吗？再说，还有比这效果更好的学习方法吗？"他这才恍然大悟。

我转型做自媒体后，好几位从不看短视频的骨干也被迫赶时髦，"转业"做起了短视频，等他们干出一点成绩，我就安排了一场线下观摩课，他们担任启蒙老师，给报名的粉丝讲解零基础入门短视频行业。一听要当老师，他们立刻紧张起来，这才发现，工作做起来容易，讲出来难，教别人更难，而且不知不觉已学到了这么多新知识，不这么总结一次，自己都意识不到。就这样逼着、赶着，全流程管理的办法写出来了，"老带新"的模式探索出来了，人人都让事教一遍，团队也得到历练。

说完员工的案例，我也得讲讲自己的。关于合伙企业，在很多年里我都是只闻其名，不见其形，尤其是身边也没有成功的案例，不知道怎么合伙，怎么经营，和股份制公司又有哪些不同。对这种相对较新的组织形式我一直保持着浓厚兴趣。2012年，我发起并成立一个企业家读书会，后来读书会逐渐发展，聚拢起1000多位志同道合的企业家，有了一定组织规模。大家平时在群里分享、讨论甚至争论，即使组织活动，也是讲座、沙龙居多，停留在嘴上。我不禁反思，你一句我一句，公说公有理，婆说婆有理，一个企业家的学习组织仅成为一个谈天说地的消遣场所，那是背离我组建读书会的初衷的。于是，我提议探索合伙企业经营模式，有胆量的学友可以共同合作做事业，学习用事教人，同时摸索。经过长达数年的讨论，2018年读书会正式开始"兵棋演练"，试验探索合伙人制，我们组建了一个有限责任公司作为普通合伙人，78位学友每人投资1万元成为有限合伙人，再成立两家有限合伙企业，并委托运营公司负责日常运营。在工商局注册时，工商局的工作人员都傻了眼，"怎么会有这么多人合伙办企业？"他们不知道该怎么办理，只得请示领导，几经周折才完成注册，从这儿也能看出合伙项目的特殊性。

我们这些出资人本就各有各的事业，参与合伙企业是为了尝试、探索学习，都不指望靠这个赚大钱。以前只知道有合伙企业这种组织形式，只有亲身体会了，才知道运作的机制，俗话说"钱在哪儿，心在哪儿"，虽然对合伙人来说只是投了一笔小钱，但大家都非常愿意支持，有的出点子，有的出力气，群策群力之下，没想到刚一起步便取得开门红。项目的第一个板块名为"硬派经理人",主要做知识付费分享,邀请知名专家学者开设讲座,没想到一开课便场场爆满。趁热打铁,"新财税经理人""法律防火墙"等项目紧随其后,都有不错的反响。我们这时候都以为合伙企业可行,正在考虑扩大规模招兵买马之时,新冠疫情突发。此时,合伙企业的弱点也显现出来,职业经理人不是企业的所有者,与真正的老板身家性命都押上去完全不同,经营的好坏都与其无关,与个人收入无关,危机意识和前进动力自然也就不够了,项目不得不暂时停止。

合伙企业没有成功,但严格来说,它也没有失败。我们在构思、设计、经营、管理的过程中积累了大量经验;从入伙、成立公司,到设立章程,再到退伙解散,参与人都在这个陌生领域被"事"教育,一遍入心。合伙企业确实和股份制公司有着本质的不同。比如,有限合伙企业的股东本质上有"高低之分",普通合伙人由于承担无限责任,其地位要比有限合伙人高,天然可以实现同股不同权、所有权和经营权分离,有限合伙人出资虽然多,但日常运营交给普通合伙人负责。管理权自然就不会被稀释分割,从根源上杜绝了"三个和尚没水吃",股东弄权互相掣肘的矛盾。另外,有限合伙企业机制更加灵活,管理中有很多条款可以人为约定,并没有强制的法规限制,合伙企业的优劣势都很明显,更适合朋友间、熟人间的商业合作。

最后,合伙企业解散时,积极参与的人无一人后悔,都认为只有得到和学到,比听一百次讲座更有效果。对我这个发起者来说,更是如此,"人教人百言无用,事教人一遍入心",教授在讲台上说一百遍合伙企业的优点、缺点,记不住,只这么实践一次,终生难忘。这次没成功,但可以为以后的合伙企业做准备,成功从来都不是在书房里研究出来的,而是学习、尝试、总结出来的。

从个人经历来看，我不是什么生来就知道的人，只是凭借从实践中总结的经验，才比一般人多了那么点见识和常识。所以，我知道光凭一张嘴教不会人，想要培养人才，就要放手让他们去做、大胆尝试，不论成败，总结经验，准备下一场战斗。用事情教别人、教自己，是我认为最高效的学习方法。

第五节　学他人，悟自己——成人学习与青少年学习的不同之处

现今社会中有一种虚像，就是假学习。一些人表面热爱学习，但实际上吃不了真学习的苦，只能做做表面功夫，表面上勤学好记，背地里好逸恶劳，眼高手低。他们的学习是"OEM"式的外包装，学的目的不在于用，而在于作装饰、充门面、走形式。他们喜欢死记硬背，喜欢复述教条，喜欢生搬硬套，唯独做不到活学活用。究其原因，这些人浮躁自满、虚伪做作，既无能力将勉强记下的条条框框应用于实践，也没有自我批评和反省的勇气。以此种心态学习，不但白费功夫，还会产生一种学有所成的错觉，导致一学就"会"，一用就错，实在不如不学。

当然，我这里仅指成年人。青少年可以在象牙塔里无忧无虑地生活，学习是他们的天职，不切实际也无可厚非，但成年人完全不同。成人学习的目的是把学到的知识用于实践，改变生活，成就人生。学生时代，孩子凭抄写、死记硬背去应付考试，成人已不适用这种办法，人生没有考试，又或者每一天都是考试。抄记下来的、背过的东西不经咀嚼便囫囵吞枣，终究不属于自己。所以，成年人学习，不悟出自己的东西，把课本抄写一万遍也没有用。MBA、EMBA等都是成人尤其是创业

者系统学习的课程，虽说这些课程也兼具社交属性，但其本质目的还在于学习，而且还要学以致用，参与者一定要分清主次关系。

2012年至今，我几乎不间断地前往西安交通大学、北京大学、清华大学等高校进修学习，认识了来自全国各地的企业家。近几年，陆续听到某些同学破产倒闭的消息，有人甚至说："老板不学习，企业身体倍儿棒，一上学，企业就得心肌梗死。"这让我颇为惊讶，以我个人经验来看，系统学习有百利而无一害，有理论指导的实践，不说一日千里，起码会更有方向，更有把握，怎么反而导致企业倒闭破产呢？在我看来，出问题者不是学校，不是教授，更不是书本，而是学习者本身。我四处求学的十几年里，学费少则5万元，高则数十万元，投入如此高昂的成本，在我眼里课堂上的分分秒秒都是钱，我恨不得把教授的话逐字逐句地记下来，反复揣摩。除此之外，我在征得老师同意的前提下做了录音、录像，感觉这才对得起我投入的时间和金钱。但我发现，同学大多揣着别样心思。他们有的为了扩展人脉，有的为了推销生意，还有的为了升级镀金，更有甚者，上学是为了解决终身大事。正因为他们带着这样或那样的目标，学习倒成了手段而不是目的。老师讲课时，有人专心捧着手机；老师提问时，大多数人沉默以对，仿佛事不关己。有人不等下课铃响，就已经在联络饭局，组织卡拉OK等活动；有人却如释重负般地急匆匆离开教室，更别提还有旷课、迟到、早退的。

一位做石油出口相关业务的同学就是典型。我作为班长，发现他时常旷课，即便来了也神色匆匆、心事重重，未曾见他记过笔记。期间，他找我诉苦，说企业资金困难，想请我这个老班长看在同窗的情分上，借他点钱，解他燃眉之急。那时，我正在资金最紧张的时期，实在爱莫能助，只得拒绝，但心里很过意不去。几年后，我想起他，按照他留下的地址找上门去，发现那里早已人去楼空，电话也联系不上。

假如这种心思不在学习上的不算好学生，那么好学生又如何呢？除了那些真正能做到学以致用的人，还有一部分学生深陷应试教育的思维和习惯，仿佛来学校只是为了考试、考证。他们对老师讲的内容照单全收，老师没讲的则一概不理，把PPT和讲义拷贝得一个不落，至于是否真正学习、是否理解，则只有天知道。知识点背过了，也只是死记硬背，下节课老师换个角度提问，立刻又不知所措。至于理论联系实际、学以致用，对他们来说更是遥不可及。

其实，一般学生带着明确的目的来学习，不论如何总能有所收获。比如，加个班级微信群，发些广告，不管是拓展人脉、推销产品还是寻找婚恋机会，总能发挥一些作用。但真正可怕的是那些读死书、死读书，还装样子、骗自己的"好"学生。

在与他们的交流中，我发现他们大多处于事业的起步阶段，要么发展遇到瓶颈，要么暴富后无所适从。于是，他们怀着一种"照猫画虎""依样画葫芦"的心态来学习，最好能有个一二三四的条目可供参照执行。听了他们的想法，我既感到震惊，也恍然大悟。原来，心灵鸡汤之所以受欢迎，成功学之所以有受众，是因为假学习的人太多了。他们不想真正改变自己，只想躺赢，只想复制粘贴。

在我看来，再好的知识和理论摆在面前，如果自己不去领悟和理解，那么知识依然是知识，自己依然是自己，毫无意义。学习是长期的投入，想要真正学到他人的知识、本事，有一个先决条件：先悟自己。只有自己去悟，悟透了，才能学以致用，把别人的知识变成真正属于自己的东西。

2012年，在西安交通大学上课时，老师讲到思维导图。思维导图对于我们来说都是第一次接触，很好奇。只见老师画了一个树形的思维导图，他讲解说，图中的树干是主题，树枝是子类，枝干上长出的叶子是分类细节和具体事项，这样条分缕析地把事情拆解开，层级清楚，逻辑清晰，非常便于思考和分析。经过老师的反复演示，我对思维导图越来越喜欢，也顿感兴奋，觉得这个工具太伟大了，回公司后我要让管理层都学着用。接着，我突然想到，仅当作一个办公软件是把它用小了，完全可以组织一次大型员工培训，以一个软件、一种工具的使用为契机，改变和提升全体员工的思维能力和工作水平，哪怕只改进一点点，也是巨大的进步，所以不能只让管理层学，要让全体员工都去学，这对员工、对企业都有莫大的好处。

回到公司后，我召开全体动员大会，大张旗鼓地宣传学习思维导图的好处，一级级下发学习资料，要求人人都要学，而且要当作专业技能去学，还得用在实际工作中。公司学习培训的时间腾出来，大家一起学，谁先学会，谁就是老师，上台讲课。我还要求以后汇报工作时优先使用思维导图，不但要用，还要用好，我担任总督察，检查大家的使用情况。在我的引导下，大家积极学习，领悟实践，上手很快，一大帮初高中毕业的员工都学会了思维导图，甚至比一般办公软件用得还熟练。进军房地产领域后，整个写字楼建设的工程管理也会搭配使用思维导图，再结合甘特图，整个工程进度，各项工作，我都了如指掌，为项目管理提供了极大的帮助。

思维导图说到底只是工具，不算什么，而通过应用课堂上学到的知识，我改变了企业命运。在北大汇丰 EMBA 上课时，经济学教授讲到"反周期运作逆势而上"的理论。回公司后我一直思索，再结合我们国家的经济发展规律看，经济趋势基本是 8 到 10 年一个轮回，回想起 2008 年国际金融危机，我推算下一个周期在 2016 年前后。考虑自己企业的发展规划，我最后决定 B 座写字楼于 2014 年动工，2014、2015 年正是房地产的低谷期，钢筋、水泥等建筑材料的价格低廉，建造成本低，那么资金周转会更容易，等到低谷结束，房市回暖时，未来的利润也会更大。果不其然，2016年下半年经济渐有起色，而我的楼盘于2018年正式竣工，正是在地产价格上涨时期，销售情况一片大好。正是在老师讲过"反周期运作逆势而上"理论后，我才有所领悟，选择了合适的时机，及时调整企业发展战略，站在了风口。

我今年67岁，精力、记忆力已大不如前。一个新词语、新概念，往往要十遍百遍地重复才能记住，更何况我的知识基础本就不牢固，所以一些复杂的概念、理论，我竭尽所能地八遍十遍地去学，但是仍然学不会。对此我很坦然，不会就是不会，老板也不是什么都会的，没什么丢人的。我可能学不会，但绝不是不会学，更不可能假学习。我相信读者朋友大都比我年轻，比我有知识，相比我这个六旬老汉，还有什么不能学的？所以，我建议大家，实事求是，学以致用，抱着实践精神去学习。通过学习外在的知识，领悟内在的自我，用学习改变自己，而非生搬硬套；用学习提高认知，而非装模作样；用学习改变思维，而非人云亦云。只有领悟教授的思想、教授的语言，才能产生属于自己的新思想，这才叫提高认知水平，这才叫掌握知识，在这个问题上容不得半点虚伪和骄傲。

第六节　艺多不压身，功到自然成

我的父亲是一位木匠。十几岁时，父亲常对我说"艺多不压身"，让我跟着他学习木匠手艺。那时我年纪小，不懂这句话的深层含义。直到我创业后，才真正领悟这句话的深意。正是这句朴素的话语，无形中塑造了我的一生。

一、从做木匠到做生意

14 岁时，我还是一名初中生，利用周末及寒暑假跟着父亲和他的徒弟学习木匠手艺，直到 18 岁出师。

19 岁参加工作，我给单位做过电视柜和乒乓球案，引起领导关注，我因此被调岗，有了更大的发展空间。我结婚时，家具都是自己制作的，既有纪念意义，又节省了不少钱。

1989 年我辞职创业，先后创办了家具厂、刨花板厂、玻璃钢制品厂等。但凡涉及产品开发、工装家具、工艺流程的，我总是亲力亲为，既参与生产也关注设计研发。正是这种"木匠思维"，让我在工作中游刃有余，也让我深刻体会到"懂技术的管理才是真正的管理"。

1974 年和 1975 年，我亲手制作的小木椅和大木椅

2014 年，我决定建造一栋写字楼，西安某设计院负责写字楼的设计工作。国家规划要求容积率必须与停车位对应指标，设计师绞尽脑汁也无法达到车位数量的要求，最后提出的建议是降低写字楼的高度——减少三层。凭借木匠的直觉和经验，我觉得应该有更好的解决办法，经

过几天的冥思苦想，我在原设计基础上做了一点关键改动，不仅满足了车位要求，还额外增加了三层、三千多平方米的建筑面积。这一笔，价值七八千万元呀！没有木匠思维，是万万做不到的。

二、我在国外做木匠

2009年，我前往加拿大的温哥华看望儿子。一天，我翻阅当地的中文报纸，一则木器厂招聘木工的广告映入眼帘。我心想，在国内学到的木匠手艺，在加拿大是否也能派上用场？带着这份好奇，我拨通了广告上的电话。接电话的女接线员告诉我，这里的时薪是每小时9.5加元。了解了我的情况后，她表示需要向老板汇报。没过多久，老板亲自打来电话，邀请我即刻来工厂面试。我二话不说，驱车前往。

老板是一位广东人，经过一番交流，他对我印象不错，直接提出每小时12加元的工资，我毫不犹豫地接受了。我知道当老板的不易，正式上班后，我每天提前半小时到岗，预热设备、准备好材料；下班后，我再晚半小时回家，打扫卫生、收拾好工具。没想到，第一周发工资时，老板每天多给我结算了一小时的工资。我找到老板，问他"为何多算？"他笑着说："这是给你的加班费，因为你每天提前来，晚点走。"我当即对他说："老板，我不是为了加班费才这么做的，我只是尽力做好自己分内的事。如果您坚持给加班费，那我以后还是按时上下班比较好。"老板听后，走过来紧紧握住我的手，说道："老王，你不仅手艺精湛，还这么爱操心。自从你来了，我心里轻松了很多。像你这样的人太少见了。"接着，他爽快地说："加班费就不给了，但从明天起，你的时薪涨到15加元。"

老板的豪爽让我感动，但我更要感谢父亲，十几岁就教我木匠手艺。有技能，就有机会；有技能，就能在任何地方立足，天涯海角也能生存。

我在加拿大做木工

三、我要不断地写下去

1977年我19岁，高中毕业后被分配到体制内的一家土产杂品商店当营业员。单位同事大多50多岁，普遍没有什么文化，我是唯一的高中生。每周培训学习时，领导都安排我给大家读报纸。面对报纸上的生字，我常常磕磕绊绊地糊弄过去。第二年，一位残障青年也来报到上班。我读报时，他总能纠正我读错的字。更让我惊讶的是，他竟能完整地背诵300首唐诗。我既感到惊讶，又深感惭愧。在此之前，我对被分配到这样的岗位一直心怀不满。

1978年，高考恢复的第二年，我的一名中学同学考进了西安医学院。送他去医学院的那天，是我第一次走进学生集体宿舍，看到那些学子兴高采烈的样子，我羡慕不已。受他们的触动，工作之余我开始阅读《战争与和平》《红与黑》《悲惨世界》《普希金诗选》等名著，并下定决心学习文化知识。那时，我不敢声张，生怕别人知道我下班后窝在家里啃书本。父亲一开始对我的改变不置可否，觉得我可能只是三分钟热度，但后来发现我真的废寝忘食，他才欣慰地说："不要觉得上班后才用功读书太迟，学习永远不晚。你读得多了，自然就能写。写得好就是一门手艺，就像你小时候学木工一样，艺多不压身，功到自然成！"

父亲的话点醒了我。既然能读，那就能写。经过不断的阅读和学习，我逐渐提升了思想认识，对人生和世界有了更深入的理解，也有了表达的欲望。于是，我开始记录日常见闻，写下工作记录。当时，成为文艺青年是很时髦的事情，我开始尝试文学创作，写散文和小小说，并向报社投稿。

最初投稿时，作品如石沉大海，毫无回音。经过反思，我意识到应该提高自己的写作技巧。于是，我报名参加了贾平凹的写作培训班，并幸运地得到作家叶广芩老师的亲自指导。经过一段时间的学习和积累，我的作品终于在报刊上发表了，这让我欣喜若狂。我感到自己的作家梦有希望了。

成功发表文章对我来说是一种极大的鼓舞和肯定，也得到单位领导和同事的赞誉。在大家眼里，我真成了一名文艺青年。从那时起，我坚持白天努力工作，晚上认真写作，这一坚持就是40多年。如果这40多年的人生算得上成功，我想至少有三分之一是写作的功劳。

如今，我深刻地认识到，只有追求文化价值才是真正有意义的。任何事物都会随着时间的推移而消逝，但文化的传承却是永恒的。写作不仅是关于文化的技艺，它让我精神满足，也帮助我在事业上不断进步。谁能想到，20岁时激发的兴趣，真的影响了我一生。

《我要不断写下去》刊登于 1986 年 5 月 13 日《西安晚报》第 2 版

四、功到自然成

下海创业前,我在很多报刊上发表了百余篇稿件。这个写作的爱好也深深融入我的血液,不仅提升了我的写作表达能力,更使我养成了随时发现、随时思考、随时记录的习惯。

2017 年,我在北京大学汇丰商学院上 EMBA 时,班级组织大家去青岛红领集团参观学习,这是一家由传统服装企业改革后升级为互联网工业标杆的企业。参观时我看到大数据在新型企业中的覆盖利用,大受触动,我一边参观一边记录,回来后立即写下《酷特智能的转型实践》系列推文,我将文章陆续分享到班级群中,同学争相评论转发,《企业管理》杂志社孙社长看到后，叮嘱我将推文整理成一篇文章，可以在杂志上刊登。我受宠若惊，十分小心地整理修改了一番，在文章的最后一段，我是这样写的：

互联网时代已经到来，滴滴打车的出现让传统出租车行业岌岌可危；"优步"的到来，不仅让传统出租车行业雪上加霜，甚至危及猎头公司，谁能想到解决人们出行的"优步"，居然干起了人力资源，以后需要人才就不必去找猎头公司；支付宝的便利抢走了银行的蛋糕，阿里巴巴的贷款又在吞噬银行的肥差……

一夜之间被颠覆、被消灭已经屡见不鲜，这就是互联网时代。互联网已经成为人类生存的一部分，谁又能想到谷歌公司已经默默研究无人驾驶汽车数年之久，谁又能知道这些无人驾驶汽车已经在加州悄悄地自动跑了三年。

打火机一出现，火柴消失了；计算器一出现，算盘消失了；CD一出现，磁带消失了；手机一出现，BP机消失了；数码相机一出现，胶卷就没有市场了……不是谁夺走了谁的生意，而是人们更加懂得接受新事物。世界一直在变，你不主动改变，终究会被世界淘汰。没有人会一直在原处等你。知识到哪儿，思想就到哪儿，脚步就到哪儿；互联网时代来得太快，只有加速学习，不断创新，才能不被时代淘汰。

令我感到荣幸的是，我的文章还得到了著名经济学家钟朋荣教授的点评，他写道：

王建斌先生所写的调研文章，有几个关键词：个性化定制；智能化制造先有流程，再有组织；数字驱动。个性化定制是对规模化制造的颠覆。这个颠覆的要点在于——消费者由整个流程的末端，变为流程的前端，由被动接受，变为主动设计，这样就使得消费者的个性化需求得以满足，而且实现了几个消灭——消灭中间商，消灭库存，消灭应收款，生产过程的资金占用大大减少。

……

文章特别强调了先有流程，再有组织。互联网颠覆了传统的生产流程，因此企业的组织结构也需要进行相应调整。为了与组织结构调整相适应，企业还要进行人才结构的调整，对现有职工要通过培训进行知识结构的调整。所以，互联网和智能化所引起的流程再造，是一个庞大的系统工程。

我始终坚信并践行着这样的理念：新的时代已经到来，唯有不断学习和创新，主动拥抱新时代，才能避免被时代淘汰。

2022年，我成立新媒体事业部，并开设自己的新媒体账号，持续分享我的思想感悟、管理经验等短文。正是借助自媒体账号，才促成本书的诞生。同时，我还学习视频制作，自制Vlog视频，这又成了我新掌握的一门手艺。

"艺多不压身，功到自然成。"技术会过时，但由此形成的思维能力能历久弥新。我想，正是因为我青年时期学习了木匠手艺、写作等技能，这些技能和知识才支撑我走过36年的创业路。人在年轻时多学习一些知识技能，多积累一些实践经验，总是大有裨益的。

人生篇
人生与智慧

第一节　死水怕勺舀，舀一勺少一勺

如今，有些年轻人谈及理想生活，都渴望有一天能彻底远离工作。甚至有人幻想，只要有了足够的钱，就可以"躺平"，不再奋斗。然而，现实告诉我们：这是一种危险的幻想。一旦放弃努力，人就会逐渐与社会脱节，最终陷入困境。

我结婚后曾对妻子许下承诺：等挣了钱买了车，就和她一起游遍中国。直到今天，家里确实买过几辆汽车，但真正和妻子出去游玩的时间寥寥无几。即使攒下了一些"家当"，我们也自认为没有抛开一切去环游中国的资本。过去的承诺只是一个美好的梦想，现实的情况是，生活就像一个永远也蓄不满水的池子，根本不能停下来，更何况用勺子慢慢舀水了。

2000年，我的一位朋友与妻子开始创业，企业迅速发展，银行存款高达数百万元，这在当时无疑是一笔巨额财富。然而，他们安于享乐，过着游山玩水、挥金如土的日子。后来，尽管公司前景光明，他们却放弃了辛苦打拼的事业，变卖全部资产移民国外，追寻心目中"世外桃源"般的生活。在国外，两口子依赖社会福利，购置房产，靠租金维持生活。这种安逸让他们丧失斗志，继续过着安稳的日子。但物价上浮，房屋租金逐渐不能满足他们的生活所需，他俩人到中年，却无一技傍身，眼看着存款越"舀"越少，只能缩减开支，降低生活质量。

另一位朋友的故事同样令人感慨。十几年前，他开了一家饺子馆，生意异常火爆，很快又在附近开了家拉面馆。由于店面位置优越，生意同样红火，没几年他就攒下了一笔可观的积蓄。按照他当时的盘算，两口子养老绝对不成问题，他也没必要起早贪黑地辛苦打拼。后来赶上城市化拆迁，他索性借机收手，关掉了所有店铺，准备安享"清福"。十几年过去了，货币贬值的速度超出他的预料，当时以为足够养老的钱，如今越来越不值钱。眼看着存款逐渐见底，一家人过得越来越拮据。他想重操旧业，但年龄和精力早已不允许；想寻找新的收入来源，也无从下手。无奈之下，只能节衣缩食，一家人过上精打细算、扳着指头算账的日子。

这两个案例告诉我们，现实中没有"世外桃源"，死水经不住勺舀。一个人不能指望打拼几年就能挣够一辈子的钱，靠存款迟早坐吃山空。知识也是同样，不要幻想学个专业就能享用一辈子，知识更需要不断地更新、输入，才能不怕"被勺舀"。在竞争激烈的现代社会，只有个人能力是活水，技能和知识才是源泉，才华才能经得起岁月考验。所以我劝大家，能学习则学习，能劳动则劳动，能创收则创收，"躺平者"经不住生活的拷打，奋斗者才有资格享受人生。

第二节　先人一招则优，快人一步则强

《动物世界》这档节目想必大家都看过，里面最常出现、最扣人心弦的镜头就是动物间的追逐。猎豹追捕羚羊，狮子猎杀角马，甚至小小的昆虫之间也常常上演你追我逃的戏码。捕食者与被捕食者之间说白了就是比速度，不论是反应速度还是行动速度，快的胜出，慢的落败。我常常拿这些例子比喻人生和企业管理，而老祖先也早有理论：先人一招则优，快人一步则强。

人类在社会化之后自然不能像动物一般原始，社会中不论如何竞争，总不至于让人有生存危机，如果有，那是社会保障出了问题。但我想，在自由竞争的前提下，快人一步，总归是一种公平竞争，先人一招，常常占优势，尤其是在商业领域，先发者优势不可忽视。但在改革开放初期，只有少数人能意识到这一点。

1985年，我还是西安市碑林区钢木家具公司的一名科员。那个年代没有卷帘门，门店的大门用木板拼接而成，晚上闭店时一块一块地拼起门板，第二天一早，再将它们一块一块地挨个拆下来，如此循环往复。拆下门板，意味着新一天的开始，合上它们，代表我又在坐店等客中度过一整天。那年我27岁，这样的日子一眼望到头，对一个有抱负的年轻人来说，浪费生命实在可耻，也很难熬。记得父亲常说"娃娃勤，爱死人"，我也想积极表现让领导提拔，但条条框框太多，规矩难以逾越，创新时机难寻。但就在那一年，新闻上说中国历史上第一个教师节即将到来，我激动不已，因为我相信自己崭露头角的机会来了。

说干就干，我敲开单位一把手办公室的门，向他提议：历史上第一个教师节即将到来，西安有这么多高校，如果咱单位以为"教师节献礼"为由，上门设立家具售卖摊点，肯定受老师欢迎，甚至新闻记者会进行专访。大领导听了我的建议后，当场拍板，抽调人手成立专项小组。意想不到的是，因为我是发起人，领导这次不拘一格降人才，任命我为组长。之后的半个月里，单位史无前例地到各大高校上门设点供应，方便教职员工采购家具，成功引起了轰动，新闻单位纷纷报道，一时间，销售订单如雪片飞来。每天下班前，我守在电话前，给各个站点、下属的门店负责打去电话，询问销售情况，再将得到的数据整理汇总，分门别类地绘制表格，抄写在一块黑板上，保证领导每天早晚都能实时了解销售数据。直到教师节活动彻底结束后，我这个小组长才卸任。促销活动大获成功，我的努力与付出也被领导和同事看在眼里，没过多久，我便被提拔为业务副科长。

1986年，改革开放在南方进行得如火如荼，而西安，这个西北五省的龙头城市，依旧是"外甥打灯笼——照旧"，完全看不出巨变的征兆。

在这一年，我多次去南方沿海城市出差，看到的、经历的都让我大受震撼，受到的刺激也一次比一次大。有一次，我去广州的一家家具公司参观考察，接待单位接风的饭店叫广州酒家。我记得那一桌饭定价是 500 块，那个时候 500 块一桌饭可是大价钱啊！桌上摆满了我从未吃过，甚至从未见过的海鲜等高档菜肴。接待方解释，当地企业接待贵宾都是如此标准，我震惊不已。他们还介绍说，这儿的一碗稀饭 5 块钱，我想起西安的一碗稀饭是 2 毛钱，相差 24 倍之多。我一个副科级干部，月工资也只有 70 块钱，出差的餐补是每顿 3 毛钱，喝一碗稀饭还得倒贴不少，自己这点工资真不敢去南方出差。

有一次，我到广州阳江采购商品，一个老板来接我，他对我说："王科长，怪不好意思的，新买的车还没到，今天只能开这辆小霸王来接您，让您受委屈了。"我当时不懂啥是小霸王，后来一问才知道，那是丰田的一款面包车，俗称"小霸王"，这让我觉得自己太没见识了。

第二次去时，人家又有了新花样，那位老板对我说："王科长，今天开的是皇冠 3.0，您看这车怎么样？"还能怎么样，依旧没见过。车里的空调风力强劲，冻得我直哆嗦，我不懂汽车，只能连连夸赞这车坐着舒服。

第三次又去阳江，那位老板说他们家买了一座山想盖厂房，山脚下挖掘机正在施工。那座山是他们花了 300 万元买的，放现在可能至少有 3 个亿，不管多少万元，对我来讲都是天文数字……

回到西安后，我们的日常就是每周两次的党政报纸学习，看不到改变的迹象，大家安于现状，似乎还没意识到时代已经发生了巨变。内心的挣扎最终促使我在 1989 年做出辞职的决定。投身商海，我如鱼得水，终于闯出自己的一片天地。

原单位的多年历练，让我初入市场便迅速立足。这不仅得益于我深厚的知识储备和丰富的人生阅历，也因为我是主动下海，快人一步，在竞争尚不激烈时便获得了政策的有力支持。20世纪90年代，国企改革大潮涌动，大量国企员工纷纷涌入市场，商业竞争变得异常激烈。幸运的是，我先人一步建立根基，凭借先见之明和经验积累，我成功抵御了同质化竞争、价格战和人海战术的多次冲击。

创作本书的过程中，我又带领团队开拓了新的战场——自媒体行业。我们开始制作并发布短视频，打造个人IP账号，探索流量经济。当某些人还在以个人或家庭为单位摸索短视频行业时，我已组建了一支成熟的运营团队。我们依旧采取迅速而果断的策略，在竞争对手尚未反应过来、在跟风和模仿尚未成气候之前，已经先人一步，抢占了市场先机。

这两段经历，无疑是我人生中极为关键的转折点。第一次，我从一名普通科员成为科长，脱颖而出；第二次，我的人生道路彻底被改变，离开安稳的日常工作冲上充满挑战的创业之路。值得说明的是，尽管教师节的促销活动可能并非我一人能想到，但我是第一个向领导汇报的人。同样，有下海创业念头的人在西安肯定不止我一人，但我确实是我们商业系统中第一个敢于付诸行动的人。其中固然有机遇和幸运的因素，但不踏出尝试的一步，就永远不会有成功的可能。我们不仅要勇于尝试和犯错，更要敢于迅速决断，抢先一步采取行动。虽然深思熟虑很有必要，但犹豫不决绝不可取，这正是赢家与输家之间的本质区别。

第三节 听人劝，吃饱饭

老话说，"听人劝，吃饱饭"，但关键问题是在何种情况下，听何人劝。请教经济学教授开杂货铺的方法，找水果摊老板咨询投资项目，显然都是不恰当的，对方敢说你也不敢听。另一种情况是，"饱汉子不知饿汉子饥""站着说话不腰疼",当双方在身份和地位上存在差异时,对方的忠告可能并不适用于我们。

因此,我们要听的是那些有结果、有成就、有经验、有知识的人的劝。高人难遇,但是只要你留心,你谦卑,你善于倾听,高人可能就在身边,"三人行,必有我师"。俗话说"娃娃勤,爱死人",只要肯努力,高人他就来了。就我而言,我做了大半辈子生意,一路走来,向无数人讨教过,寻求高人指路,因此避过了许多陷阱,解开了诸多迷惑,同时,我也为许多人指点迷津,有人因我的三言两语走上了捷径,也"吃饱了饭"。我搞过商业批发,做过制造生产,从事过教育培训,后来做房地产生意,参与资本运作,涉及七八个行业,也曾被称过"高人"。当员工向我咨询家庭投资的问题时,我就能非常自信地给出建议,因为我有经验,也有把握,敢为自己说的话负责。

2005年,公司的郑副总经理从股市抽出资金,准备听从我的建议,把钱投进房产,她的原话是"投资的事儿,您是高人,就听您的"。我向她详细分析了一处楼盘的潜力。这处楼盘地处西安丈八北路,西侧是农村,东边是待开发的高新区,当时看起来一片荒凉,但根据城市规划的走向,这里的房产以后会有很大的升值空间。另外,它是政府投资项目,资金、工程质量皆有保障,不会有烂尾之忧,可以放心大胆地投资。郑副总被我的分析说服,遂在此处购置一套90多平方米的房产,总价37万元,其中首付17万元,贷款20万元,计划按揭10年。在随后的10年里,她将房产出租,以租养贷。随着城市的发展,西安的房地产市场迎来迅猛的增长期。她的房产价值随之水涨船高,10年后的价值已经翻了几番。在我的建议下,她以238万元的高价成功出售此处房产,短短10年间便获得201万元的收益。如今,她已经退休,有了这笔丰厚的收入,再加上她的退休金,退休生活十分滋润。

相反，我的另外一位副手就坚持己见，不看好房市，把资金投资在股票上。这位副总我素来敬重，是一位饱学之士，也是经营管理方面的能人，可以说是我眼里的高人，但是在这件事上，我认为他判断错了。在企业管理和文化知识上，我不如他（正是听从他的建议，我才进入高校系统学习，收获巨大），但在投资理财方面，他不如我。他是一个很有思想且很有主见的人，我再三劝告他离开股市，投资房地产，他仍固执己见。几年后，股市大跌，房市上扬，他有些感慨地对我说，"对于房产，我只有居住思维，没有投资理念，没听你的话，损失了至少 500 万元啊"。

东边不亮西边亮，我给另一位副总李总出谋划策，也让她大赚一笔。2015 年前后，西安房地产行情经过 10 多年暴涨后进入调整期，房价大跌。我劝李总赶快抄底，她听了我的建议，毫不犹豫地在高新区以 9000 多元每平方米的价格投资了一套三室一厅的房产，总价不到 130 万元。2020 年，地产市场经过新一轮的回升，房价又翻了一番，且增长势头强劲。高兴之余，我想起早在 2016 年国家就已释放"房住不炒"的信号，不由得内心忐忑。2020 年底，中央经济工作会议强调"房子是用来住的，不是用来炒的"，国家多次在重要会议上强调，给我敲响了警钟，我认为受政策影响，房价不会居高不下，房地产市场可能面临重大调整，便建议李总在房价达到峰值时果断出售房产，实现利润最大化。李总听从了我的建议，在最佳时机将房产变现，扣除银行贷款和税费后，净赚了 350 万元。对大多数普通工薪阶层来说，这笔钱可能是他们辛苦工作一辈子也难以积攒的财富。正是因为在关键时刻听取了正确的建议，李总不仅个人受益，她的家族命运可能因此发生改变。

还有一位高管，也是因为听劝得了好处。她原本住在西安西三环外，算是"偏远地区"，为了让孩子未来能上个好学校，有意买套学区房，但又拿不定主意买在什么地段，于是向我取经。分析市场后，我建议她，瞻前顾后容易错过时机，干脆就在高新区买套房子自住，把孩子户口转过来，附近的好学校多的是。她信服我的判断，在科技三路花47万元买了一套小户型住宅，孩子上完幼儿园后顺利进入高新二小上学。6年后，她将房子转手卖了107万元，又买了一套三室一厅的房子，相当于靠着这套房子一年多赚了10万元。一个正确的决策，既让孩子上了西安名校，又让房产价值翻了一倍不止。

　　除了投资领域，在职业规划方面也有一个非常典型的案例。2000年，一位年轻的本科生前来应聘。我注意到她的专业是人力资源，与应聘的岗位并不匹配。我询问她是否能够接受跨专业的工作，她毫不犹豫地答应了。入职后，对她的了解逐渐加深，我发现她不仅具备扎实的专业知识，还展现出很强的学习能力和高度的自觉性。如果仅仅让她在一个岗位上"死磕"，显然浪费她的潜力。于是，我主动找她谈话，询问她是否愿意尝试轮岗学习，多接触一些不同的工作内容。她又一次非常坚定地听从了我的建议。就这样，她先后担任过档案员、出纳员、材料员、人事专员等岗位，积累了丰富的经验，磨炼了她的综合能力。几年后，我提拔她为经理。经过多年的轮岗历练，她如今已被提拔为人事行政总监。

　　我之所以不厌其烦地连续举几个相似的例子，并非炫耀自己的眼光有多敏锐，决策有多英明，或者下属对我有多信服。我只想说明一个事实：尽管我在房地产行业微不足道，但对我的下属而言，我已经算得上专家，足以让他们信服。事实也确实如此，我跨越30年，3次准确预测市场行情，这并非侥幸，而是基于丰富的经验、深入的分析和准确的判断。我认为，当自己在某一领域处于知识盲区，而又需要做出重要决策时，向身边的高人寻求指点，是最经济且高效的方式，也能避免走弯路。反过来讲，当我们的决策被身边高人的质疑时，应该立即进行自我检查，及时纠正错误。无论是员工还是企业家，都应该学会聆听他人的意见。我们都不是不会犯错的圣人，由于企业家需要做出决策，他们更应该听人劝——听专家的劝、听高人的劝、听局外人的劝。企业家是否愿意听劝，可能与企业能否继续生存相关。因此，领导者一定要时刻注意这一点。

第四节　隔手的金子不如在手的铜

创业之余，我曾在加拿大温哥华的一家木器厂工作过一段时间，既是想深入体验西方社会的工人生活，也是趁机参观考察发达国家的家具生产企业。当时厂里的车间主任姓董，是一位华人，我俩很投缘，很快成了朋友。别看他只是车间主任，工资却高得吓人，2010年他的时薪就达到20多加元，日薪折合人民币是1000多元，在发达国家也算高收入，比国内同等岗位的日薪高出10倍不止。他在当地有房有车，生活很体面。

没过多久，我回国继续经营自家企业，与老董断了联系。10多年后，我坐飞机前往温哥华，看到一个熟悉的面孔坐在走道旁的座位上，上前试着打了个招呼，他一抬头，正是老董。10多年不见，老董的样貌变化很大，我们在飞机上加了微信，后来在聊天中，我才得知原来他的生活已发生翻天覆地的变化。一位朋友曾邀请他一起创业，他也想闯一闯，便辞职离开木器厂，可惜他创业失败，落成闲人。我问他怎么不回老厂重操旧业。他感慨地回复，曾拜访过老东家，但早有新人上了岗，没有自己的位置了。我不忍心揭他的伤疤，没再追问。

老董头脑一热，失去的不只是一份高薪工作，更是前途与未来。他有雄心壮志，渴望闯出一片天地，这本身无可厚非。但遗憾的是，不经

233

深思熟虑便孤注一掷，隔手的"金子"没抓住，却把手里的"铜"丢掉了，实在令人唏嘘。

仔细想想，这也是人之常情。毕竟，铜在手里黯淡无光，而金子在远方闪闪发亮，诱惑力十足。我在北京大学上课时，一位同学向我引荐了他的朋友，希望我能给他朋友出出主意。他的朋友曾是一位大老板，从事砖瓦生意。积累了一定本钱后，他觉得手里的实业赚钱慢，又苦又累，利润还小，于是动了放"高利贷"的心思。

在房地产行情最火爆的时候，他向一位房地产商出借了2000万元，年化利率高达28%。说白了，他想靠资本放贷吃利息，坐享其成。可惜10年过去了，他不仅没能收到一分钱的利息，连本金也打了水漂，还和对方打起了诉讼官司。尽管他在债转股后名义上成了那块土地的债权股东，但没有实际控制权，这不过是一张空头支票。房地产项目开发不成，本金也眼看保不住，这让他既焦虑又无奈。

听完他的讲述，我给出了建议：在这种情况下，唯一的出路是积极与对方沟通，寻求双方都能接受的解决方案，各自做出一些让步。因为对方可能根本无力偿还这笔巨额债务，所以千万不要执着于追回全部本金。与其两败俱伤，不如壮士断腕，把止损作为首要任务。

这位同学的朋友与我只有一面之缘，也不知道他后来有没有听从我的建议。但他的故事和老董一样，再次证明了古人所说的"端多大的碗，吃多大的饭"的道理。人应该脚踏实地，不要被遥不可及的金山银山诱惑。生意人经不起折腾，没有殷实家底的普通人更是如此，一定要有落袋为安的意识。

比如，我公司的员工L，她就能做到知行合一。她将自家房子附带的车位租了出去。租客提出，如果能降一点车位租金，他可以一次性交齐3年房租。L平时受我影响，知道落袋为安的道理，一听对方的建议，心中暗喜。经过简短的协商，她迅速敲定价格，一次性收齐 3 年的租金。虽然租金降了些，总收入减少，但收益是稳稳当当的，这就是"隔手的金子不如在手的铜"，天上飞的老鸹不如在手的麻雀。

有一位朋友讲过他的亲身经历。他有一套空置的房子想对外出租，一位潜在租客看后很满意，但唯一的问题是暂时还不能搬过来，两三个月后才可以入住，不过，这位租客表示愿意先交一部分订金。朋友当时想，虽然对方看似很有诚意，但谁也不能保证这段时间没有变故。再者，房子空置这么久，风险太大，而且他觉得自家的房子不愁租不出去，于是拒绝了这个提议。谁承想 2024 年房市低迷，租房客锐减，半年多过去了，他的房子仍然没有租出去，还不知道要空置多久。这又是手里的铜不想要，未来的金子也没了。对方要交订金时，就该果断定下来。放走了眼前的优质客户，再从头开始大海捞针，实属不智。

同样是卖房，我的员工 H 就及时抓住了机会。年初卖房时，她和一位买家谈得差不多了，H 见时机成熟，迅速锁定价格，签下买卖协议，买家也支付了定金，同意半年后完成房屋交接。没过多久，房地产市场震荡，房价大跌，这套房子短短半年内价值缩水了数万元。对方因为已经支付了定金并签下具有法律约束力的协议，无法轻易更改，只得按原定价格买下房子。

这几个故事来源于生活，也各具特色，但都说明了一个道理——隔手的金子不如在手的铜。对普通家庭来说，眼前的收益比未来的预期更重要，知足比贪婪更安全。天上不会掉馅饼，普通人不是投资专家，我们只掌握极为有限的信息，而天有不测风云，股市会崩，房地产会跳水，不存在稳赚不赔的投资，获利周期越长的项目收益越大，风险也越大，但偏偏我们承担不起风险。所以，小心驶得万年船，把握眼前的机会，保持头脑清醒，才是为人处世的明智之举。

第五节　十年树木，百年树人——爷爷写书，孙女"出书"，好家教传好家风

有一天，不到 6 岁的小孙女突然塞给我一个"怪东西"，那是一个几张纸装订起来的小册子，每一页上都有孙女手绘的图画，我感到新奇，只听她一板一眼地说："爷爷，你在写你的书，这是我的书。"我这才明白，孩子受我影响，也想当"作家"，甚至在我出书前已迫不及待地"出版"作品了。

看着孙女憨态可掬的样子，我不由得感慨，她就是家族的未来，是我奋斗的意义。十年树木，百年树人，"百年"不是一代人从无到有，而是三代人薪火相传。在我的家族中，从我出生算起，到未来小孙女成长至而立之年，也要将近一百年了。我相信对比我们三代人，正能说明"百年树人"此言非虚。

在前文，我零星地讲述了自己的创业史，大家也大致了解我有着怎样的出身和特质。若是做自我评价，我认为：自己学历太低，读书太少；四体不勤，疏于运动；五音不全，没有艺术细胞。从个人全面发展的角度讲，我远远没达到"树"的境界，所以我到 60 多岁还不满足，还要学习、写书和创业，努力完善自身。而从家族的角度讲，我有自己的责任感和使命感——我想通过自身努力，托举子孙后代。

一般而言，像我这样的年纪应该退休养老，含饴弄孙，享受天伦之乐。但为了保证孙女受到最好的教育，我选择不退休，我还通过家庭会议定下"章程"——爷爷赚钱，奶奶管账，妈妈陪读，爸爸陪练——举全家之力培养孙女。

这其实也是我一贯坚持的理念。人与人的成就不同，往往因为起点不一，这是长辈尤其是祖辈之间的差距导致的，一个家庭如果爷爷辈在

财务上翻不过身，下一代就得一心扑在事业上，自然疏于孩子的教育，这样即便儿子打赢了翻身仗，孙子辈也容易出现纨绔子弟、不肖子孙，最后还是富不过三代。之所以如此，就是因为急于求财，疏于育人，两代人一起一落，想在 50 年的时间实现阶级跃升，自然营养不足、根基不稳，最后一代不如一代。想要家族代代传承，我认为要以三代人为一周期，代代接力，代代传承，以百年树人为目标，才能青出于蓝而胜于蓝，保证基业长青。

在我家，儿子在孙女只有两三岁时，就带着她参加滑雪、滑冰、攀岩、骑自行车跨越障碍等户外活动的训练。几年来坚持不懈地训练，不仅增强了孙女的体能，更是锻炼了她的胆识，磨炼了她的意志。妈妈耐心陪读，孙女小小年纪已读了 500 多本儿童读物，词汇量很丰富，思维敏捷，远超同龄孩子。父母花费大量的时间和心血陪伴孙女，孙女才对运动和书籍情有独钟，她能亲手制作一本书，既有我的影响，更依赖母亲的陪读。2023 年，孙女被当地最知名的私立学校录取，家里没有找任何关系，完全凭借孙女自身实力。这所名校考核时，还了解孩子的家庭背景，详细问询诸如父母和祖父母的职业、收入等问题，可见对家族传承的重视。孙女还小，看着她正在一步一个脚印地成长，我十分安心，她的起点远远高于我，未来的成就不可估量。在我的要求下，做家长的绝不强迫孩子，绝不"鸡娃"，只对自己严格要求，希望自己能给她提供更多的帮助和支持。感慨的是，等到孙女长大成人，我也要到耄耋之年，从 1958 年算起，这不正是"百年树人"嘛。

说到这里，我想提醒读者，在培养后代的过程中切不可有养儿防老的思想。所谓"我养你小，你养我老"，此话大有交易的意思，意味着"养育子女更像是一笔投资，有投入就要追求收益"，亲情变成了施舍与回报的关系，老了以恩情相挟持，最后亲情不复存在，只剩下两看相厌。养儿防老的想法在农耕时代比较盛行，那时生产力落后，生产资料匮乏，多子多福成了每个家庭的心愿，多子女不仅代表着强有力的生产力，更代表着一个家庭的兴旺发达，尤其是家里有几个男丁的门户在整个村子都受人敬畏。那时，养儿育女更多的是延续香火，"培养下一代"的说法无从谈起。

我认为，现如今，家庭观念应该发生转变。父辈尽己所能地养育下一代，是本分，不能因此挟恩图报。尤其在当下，社会竞争激烈，孩子们为了养活自己就已竭尽全力，怎么还能强迫他们反哺上一代呢。相反，我认为托举后代是长辈的荣耀使命。长辈就像蜡烛，只有燃尽自己才能为子孙后代照亮人生。我作为父母养育子女，是我的个人选择；孩子是家族的后代，是我精神的延续，我就应该付出，凭什么强迫他们报恩？我尽己所能地给他们提供物质条件和经济基础，他们尽己所能地成就自身，不就足够了吗？父辈无私奉献，给子孙提供良好的教育条件，他们当然会具有优良品格。如果这一切顺理成章，那么孝与报恩是自然而然的，是良知驱使的，也是他们的必然选择，不需要强加任何压力。如果孩子不孝，那么父母更应该反思的是自己的教育，而不是因养儿不能防老而后悔。

但需要注意的是，多数情况下，我们都拥有多重身份，我们可能同时是爷奶、父母和儿女。按照我的理论，三代人一循环，百年树人才，那我们就处在一种托举和被托举的双重状态，这就要求我们以一种长远的眼光看待生活、工作和家庭。所以，我们应该多为自己负责，为自己的晚年做好准备，如社会保险等保障手段也要提前安排，在经济上不给后代增添麻烦。

以百年为单位，人的一生很短暂，不足以达成目标，但如以家庭为视角，我们已是开花结果的一代，已经是必须承担重任的一代。我写书前万万没想到，最先结出果实的会是小孙女，耳濡目染之下，诗书传家不是空谈，好的家教才能形成好的家风，也才能打破"富不过三代"的诅咒。那么，没有什么借口可以推卸责任，每个人都应该从自己做起，扛起家庭的重任，为自己、为子孙的未来打拼，为家族的百年大计努力。

第六节　娃娃勤，爱死人——勤奋积极是改变命运的第一步

作为家中长子，我被父母使唤得最多，跑腿也最勤快。每当家里需要干体力活或者出谋划策时，父亲总会第一个想到我。我觉得这是作为大哥的责任，所以毫无怨言，甚至乐在其中，于是半是被动半是主动地养成了手勤、腿勤、眼勤、脑勤的作风。从小到大，勤奋都是我最引以为傲的品格。

一、少年时代，勤奋招人喜爱

初中一年级，学校组织学生去西安三桥实验农场实习，那时把这类实习叫作"学农"，后来还有"学工"，都是一类活动，目的是让孩子提早接触工农生活，培养吃苦耐劳的劳动价值观。我本就是工人阶级家庭出身，从小算是个劳动能手，在母亲的指挥下，从小干家务，纳鞋底、纳鞋垫、炒菜做饭等样样精通，甚至修缝纫机、自行车也不在话下，实习的事儿当然难不住我。记得当时实习生被分成几个组，一次，我们组的任务是去麦地里拔草，一人分配了一块条状区域，大家在一条起点线上蹲着出发，拔到头算完成任务。一开始，同学们都还不熟练，拔得慢走得也慢，而我双手并用，手脚配合，速度是别人的几倍，分配给我的

任务完成了，我还主动帮助带队老师，跑到她那块任务区的另一头继续拔草，给她减轻了很多工作量。带队老师一看我刚上手就这么能干，还愿意主动做分外的事，很喜欢我，几天时间下来便和我熟悉了。后来她常从家里带些烤红薯、烤馒头，只送我一个人。

每天回到宿舍，别的同学都在嬉笑打闹，我还是不愿闲着，便跑到厨房看大人干活，一开始是出于好奇，后来不由自主地也上手帮忙，先是帮着择菜洗菜，后来连切菜烧火也都上了手。大厨师傅看到来了我这么个小帮厨忙前忙后，他笑着说："小王，你好勤快呀！"有一次下班后，大家都走得差不多了，他忽然叫住我，摆手示意我到灶台边，从下面掏出一个小碗，揭开盖子，碗里装的是粉蒸肉，老师傅得意地说："咋样，香吧！你小子成天在伙房里跑前跑后的，不是自己的事也忙，瘦得跟猴一样了，快吃吧，专门留给你的。"现在回想起来，老师傅像父亲一样爱护我，不知他那时倚着灶台看我的眼神里又会有多少慈爱！但我只顾着捧起碗狼吞虎咽，连句感谢的话也没来得及说。

后来学校组织我们去橡胶厂"学工"，我又大显身手了。我那时被分配到打磨组，负责打磨轮胎，具体工作是把鞋钉子从钢圈里透过均匀分布的针眼向外钉，形成一个打磨圈，再套到设备上，打磨轮胎，这东西损耗量很大，每天都要拆下弯曲的鞋钉，再把新的扎进去。我们组一共4个人，同组的3位阿姨都是熟练工，但她们也是捏住一个钉子，砸一下，再捏下一个，我觉得这样来回倒手费时又费力，不如把工序分开，做完一项再做下一项。说干就干，我双手齐上，先把钉子都取出来，码成密密麻麻又整整齐齐的几排，一只手捏钉子一只手抡锤子，将钉子砸进钢圈，这样操作起来又准又快，我一个人的完成量几乎要赶上3位阿姨之和。她们没想到工序还能这样变，连连夸赞我聪明。我那时和大家一样，不知道什么叫流水线，也没有比谁聪明，只是我勤于动脑，总想着提高工作效率。后来3位阿姨也学会了我的方法，但因为没有我的劲儿大，速度还是不如我。我干脆大包大揽，做了整个小组将近一半的工作量。阿姨们过意不去，常从家里拿些吃的喝的给我。"学工"结束时，同学们大都叫苦连天，只有我乐呵呵的，还胖了几斤。

二、青年时代，靠勤奋出人头地

走入社会，我的第一份工作是在一家土产杂品门市部上班。有一次，上级单位买来一台飞利浦电视机，用来放新闻节目，组织年轻人每周学习一次，但因为办公室太小，每次都得安排人把电视机抬到院子里，学习完毕后再抬回去。这事儿劳师动众，人人都嫌麻烦，但没有解决办法。我看在眼里，很快有了主意。

一天下午，我向领导主动请缨，给单位做一个电视柜。领导很惊喜，压根没想到我还有这手艺，就让我试试看。我买来一张三合板，每天一下班就去做工，用半个月的时间做成了电视柜，电视机从此就摆在院子里，不再搬来抬去。领导知道我还有木匠手艺，对我刮目相看，把我当成特殊人才，没过多久，正好在西安长乐路新成立一家家具店，环境干净整洁，便把我调去了。我就这样离开了土产门市部。

工作之余，我还在写作上下功夫。一开始写作功底不足，我就勤加练习，写完就把信封投入街边的邮筒里，寄给报社，我这种坚持精神打动了报社编辑，编辑老师偶尔抽出时间帮我修改文章，得到老师指点后，我的写作水平飞速提升，终于可以在报刊上发表文章。一个偶然的机会，我有幸结识了作家叶广芩，我那时不知天高地厚，拿上自己的作品就想请她老人家帮我修改，也不想想这中间差着多少段位，好在我自己醒悟，但又不死心，怎么办？恰好听说叶老师家里的沙发坏了，我便带着家伙什主动上门，三下五除二把沙发修好了，我的勤快赢得了叶老师的赞赏，酬劳我不要，只提出请她看看我写的小小说。叶老师是个特别善良和蔼的人，见我一心扑在写作上，秉持着提携后辈的想法帮我修改了几篇文章。回想起来，人家是全国知名的大作家，我还是个刚刚提起笔的"小学生"，人家凭什么花费心力帮我改文章呢？修8个、10个沙发恐怕也不值得给这么大面子，我想除了缘分之外，也许是我身上那股勤奋积极的劲儿打动她了吧。

三、当老板后，我也喜欢勤奋的人

我自己是那种闲不下来的人，创业后，我也特别喜欢勤快的员工。虽说人无完人，但"一勤遮百丑"，只要员工勤快积极，我都会给予他们相应的回报。

记得我公司有一位销售经理，她不仅工作勤奋积极，还特别爱操心。她见工厂办理出库入库时经常需要打一些单子，就把单位里的废旧纸张收集起来，裁好当出入库单使用，只从这一件事上就能看出来，她心系单位，总是操额外的心，做分外的事。因此，我更加器重她，她也不断晋升，从部门经理做到副总经理，我们一起合作了20多年，直到退休她才离开公司。

我经营刨花板厂时，有位员工令我印象深刻。那时在车间我经常带领工人一起干活，每到下班时间，别的工人扔下工具就跑。只有他陪着我一起收拾整理车间，直到打扫完卫生后才离开。他的额外付出我看在眼里，就凭这一点，即使他后来因个人原因离职，我也一直坚持帮他缴够了15年的社保，直到他退休。他后来因病住院，正是医保发挥作用，解了他的燃眉之急。

公司还有一名会计，业务能力平平，偶尔还会有差错事故，但我就是愿意重用她，没有别的原因，只因为她身上的那股勤奋劲儿。别看是会计，公司哪里缺人，她就愿意去哪里，从无怨言。即便她专业之外的岗位，她也愿意尝试，做营销、管理工作时，工作能力起码在及格水平之上，在关键时刻她更是愿为领导排忧解难。我做短视频时，有一次为新设立的账号拟名称而广泛征集意见，最后正是她想出的名称被采纳。这类员工在工作之余多操了几份心，总是想老板之所想，急老板之所急，其勤奋不在于手头，而在于大脑。

再比如另一位员工，她会时不时地给我分享一些新学到的知识，不管是新词语，还是新概念，总之都让我耳目一新，受益颇多。有些知识我从她那里听来，经过仔细琢磨钻研，甚至写进了本书中。她和那位会计一样，也是脑子勤、思想勤，企业有这样的人，谁会不欢喜呢。小孩子多劳动多出力便足以出众，而成年人在职场仅埋头苦干是不够的，还得多思考、多操心、多出主意。多做一份工，所产生的效益可以计算，而出主意、出思想产生的价值则无可估量，所以相对而言，后者更容易脱颖而出。

相对应的，还有一些人因为家教、悟性或者思维层次的原因，表现出思想上的懒惰，这一点让我尤为惋惜。一些刚毕业入职的大学生，在最该积极奋进的年纪，却表现出"老油条式"的消极，就如同一颗算盘珠子，不拨不动弹，除了指派的工作外，绝不会多问、多做、多操心任何一件事。比如，我公司的一位新入职的年轻出纳，在工作中总是想当然，甚至连转账的业务办错了，查找原因时也是想当然。新人既然不知道该怎么做，为何不多问、不多学呢？身边到处是愿意提供帮助的前辈，却总是自己拍脑袋拿主意，出了问题挨了批评还是没有意识到错误的严重性，继续我行我素，犯同类错误。我想她既能完成大学学业，肯定不是笨蛋，只是因为懒于动脑思考，总指望别人手把手地教自己，自己不愿多问、多学、多思考，殊不知前途命运其实就掌握在自己手中。

四、勤奋是成功的必要条件

我想人的一生，只要勤奋积极，就会有意想不到的收获。小时候是"娃娃勤，爱死人"，长辈都偏爱勤奋的孩子；工作以后积极主动，不要计较眼前得失。我当年给领导出主意，从没想过会被提拔，但就因为多操的这一份心，我被提拔为副科长，才有了后面的发展；我给报社投稿，从没想过能赚到多少稿费，但后来正是靠着发表文章积攒下的稿费，我有了创业的启动资金。

社会发展到如今，脑力劳动远比体力劳动值钱。但无论社会怎样发展，勤奋积极永不过时，现在的勤快，更多的是脑袋要勤，勤于思考、勤于改变、勤于行动。我始终相信，勤能补拙，一分辛苦一分收获，普通人想改变命运走向成功，勤奋积极是第一步，也是必要条件。

第七节　嘴把式与手把式

1997年，我经营一家玻璃钢家具厂，生产材料是不饱和聚酯复合材料，主打产品是复合材料的课桌椅、餐桌椅，还有组合水箱、体育场馆联排座椅等。毫不夸张地说，当年我的工厂在陕西省是独一份儿，在整个家具行业也颇有名气。

一天，两位客人上门，自称是陕西省某高速路口办事处的负责人，打算为管辖区域内高速收费站订购一批桌子，已画好图纸，只需按图生产。

我听完他们的要求，打开图纸一看，顿时愣住了，设计有问题！

桌椅板凳的设计都有公认的标准，桌子的高度一般在80厘米左右，抽屉的高度大概是12厘米，这是符合人体工程学的。然而，客人给的图纸上桌子高度是80厘米没错，但抽屉却设计成了20厘米，这么高的抽屉，坐在桌子前的人怎么把腿放进去？这是一个严重的低级失误。

我是木匠出身，对家具的常规尺寸尤为熟悉，深知抽屉高度是硬性规定，便对他们说："您的图纸画得很专业，但有一点瑕疵，这个抽屉的国际标准高度是12厘米，您画出来的是20厘米，误差有点大，还请修改，如果您嫌麻烦的话，我安排技术人员修改也可以。"

谁知我的话一出，好似触到了逆鳞，其中一人急躁地说："我是某某大学科班毕业的工程师，我亲手画的图，已经在单位上会讨论过了，不会错，你不要多想，按照图纸设计去做，出了问题我负责。"

我本想再劝劝他，但看到对方信心十足的样子，又不好开口了，对方自诩为工程师，怎么会听我这个"土老板"的劝呢？再看他的架势，就知道多说无益，只会招致对方反感，这可是上门的大生意，我也尽到了提醒的义务，顾客就是上帝，按照他的意思来吧。想到这里，我客气地说："您是工程师，那就按您的要求执行，我按图纸一比一生产，按照行规，您先交30%的定金，咱们双方签订合同，按照合同办就行。"

这俩人态度缓和下来，当场就答应了，还说以后会来现场检查，一定要保证按图生产。

事已至此，我心里有些感慨，"个别受过高等教育的人也许自认高人一等，胜人一筹，但理论毕竟是在书本上，没有经过实践的理论就是空谈"。

在后来的生产过程中，那位工程师还是不放心，亲自跑到车间，拿着尺子测量样品，看到和图纸分毫不差，这才满意。

就这样按图生产，几百张桌子如期完成，只有我心里清楚，这些产品尺寸不对，一概用不成。他们依照合同付完款，我也联系运输公司发了货，但我想事情恐怕不算完，他们迟早还会再来。

不出所料，对方提货后不到一个星期，电话便又打了过来，说桌子用不成，人坐在桌前，抽屉碰膝盖，挡着腿伸不进去，把桌子垫高，人又够不着桌面，最后还问我现在咋办。我耐着性子回答："我知道您的意思，但我爱莫能助，您也知道，我是完全按图生产的，依现在的情况，修改抽屉的成本高得很，老话说'翻旧不如做新'，我建议您考虑考虑。"

我的话点到为止，关于这批桌子的后续我无心打听，但恐怕是要全部重做，相关负责人要负全责。我不知道当初这位工程师是为了面子还是什么其他原因寸步不让。但事情的结果就是，纸上谈兵的人干不过亲手实践的人，做事的时候，学历、证书、职称都不如实践经验好用。不管你是工程师还是专家学者，别人用数据质疑你，你就应该用数据去反驳，而不是搬出身份地位压人，嘴把式碰到手把式，还是谦虚点好。

第八节　我与媒体共同发展的40年——人生中的变与不变

青年时代，小小说、散文、新闻稿我无所不写，奈何起步太晚，一番呕心沥血，才有三两拙作见诸报端；年过五旬，我追随潮流，常把文字作品发布在网上，博得一些关注，不过是聊以自娱；近两年，我开始创作短视频，本人出镜，自编自演，把文字作品用视频形式呈现，收获了近10万的粉丝。现在想来，我不过是被内心的表达欲驱使着忙活了半辈子，如今头顶又新添几缕白发，想必也有它的功劳。

从40年前伏案提笔千言，到今天面对摄像头口若悬河，工具变了，媒体变了，但我好像没变，我能说，爱写，激情满怀，斗志不减。今天写下此文，既是回顾，也有思考，更有关于人生这个宏大话题的一些感慨。

一、因"善"而作文

1980年的一天，我路遇一起车祸，汽车司机受了伤，打不开车门。这时，行人纷纷赶来帮忙，救出了伤者。眼前这一无人指挥的救人场面感动了每一位目睹者。伤者被送往医院，有人说："谁会写，把这事写给报社。"我心动了：我虽只是一名高中毕业生，难道就写不了吗？晚上坐在桌子前，回味白天的情景，我却一个字也写不出。我咬了咬嘴唇，一定要学会写文章，去歌颂人们善良美好的心灵。

那天以后，我到处请教语文老师，苦练基本功，在工作中写下2万多字的工作记录，我的业余生活就在读与写中度过。1982年，我已在报纸上发表了小小说、散文和新闻稿100多篇，仅看数量似乎如有神助，其实，难得很！

刚动笔时，每天晚上我都写一篇文章，第二天早上就向报社投递，天天如此也不见发表。我急了，一气之下跑到《西安晚报》的编辑部质问，真相犹如晴天霹雳。我写的稿子一篇也没被采用，全都当废纸被烧掉了。但我没有气馁，死皮赖脸地向编辑请教写作技巧，一有时间就跟着记者学习采访。我还报名参加了贾平凹的写作培训班，又在机缘巧合之下得到叶广芩的一对一指导，就这样一边是名师教学，一边是自己学习，写作功力慢慢提高，开始在报刊上发表文章，甚至成为多家报社的见习记者。

那时的媒体虽面向大众，但创作之门只对少数人敞开，一篇文章的发表要经过层层审核，一份报纸的发行也是如此，但印发之后，有多少人读到作者的文章，读者怎么看怎么想，没人知道。

二、因"美"而心动

2012年，我的企业在行业内站稳了脚跟，为了继续发展，我决定前往高校求学，第一站是西安交通大学，我学习的是EMBA课程。西安交通大学的同班同学大多也是企业家，大家身份相近，志趣相投，学习之余相处融洽。刚入学时，大家一起建立了QQ群，2013年微信流行起来，又有同学提议建立班级微信群，有位同学调侃说："要么信要么不信，怎么还来个微信？"后来微信群建立起来，大家纷纷响应，积极加入，我也想和同学们继续保持联系，便主动加入了。那时大家刚学会发红包，都在群里尝试，一开始发出个一元两元小红包也让人很激动，纷纷去抢，就为图个新鲜。使用熟练后，人人都离不开微信。就这样，我有了自己在微信的第一个"朋友圈"。

2013年11月，我驱车前往沣峪口游玩。刚下车，满眼皆是山舞银蛇。松柏披上白色的铠甲，它们岿然不动，像是沉睡的卫士；矮小的冬青就藏在松柏身旁，微微颤抖着，时而怯生生地掀开头顶白色的面纱，露出翠绿的眼睛偷偷凝望路人。天际默默垂下的雪幕如白色丝绸般随风飘荡，轻抚着我的内心，让我感到宁静而满足。临走时，我用手机拍下眼前的一切，怀着紧张的心情在微信朋友圈发布了第一条动态。我突然发现，分享与表达竟是如此简单，门槛消失不见，人人皆可参与，就在几张图片和一段文字中，对"美"的欣赏，不管千里万里，我们共享此刻。

这时，互联网上早已有了博客、微博等平台，任何人都可以发表看法、交流观点，大家可以实时互动，动态交流。但微信的出现，为朋友间的私密联系增加了一种新选择，微信从一开始便具有私密性，朋友圈里交的是朋友，大家点赞互动，增进的是友谊，在这样一个巨大且热闹的互联网中，人们又建造了一个个岛屿，分享属于自己的美好。

三、"真"在千姿百态中

我对短视频产生新认识是在 2022 年。其实，抖音早在几年前就流行开了，身边的人都沉迷其中。老话说"玩物丧志"，人人都一脸憨笑地盯着屏幕，我没有重视它。

那年中旬，我要买一棵桂花树，没想到困难重重。我前后去过十几家花卉市场，甚至开车几百公里去农业园区，但或多或少还是不满意。偶然间，我发现抖音上竟有直播间现场卖树，便开始关注，我越看，平台越给我推送相关视频，越看越多，越多越看，连续一个月都泡在直播间里挑挑拣拣，终于选到了满意的树，就在直播间里，我点击下单，主播现场打包，没过几天，树苗就通过快递送到了公司门口。

在这之后，我也渐渐迷上了短视频。它在我眼里不再是玩具，而是一个人人都能展示自己的舞台。在这个舞台，无论是情绪、观点还是才艺，只要勇于表达都能吸引流量，只要是流量就能转化为收入。这也是一个无所不包的"大观园"，好听的、好看的、好玩的，应有尽有，怎能不吸引人呢？

我带着思考深度参与其中，再一次感觉到了媒体行业的巨变。以前只有极少的人能说、会写，现在每个人都有了平等的机会，聚光灯打在每个人的头上，话筒交到每个人的手中，传达出大众最真实的声音。

四、45 年，变与不变

从 1980 年到 2025 年，45 年过去了，传媒行业发生巨变，从纸媒到电子媒体。幸运的是，我虽没走在最前面，但也没掉队。45 年的时间，我从"小王"变成了"老王"，但我的求知欲从来不"小"，好奇心也一直未"老"。22 岁时我以生活为素材创作文字作品，65 岁时我开始以自己为主角录制视频作品。求知欲与好奇心始终驱使着我。所以，世界翻天覆地地改变了，我的激情一直没变。

传播媒体只是观察时代变化的一个"视窗"，我的个人经历也只是时代大潮中一个普通人的缩影。普通人身处时代大潮，该如何自处？大文豪列夫·托尔斯泰在《战争与和平》中认为历史不是线性的，也不是英雄主义的，更不是明确无误的，而是由无数变化的、平民化的、难以预测的因素构成的。我深以为然。短视频时代到来了吗？谁也不能明明白白地去证明，但这似乎又不言自明，大家心照不宣，也不需要实验去证明。时代的变化并不是在一次会议、一种口号的指引下发生的，在社会生活中极细微的因素变化中，趋势形成了，人的变化、人与人关系的变化、观念的变化发生了，到了一定程度，我们可以说，时代变了，一切都变了。有的人感受得到，顺时而动，成为赢家；有的人缺乏判断力，要么成为幻想家，要么随波逐流，甚至被时代淘汰。

这种变化存在规律吗？抖音、快手的用户超过多少量时我们可以说短视频时代到来了吗？恐怕没有标准，那么我为何愿意相信短视频的力量而大胆尝试？因为我感受到了这种科学、实验无法演绎论证的变化，这种经验有时间的沉淀，也有学习的积累，这是我的实践智慧，所以我相信自己该走上这条路，而且将会有所作为。

所以，变化形成了，或者说个人意志认为变化形成了，但作为时代中的一粒沙子，人要承担意志判断的结果。我的意志总结来说就是学习的观念。你学到的，丰富自身，形成变化中不变的能量，成为定盘的星，泊船的锚，指引方向的北辰之光。所以，走下去依靠的不是天赋、灵感或者想象这样难以验证的东西，而是学习，不断地学习，融入变化。学校里学到的知识是人走向社会的基础，在社会中学到的才能真正形成自己的思想。20岁我热爱文学，24岁开始新闻写作，31岁下海创业，又历经商业、制造业、教育业、房地产、物业、餐饮业等十几个行业，经历不可谓不丰富，它们涉及社会的方方面面，为此我积累了大量的经验。但是，我的初衷没变，我的梦想没变，我的三观在青年时定型，久经考验也未被扭曲。伟大的思想能在世间恒久长存，我的思想远谈不上伟大，但使我个人受益，让我在纷繁复杂的变化世界中找到了立身之本。

人生千般变化，我以不变应了其中的百变，但我相信人生中最主要的矛盾，我抓住了；最关键的变化，我跟上了，对我而言，足矣。从1986年到2025年，手中钢笔换成手机，报纸变为屏幕，媒体在变，媒介在变，但我的激情不变，求知欲也未变，我坚信自己还会不断地写下去，不断地持续创作。

40多年来，媒体在变，我在变，一切都在改变，对我而言永恒不变的只有"终身学习"。

第九节　三岁看大，七岁看老——浅谈企业家的共性与潜质

"三岁看大，七岁看老"是民间流传的一句俗语，我小时候常听大人说起，他们也会时常评论这家或那家的孩子长大后会不会有出息。我成家立业后，脑海里又产生一个疑问：在大人眼里，成为企业家终归是有出息的那一类，那么企业家身上到底有没有特别之处？说他们特别吧，大家也都长着一个脑袋、两个肩膀；但要说没有，我又确实从创业者身上发现了一些共性。

1989年，我开始创业，结识了不少同行，后来在高校进修，班上的同学也大多是企业家。听他们讲述创业故事和个人经历，我渐渐发现，大家其实是一类人，身上有着惊人的相似之处。他们中的大多数和

我一样，从小吃苦受累，但又胆大心细、敢想敢干。这让我又想起"三岁看大，七岁看老"这句话，想想自己，或许还真应了这句话。

那么，能不能找到企业家身上的共性，以便年轻的爸爸妈妈在孩子小的时候给他们一些引导呢？我想是可以的。让父母有方向地为孩子做准备，为他长大成人打一些基础，养成一些良好的习惯，这是我创作这篇文章的初衷。好在老祖宗早有理论，我不必在抽象的话题上多费口舌，下面我只讲讲自己的故事。

一、三岁找"风口"

母亲常给我说，我三四岁的时候，她常带我去舅爷家。舅爷坐在院子里，拿着一把蒲扇轻轻摇晃。每当舅爷向右边扇风，我就蹲在他的右侧；向左边扇风，我又蹲到他的左侧。舅爷发现后，笑呵呵地对身边的人说："瞧这孩子，这么小就知道找风凉，长大有出息啊！"

二、七岁买面粉

我家住在西安市太阳庙门。记得七岁那年，母亲让我去南院门粮店买面粉，距家有三公里的路程。那时一家人的面粉配额是一个月50斤，刚好是一袋的量。我拉着父亲亲手做的平板小车出发了。父亲是个巧匠，用四个轴承和一块木板组合，就做成一个简易的板车。来到粮店，营业员看到我——一个还没窗台高的孩子独自来买面粉，显得十分惊诧。我站在窗台前，踮起脚尖，把购粮本递给营业员，同时递上8.2元。营业员接过钱，在粮本上划了个钩，又盖了个章。我再次踮起脚尖，从营业员手里接过购粮本，小心翼翼地揣进口袋。

热心的营业员帮我把50斤面粉搬到了平板车上，还一直护送我到粮店门口。我拉着车，小心翼翼地往家走。大街上，行人看到一个小孩子拉着一袋面粉，都投来好奇的目光。我虽然步子小，走得慢，但心里充满成就感，感到非常开心。

三、十岁挂坡赚钱

十岁时，看着父母日夜操劳，我便萌生了赚钱补贴家用的念头。有次，同学提议利用周末去西安市朱雀门外"挂坡"赚钱。所谓挂坡，就是用绳子挂住架子车，帮助那些用架子车拉货的人从坡下推到坡上，赚取一些劳力费。一听有赚钱的机会，我兴奋不已，毫不犹豫地答应了。

那是一个周日的清晨，我和同学来到朱雀门外的坡道下，那里的拐角处车来车往，大多是拉着架子车的车夫，偶尔才有汽车驶过。我们挨个询问过往的车夫，都被拒绝了。直到一位老大爷气喘吁吁地拉着一车煤粉过来，我们急忙迎上去。大爷说，如果能帮他把车推到红庙坡，就给我们一元钱。我们高兴坏了，其实也不知道红庙坡在哪里，只知道跟着大爷走，我同学在前面用他的皮带勾住架子车环，我在后面推，很快推上了坡道。大概走了三四公里，到西门的时候，我浑身无力，两眼发黑，但还在心里还盘算着，一会儿挣到五毛钱，回去给妈妈，让她看看儿子也能赚钱了。

不知走了多久，我们终于到了红庙坡的一家煤厂。进了院子，大爷给了我们每人五毛钱。拿到钱后，我们立刻往回赶，边走边打听回家的路。走了没多远，肚子饿得不行，我和同学又拿出各自的五毛凑一元钱，全部买了苹果，一人一半，边走边吃，不知不觉就吃光了。

四、十一岁带弟弟出远门

十一岁那年，我成了家里的"小大人"。那时我大弟七岁，小弟才三岁。暑假时，父母让我带着他们从西安回河南老家。作为小学五年级的学生，我深知自己肩负的责任，母亲把点心塞到我手里，再三叮嘱我路上一定要照顾好弟弟。我郑重地点点头，心里暗暗下定决心，一定不能辜负妈妈的嘱托。

我买的是晚上八点的火车票（我先去了学校办公室，找到主任开介绍信，才买到半价学生票），但为了安全起见，提前两个小时就带着弟弟赶到火车站。当时，乘坐火车是全国长途旅行的主要方式。那时的西安火车站还没有候车室，乘客只能在广场上排队等候，服务人员拿着大喇叭对着人群高喊车次，大家则紧张地核对手中的车票。

火车开始进站了，原本安静的广场瞬间热闹起来。提前排好的队伍骚动起来，人们摩肩接踵，人声鼎沸。我两只手都不得闲，左手拉着大弟，右手拽着小弟，跟着人群一点点向前挪动。我心里十分紧张，生怕和弟弟走散。

从头至尾，我们排了整整两个小时的队，才终于挤上火车。列车员看到我带着两个小孩，笑着调侃："你这么小，还带两个更小的。"我只能对着她"嘿嘿"傻笑，心里紧张得不行。列车员提醒我看好时间，可我没有手表，一整晚都不敢合眼，时刻警惕着。当火车驶入河南境内时，我紧紧攥着车票，默背到站名称，生怕错过下车的时机。

终于熬到天亮，火车抵达河南荥阳。我带着弟弟下了火车，又辗转换乘长途汽车。两个多小时后抵达舅舅家，我那颗一直悬着的心才终于落地。

五、十三岁自制金鱼缸

十三岁那年，我刚上初中一年级。邻居大爷在院里养了许多金鱼，几个大瓦缸大半埋在土里，缸口严严实实地盖着。两院之间隔着一道土墙，我常翻墙过去偷看那些金鱼。不单是邻居大爷，我有个关系要好的同学家也养了金鱼，这让我眼馋不已，很想自己在家也能养几条，但我买不起鱼缸。每次看到大爷的瓦缸，我就琢磨：要是能有个鱼缸该多好。

有一天，我突然灵机一动，决定自己动手做一个鱼缸。

我背上一个印着"红军不怕远征难"的黄色书包，来到附近一个建筑工地。找到一位正在和水泥的大叔，我说家里灶台破了，需要一点水泥修补。大叔让我打开书包，他用铁锹铲了一铲水泥倒进去。就这样，我挨个工地去问，向不同的大叔要水泥，家里很快堆了一大堆。我又用同样的办法要来沙子，很快也堆了一地。

接着，我在院子里挖了一个坑，1米长、70厘米宽、30多厘米深。我又捡来一些铁丝，编成一个铁丝网，放在坑里。先用和好的水泥把底部铺平，再用砖块把四周围起来，用水泥加固。忙活了大半天，一个简易的水泥鱼缸就做好了。

鱼缸有了，接下来就是找鱼。我向同学要了几条金鱼，小心翼翼地放进鱼缸。就这样，靠着自己的一张嘴和一双手无中生有，我的养鱼梦终于实现了。

六、浅谈企业家特质

我的童年经历，说特别也确实特别，但要说惊天动地，又算不上，母亲让我做家务，父亲让我学木匠，说穿了也不过是穷人的孩子早当家。企业家并非政治家、军事家，也不是英雄豪杰，只是普普通通的老百姓，凭借自己的智慧和双手去改变命运，靠自己的努力发家致富，让家人过上体面的生活。如果让我总结个人经历中的关键词，第一个一定是"自立自强"。无论是买面粉、挂坡，还是带着弟弟出远门、养金鱼，我都是凭借自己的才智和体力去完成。小的时候，我就自己叠被子，洗衣服，做家务。我总是习惯为他人分担，而不是依赖他人，这也是我的一大特点。

第二个关键词是"勇气"。许多事情背后都潜藏着风险，但我从未因此退缩。一个人出门已经充满未知，带着弟弟坐火车更是危险重重，但我不会因为危险而止步。我喜欢"探险"，因为未曾尝试过的事情才最吸引我。我的思维逻辑很简单：如果因为这样那样的理由而害怕，那将一事无成。毕竟，世上本无万全之策，想做就要行动。

第三个关键词是"想象力"。创业后，我常说企业家需要有远景思维，说白了，这是一种切合实际的想象力。世界上没有好做的生意，任何事情开始之前都是一团乱麻。与其苦恼于"如何做"，不如先思考"如何想"。而我从小就很擅长想象。比如，从想要养金鱼到思考如何养金鱼，这个过程本身就是一种想象。这种能力是生活中磨砺出来的，而非书本上读来的。在孩子小的时候，一定要激发出他们的兴趣、爱好和热情，让他们敢冒风险，想做事，爱做事。

在我看来，自强、勇气和想象力，正是企业家必备的三种特质。说白了，这分别是做事的动力、做事的能力和做事的思维。有了这三点，创业不再是难事，而是水到渠成。这些道理，其实都是从生活里一点点琢磨出来的。小时候的经历让我明白，很多问题，只要肯动脑筋、敢尝试，总能找到解决的办法。创业，也是同样的道理。只要方向对了，剩下的就是一步步去实现。关于子女教育，现在很多家庭拥有智能家具，智能机器人可以帮人做家务，但家里可以做的事情还有很多，家长应该鼓励孩子多参与家庭生活。拿我自己来说，从小得到的历练，让我长大以后敢于在大街上吆喝卖冰棍、卖西瓜，学到的手艺用来做床头柜、衣柜，再拉到寄卖所出售。所有学到的、经历的，都为我未来的人生奠定了基础。所以父母想让孩子长大有出息，就要让孩子从小有自信、有胆识、会演讲、会表达，爱劳动、有礼貌、有担当等，一定不能是阻止、批评和打压。因为怕犯错误而不敢做事的孩子是没出息的，胆大包天、敢想敢干的孩子才是有潜质的，这是我的一点忠告。